111 GRÜNDE, APPLE ZU LIEBEN

Frank Müller

111 Gründe, APPLE zu lieben

Eine Verbeugung vor der coolsten Marke der Welt

SCHWARZKOPF & SCHWARZKOPF

INHALT

Aus der Garage in die Herzen

VORWORT

Als Steve Jobs seinen Freund Steve Wozniak 1976 dazu überredete, gemeinsam mit ihm Apple zu gründen, ging es nicht darum, das wertvollste Unternehmen der Welt zu werden. Die ersten Rechner löteten sie mit ein paar Freunden in der Garage von Steve Jobs' Adoptiveltern zusammen. Aber die ehemalige Computerklitsche hat sich zum weltweit bekannten Multimedia-Konzern ausgewachsen, der in den letzten Jahren immer wieder ganze Märkte revolutioniert, neu definiert oder sogar erst geschaffen hat.

Ob Hardware oder Software – an Apple kommt man kaum vorbei. Sogar hartnäckige Windows-Nutzer kaufen Musik oder Filme bei iTunes oder verwalten ihre Mediathek mit dem kostenlosen Programm. iPod, iPhone, und iPad haben ihr jeweiliges Marktsegment komplett neu definiert. Der einstige Underdog hat sich zum marktbeherrschenden Player entwickelt, der Liebe, Hass und angeblich sogar religiöse Gefühle hervorruft. Apple verkauft Rechner, Mediaplayer, Smartphones, Tablets, Musik und Filme. Aber vor allem verkauft Apple ein Lebensgefühl. Es gibt 1.000 Gründe, Apple zu lieben – hier sind schon einmal 111.

Aber das Besondere an Apple lässt sich kaum mit Zahlen fassen, besser gelingt es mit Anekdoten. Warum fordert das New York City Police Department die Bürger dazu auf, ihre iPhones auf iOS 7 zu aktualisieren? Warum darf man als Superschurke bei der Arbeit keine Musik über iTunes hören? Und wieso leben ausgediente Macs als Katzenkörbchen oder Aquarien weiter? In 111 Kapiteln beantwortet das Buch diese und andere Fragen.

Außerdem gibt es Tipps zur Verwendung des Terminals, interessante Fakten über Apples soziale Verantwortung, kuriose Storys und vieles mehr.

Und es kommen alle auf ihre Kosten, die Apple-Hasser genauso wie die Apple-Jünger. Die Gegner können sich herrlich aufregen und erhalten Einblicke in die verschrobene Geisteswelt derjenigen, die Apple für das Größte halten. Die Apple-Fanboys und -girls können nicken, schmunzeln und staunen. Denn selbst eingefleischte Fans werden in diesem Buch spannende und interessante Fakten über ihr Lieblingsunternehmen finden, die ihnen vielleicht noch nicht bekannt waren. Zum Beispiel, dass ein iMac nicht nur gut aussieht, sondern auch im Fall einer Hausdurchsuchung klar im Vorteil gegenüber anderen Rechnern ist …

Das Manuskript für dieses Buch habe ich übrigens auf iPhone und MacBook geschrieben. Seit den Neunzigerjahren arbeite ich am Mac und habe seit System 6 kaum ein Update ausgelassen. Trotzdem überrascht mich Apple immer wieder. Dabei bin ich kein strenggläubiger Jünger, der einen stilisierten Apfel am Autoheck spazieren fährt wie andere einen Fisch. Es gibt genug Dinge, die mich den Kopf schütteln lassen. Aber wenn man sich die Alternativen so anschaut … Wie heißt es so schön? Once you go Mac, you'll never go back. In diesem Sinne: Viel Spaß beim Lesen.

Frank Müller

1

Unternehmen

»Der Name Apple entstand aus einer Laune heraus, ungeplant. Steve Jobs hatte gerade auf einer Apfelplantage gearbeitet und ernährte sich ausschließlich von Früchten, am nächsten Tag sollten die nötigen Papiere für die Firmengründung unterschrieben werden und den beiden Firmengründern war kein besserer Name eingefallen. ›Apple‹ war einfach und eingängig, in Verbindung mit dem Wort ›Computer‹ aber äußerst ungewöhnlich. Und außerdem stand die Firma mit diesem Namen im Telefonbuch vor Jobs' altem Arbeitgeber Atari.«

(aus Grund 4: »Weil ein Apfel einfach liebenswerter ist als ein Androide«)

1. GRUND

Weil Apple Geschmack hat

Das soll jetzt kein billiges Wortspiel sein nach dem Motto »Beißen Sie mal in einen Apfel oder in ein Fenster – was schmeckt besser«. Gemeint ist wirklich Geschmack, Stil, Sinn für Ästhetik.

Steve Jobs hat in der Dokumentation *Triumph of the Nerds: The Rise of Accidental Empires* 1996 im Interview gesagt: »Das einzige Problem an Microsoft ist, dass sie keinen Geschmack haben. Sie haben absolut keinen Geschmack. Und ich meine das nicht nur im Detail, ich meine das im Allgemeinen, in dem Sinne, dass sie keine eigenständigen Ideen haben und dass sie ihren Produkten keine eigene Kultur geben.« (Im englischen Original: »The only problem with Microsoft is they just have no taste. They have absolutely no taste. I don't mean that in a small way, I mean that in a big way, in the sense that they don't think of original ideas, and they don't bring much culture into their product.«)

Zu Microsoft will ich mir kein Urteil erlauben, aber eines ist sicher: Apple hat Stil, hat Geschmack und eine ganz eigene Kultur. Wenn ich Microsofts E-Mail-Programm Outlook mit Apples Mail vergleiche, weiß ich sofort, welches Programm von Apple ist. Nämlich das Programm, das schon auf den ersten kurzenBlick deutlich besser aussieht.

Das Aussehen einer Software mag zunächst einerlei erscheinen, aber zumindest ich entdecke bei mir, dass ich bestimmte Programme auch wegen ihrer Ästhetik lieber nutze als andere der gleichen Gruppe, die vielleicht sogar mehr können oder andere Vorzüge haben. Es handelt sich dabei meist um Programme zur Textverarbeitung; zum Schreiben muss man in der richtigen Stimmung sein, sich wohlfühlen (oder den nötigen Zeitdruck haben, dann ist das [fast] egal). So gesehen erhöht das richtige Design auch die Produktivität.

Wobei sich das für mich hauptsächlich auf Software-Design bezieht. Ich arbeite vor allem darum am Mac und mit iOS-Geräten, weil es bestimmte Programme gibt, die ich in diesem Design und dieser Funktionalität, konsequent für iOS und OS X entwickelt, nirgendwo sonst finde. Das hat auch mit den Entwicklern zu tun, die selbst Fans sind und darum besonders liebevoll für Apple entwickeln, aber das ist ein anderes Kapitel in diesem Buch.

Apples viel gescholtene Kontrollsucht führt jedenfalls dazu, dass bestimmte Standards eingehalten werden. Und dass Entwickler Programme für OS X und iOS schreiben, die so durchdacht, ästhetisch und funktional sind, wie man sie auf anderen Plattformen nicht findet. Gelungene Beispiele dafür sind unter anderem Day One und Byword.

Day One ist eine Tagebuch-App mit einer schlichten und sehr schönen Oberfläche, die zu benutzen ein reines Vergnügen ist. Man kann sich Einträge geordnet nach Ort, Zeit oder Schlagworten ansehen, Bilder und andere Daten hinzufügen. Der Abgleich zwischen OS-X-App und iOS-App erfolgt über Dropbox oder Apples iCloud.

Byword ist ein Textprogramm, mit dem man Texte im RTF- oder Markdown-Format (mehr dazu im eigenen Kapitel) schreiben und als HTML, PDF, Word und sogar LaTeX exportieren kann. Gegen eine Sonderzahlung von 4,99 Euro kann man Byword sogar benutzen, um seine Texte ins eigene Blog oder für Evernote zu exportieren.

Das hört sich relativ unspektakulär an, zeigt aber sehr schön, worauf es ankommt. Hat man eines der Programme mal ausprobiert, merkt man, welchen Unterschied die Benutzeroberfläche und die Beschränkung auf wesentliche Funktionen ausmachen kann. Was diese Apps von anderen abhebt, sind ihr Stil, ihre Ästhetik und ihre Funktionalität, Dinge, die für Apple Hand in Hand gehen müssen.

2. GRUND

Weil Apple revolutionär ist

Revolutionär im Sinne von: sich nicht um Konventionen scheren, den eigenen Weg gehen. Den Weg, von dem man glaubt, dass er der richtige ist. Das ist wahrscheinlich auch einer Gründe, weshalb Apple so polarisiert. Wie jeder Revolutionär hat Apple wegen dieses Denkens und dieser Art, die Dinge zu sehen und anzupacken, glühende Verehrer und erbitterte Gegner.

Schauen wir uns nur mal den unscheinbaren kleinen Lightning-Anschluss an, den Apple am 12. September 2012 vorgestellt hat. Nach neun Jahren sollte dieser Anschluss den 30-poligen ablösen, den Apple 2003 eingeführt hatte und der sich durch die Masse an Zubehör zu einem eigenen Quasi-Standard entwickelt hatte.

Natürlich gab es am neuen Lightning-Anschluss jede Menge zu kritisieren, und ich stellte mir die gleichen Fragen wie viele andere: Warum muss das denn jetzt sein? So viel Platz kann man mit dem kleineren Stecker doch nicht sparen. Und wenn schon ein anderer Anschluss, warum dann nicht der Micro-USB-Anschluss, den die Europäische Union als einheitlichen Anschluss für alle Hersteller fordert?

Klarer Fall für viele Kritiker: Apple wollte sicher einfach mal wieder obszön viel Kohle machen und seine Nutzer schröpfen, mit überhöhten Preisen für Adapter, für neues Zubehör etc. Jetzt musste man ja alles wegwerfen, was man so an Docking-Stationen, Zubehör und Kabeln im Haus hatte.

Was die meisten dabei übersahen: Neun Jahre sind in der Computerbranche eine lange Zeit. Da tut sich einiges, und wenn man sich den 30-poligen Stecker jetzt so anschaut und mit dem neuen Lightning-Stecker vergleicht, sieht man ihm sein Alter schon an. Und warum kein Micro-USB-Anschluss? Das versteht man sofort, wenn man die beiden Anschlüsse miteinander vergleicht. Der Micro-USB-Anschluss ist zwar auch kleiner als der 30-polige und annähernd so groß wie der Lightning-Anschluss, aber unendlich fummeliger. Man muss jedes Mal genau hinschauen, ob man den Stecker richtig herum hält. Und besonders stabil ist die Verbindung zwischen Stecker und Buchse bei Micro-USB aufgrund der geringen Größe auch nicht gerade. Nach einer Weile wird es gerne mal ein bisschen wackelig.

Apples Lightning-Stecker dagegen ist ganz anders konstruiert. Er lässt sich ohne hinzusehen mit der Buchse verbinden, ganz egal, wie herum man ihn hält. Und er ist viel robuster. Wie Wikipedia hervorhebt, ist der Lightning-Stecker selbstreinigend. Beim Einstecken wird der Schmutz von der Buchse abgestreift. Führt man ihn in die Buchse ein, spürt man deutlich, wie die Federn im Anschluss in die Vertiefungen im Stecker einrasten und ihn sicher halten. Ein Gefühl von höchster Qualität, wie ihn auch der satte Klang der Autotüren luxuriöser Limousinen vermittelt. Durch diese Konstruktion war es auch möglich, genau zu definieren, wie stark das Gerät mit dem Stecker verbunden sein soll. So kann man sein iPhone relativ leicht aus dem Apple Dock entfernen, während das Original-Ladekabel fester mit dem iGerät verbunden ist, damit der Stecker nicht versehentlich aus der Buchse rutscht.

Der Lightning-Anschluss ist – meiner bescheidenen Meinung nach – momentan allen anderen proprietären Anschlüssen überlegen und zeigt deutlich, wie Apple denkt. Das Unternehmen kümmert es nicht, ob eine Europäische Union den Micro-USB-Anschluss bevorzugt, weil dieser Anschluss seinen eigenen hohen Standards nicht genügt. Der Lightning-Anschluss macht schon jetzt Schluss mit dem Hin-und-her-Wenden und dem Gefummel. Zwar soll laut BBC auch ein neuer USB-C-Anschluss von der Größe eines Micro-USB-Steckers entwickelt werden, der beidseitig einsetzbar ist, aber das kann noch dauern. Erst Mitte 2014 sollen die Spezifikationen endgültig festgelegt sein, und die ersten Produkte werden nicht vor 2016 erwartet. Und natürlich hat die Entwicklung nichts mit Apples Lightning-Anschluss zu tun.

Apple ist das höchstwahrscheinlich egal. Das Unternehmen hat schon jetzt einen kleinen, eleganten, drehbaren, robusten und zukunftssicheren Anschluss für mobile Geräte entwickelt, den andere Hersteller gegen eine Lizenzgebühr gerne nutzen und für den sie Zubehör entwickeln dürfen. Es ist vielleicht kein Standard, auf den sich ein Konsortium von Herstellern in langen Sitzungen geeinigt hat, aber es ist auf dem Markt und die im Moment bestmögliche Lösung.

Dieses revolutionäre Denken, das sich nicht um Konventionen schert, ist für die einen ein Grund, Apple zu hassen, und für die anderen, es zu lieben.

3. GRUND

Weil Apple vs. den Rest der Welt immer wieder Spaß macht

Betrachtet man Apples Werbegeschichte, dann stößt man immer wieder auf Phasen, in denen sich das Unternehmen an Wettbewerbern rieb. Die Einführung des Macintosh zum Beispiel startete gleich mit einem großen Knall – mit dem berühmten Super-Bowl-Spot *1984* unter der Regie von Ridley Scott. Eine junge Frau zertrümmert mit einem Vorschlaghammer eine riesige Leinwand, auf der der »Große Bruder« aus George Orwells Roman *1984* eine Rede vor den Massen hält. Die Werbebotschaft: »1984 wird nicht wie *1984*«, der Macintosh befreit die Massen von der Herrschaft des Großen Bruders IBM.

Vor der aktuellen Kampagne, die sehr emotional das Produkt und seinen Nutzen für die Menschen inszeniert, produzierte Apple die TV-Spot-Serie *Get a Mac*, bei der PC und Mac personifiziert wurden. Der PC wurde dabei vom Autor und Humoristen John Hodgman gespielt, der privat eigentlich Mac-Fan ist. Justin Long spielte den Mac.

Auf *www.applewerbung.de/mac/getamac/* kann man sich die (zumindest für Mac-Fans) sehr amüsanten Spots noch einmal ansehen. Der coole, ganz entspannte und lässige Mac unterhält sich mit dem leicht dicklichen, Brille, Anzug und Krawatte tragenden PC über alltägliche Dinge. Ob er sich mit der niedlichen japanischen Kamera bestens versteht, während der PC hilflos mit Englisch- und Italienisch-Brocken um sich wirft, oder ob er sich im Gegensatz zum PC als virenresistent erweist – immer steht der Mac am Ende besser da, und der PC wird zur Witzfigur. Wirklich sehr unterhaltsam, zumal es sich stets um relevante Themen handelte, die allerdings natürlich überzeichnet dargestellt wurden.

Übrigens ließ es sich Microsoft nicht nehmen, darauf mit der Kampagne *I'm a PC* zu antworten, bei der Nutzer sich stolz zum PC bekannten. Dumm nur, dass anhand des digitalen Fingerabdrucks der Bilder auf der dazugehörigen Website herauskam, dass die Kampagne auf Apple-Rechnern entstanden war. Eigentlich klar, schließlich arbeiten die meisten Werbeagenturen mit Macs, da dürfte auch Microsofts Werbeagentur Crispin Porter + Bogusky keine Ausnahme sein. Jedenfalls beseitigte Microsoft nach Bekanntwerden schnell alle digitalen Spuren und gab eine Pressemitteilung heraus, in der man darauf hinwies, dass bei den Arbeitsabläufen einer Kampagnenentwicklung alle möglichen Rechner eine Rolle spielten, neben PCs natürlich auch Macs.

Aber diese Kampagnen sind Vergangenheit. In den letzten Jahren hat sich Apple zu einem der Big Player entwickelt, da zeigt man besser seine eigenen Stärken, als sich über die echten oder aufgeblasenen Fehler der Konkurrenz zu amüsieren.

Samsung hat das entweder nicht mitbekommen oder sieht es ein wenig anders. Denn obwohl Samsung einerseits für Apple arbeitet, sind die Unternehmen andererseits Konkurrenten, die sich vor Gericht bekriegen – und eben auch in der Werbung. Vor Gericht klagt Apple gegen Samsung, bei den TV-Spots gehen die Sticheleien von Samsung aus und werden von Apple vornehm ignoriert.

Allerdings greift Samsung mit seiner *The next big thing*-Kampagne für das Galaxy S II auch weniger das iPhone direkt an, sondern stellt eher die vor einem Apple-Store wartenden Fans als dumme Schafe dar, denen man zeigen muss, wie wenig das Produkt eigentlich kann, für das sie da Schlange stehen.

Für Samsung-Besitzer vielleicht unterhaltsam, aber wenn man als iPhone-Nutzer als Depp dargestellt wird, überlegt man es sich wohl zweimal, ob man ein Samsung-Smartphone kauft. Da wäre es eleganter gewesen, auf die durchaus vorhandenen Vorteile der Samsung-Geräte hinzuweisen, statt die Konkurrenz zu dissen. So etwas macht man eigentlich nur als eindeutig kleineres Unternehmen – oder viel amüsanter.

Trotzdem – Apple gegen den Rest der Welt hat auch in der Zukunft noch viel Potenzial und Unterhaltungswert. Zwar ruht sich Apple momentan noch auf seinem Erfolg aus und produziert souveräne, lässige Spots ohne Seitenhiebe, aber das muss ja nicht so bleiben. Wenn Android-Smartphones und Windows Phones weiter an Marktanteilen gewinnen, besinnt sich Apple vielleicht mal wieder auf seine Wurzeln und zeigt der Konkurrenz, wo der (Vorschlag-)Hammer hängt.

4. GRUND

Weil ein Apfel einfach liebenswerter ist als ein Androide

Was könnte natürlicher und alltäglicher sein als ein Apfel? An diesem Wort und an dem Bild, das es hervorruft, ist nichts Technisches, nichts Unbekanntes oder Ungewohntes. Nichts, was man fürchten müsste. Ein Androide dagegen ist menschgewordene Technik, ein Kunstwesen in Menschenform. Da kann Googles Android-Maskottchen noch so niedlich aussehen, es ändert nichts an den Tatsachen.

Im Gegensatz Apfel – Androide zeigt sich auch die unterschiedliche Philosophie der beiden Unternehmen, die hinter den beiden großen mobilen Betriebssystemen stehen.

Der Name Apple entstand aus einer Laune heraus, ungeplant. Steve Jobs hatte gerade auf einer Apfelplantage gearbeitet und ernährte sich ausschließlich von Früchten, am nächsten Tag sollten die nötigen Papiere für die Firmengründung unterschrieben werden und den beiden Firmengründern war kein besserer Name eingefallen. »Apple« war einfach und eingängig, in Verbindung mit dem Wort »Computer« aber äußerst ungewöhnlich. Und außerdem stand die Firma mit diesem Namen im Telefonbuch vor Jobs' altem Arbeitgeber Atari.

Und während bei Android-Smartphones vor allem die technischen Daten zählen, um jedes Pixel Bildschirmauflösung und jedes Megahertz Prozessortaktung gerungen wird, steht bei Apple der Nutzen für den Menschen im Vordergrund. Apple-Nutzer interessiert in der Regel nicht, wie der Prozessor ihres Gerätes getaktet ist und wie viele Kerne er hat (Wen interessieren auch beim Apfel schon die Kerne?).

Für Apple-Nutzer steht das Erlebnis im Vordergrund, das sie bei der Benutzung ihres Gerätes haben. Der erste Apple iPod wurde nicht damit beworben, dass er 5 GB Speicherplatz bereitstellte. Nein, die Aussage des Werbespots lautete: »1.000 Songs in deiner Hosentasche.« Das war es schließlich, worauf es ankam. (Ganz nebenbei: eine kleine Webdesign-Agentur in Mumbai hat eine Simulation dieses iPods ins Netz gestellt. Unter *inventikasolutions.com/demo/iPod/* können Sie mit der Maus das Klickrad bedienen, Musik abspielen und so ein bisschen das Gefühl nachvollziehen, das die ersten iPod-Nutzer hatten.)

Gut möglich, das ein iPhone beim direkten Vergleich mit einem Android-Flaggschiff nicht immer die Nase vorn hat, wenn es allein um die technischen Details geht, um Pixeldichte und Prozessorkerne. Aber im Zusammenspiel von Soft- und Hardware, im rundum gelungenen Erlebnis für den Nutzer wird es trotzdem überzeugen.

Wen interessieren schon die Gigahertzraten der Prozessortaktung und das Fachchinesisch der Technik-Freaks, die in jedem Prozentpunkt bei einem Benchmark-Test einen Beleg für die Qualität eines Smartphones sehen? Apple-Nutzer in aller Regel nicht. Denen ist vor allem wichtig, dass alles einfach funktioniert und sie jeden Tag ein rundes Smartphone-Erlebnis genießen (um mal die schreckliche Werbesprache zu bemühen).

Apfel gegen Androide – das heißt Natur gegen Technik. Und Natur liegt den Menschen einfach näher, wenn es ums Lieben geht.

5. GRUND

Weil Apple auch bei der Werbung Maßstäbe setzt

Apple wusste schon immer, wie man gute Werbung macht. Im 3. Grund, »Weil Apple vs. den Rest der Welt immer wieder Spaß macht«, haben wir ja bereits gesehen, wie das Unternehmen sich in seinem *1984*-Spot gekonnt als Alternative und Gegenpart zum Big Brother IBM in Szene setzte oder in der *Get a Mac*-Reihe die eigenen Stärken den Schwächen des Konkurrenten gegenüberstellte – im Gegensatz zu Samsung heute aber nie gemein, sondern einfach witzig.

Aber sehen wir mal von den Werbespots der Vergangenheit ab. Vergleichen wir stattdessen die (im Dezember 2013, während ich dies schreibe) aktuellen Spots von Nokia, Samsung und Apple miteinander. Da fällt die Wahl des Unternehmens mit dem besten Werbespot ganz leicht. Zur Auswahl stehen Nokias *For Work. For Play*, für das Nokia Lumia 2520 Tablet, Samsungs *Are You Geared Up?* für das Galaxy Note und die Smartwatch Galaxy Gear sowie Apples *Misunderstood*.

For Work. For Play ist zumindest noch interessant, wenn auch offenbar unter dem Einfluss halluzinogener Drogen entstanden.

Die Story: Ein schmierig grimassierender Friseur mit gelben, hornigen Fingernägeln hält seinem Kunden verschiedene Frisurschablonen an den Kopf, bis dieser sich zögerlich für eine Vokuhila-Frisur entscheidet, was den Friseur fast zum Höhepunkt bringt. Eine Assistentin in Krankenschwester-Uniform reicht dem Kunden ein Nokia Lumia Tablet auf einem Silbertablett unter einer Glocke, der Friseur fordert ihn auf, es zu berühren. Man hört das Geräusch einer Schere und sieht Haare zu Boden fallen. Während der Kunde nun auf dem Nokia Lumia Tablet Fotos und Filme des Friseurs und seiner Assistentin betrachtet, wächst ihm ein Vokuhila, wie man ihn von Wolfgang »Wolle« Petry aus seinen besten Zeiten kennt und fürchtet. Der Kunde ist glücklich und antwortet auf die Frage des Friseurs, der, nun im Tennis-Outfit, herangesprungen kommt: Nice. All set for business. Worauf der Friseur, mit seinen hornigen Nägeln in den Haaren des Kunden herumspielend, meint: »All set to party.«

Das Ganze dauert zwei Minuten und wird untermalt von mysteriöser Spieluhrmusik, dann folgen noch 15 Sekunden mit dem Bild des Tablets.

Unterhaltsam ist der Spot schon, wenn auch auf eine gruselige Art. Man fragt sich die ganze Zeit, welche Drogen so etwas mit den Köpfen von Kreativen in Werbeagenturen anrichten können – und mit denen der Verantwortlichen beim Werbekunden, die das durchgewunken haben. Was man sich auch fragt: Was hat das mit dem Tablet zu tun? Versinkt man so in die Beschäftigung damit und hält der Akku so lange, dass einem ein Vokuhila wächst? Und wieso soll ausgerechnet diese Ausgeburt des schlechten Geschmacks die richtige Frisur für Geschäfts- und Partyleben sein? Man sieht förmlich die schnauzbarttragenden Hipster mit ihren dicken Hornbrillen im Meeting sitzen und schon mal ihre Auszeichnung in Cannes feiern, die sie für dieses Meisterwerk erwarten.

Samsungs zweieinhalbminütiges Meisterwerk für die Smartwatch Galaxy Gear dagegen ist an Peinlichkeit und Plattheit kaum zu überbieten und schreit, wie das (zugegebenermaßen parteiische) Online-Magazin *iPhone-Ticker* schreibt, nach einem Eimer neben dem Rechner. Die Story hier:

Ein Skigebiet. Eine Blondine sitzt zwischen zwei jungen Männern im Sessellift, offensichtlich finden beide sie interessant. Der eine nimmt einen Anruf mit seiner Galaxy Gear entgegen, die er natürlich über dem Handschuh trägt.

Nach dem kurzen Gespräch hält er seine Uhr der Blondine unter die Nase und fordert sie dazu auf, ihm ihre Nummer zu geben, wenn sie etwas Cooles sehen wolle. Sie diktiert ihre Nummer, er ruft sie gleich darauf über die Gear an. Man verrät einander, dass man Jack und Aimee heißt. Währenddessen versucht der zweite Bewerber neben Aimee, sein Smartphone aus der Tasche zu fummeln, um die Nummer auch zu notieren. Natürlich fällt es aus dem Sessellift, und seine Skier gleich mit. Dann geht es mit dem Snowboard die Piste hinunter. Jack fährt hinter Aimee und macht mit der Gear heimlich einen Film sowie tolle Actionfotos von ihren Sprüngen (sicher, sicher), die er ihr sofort zeigt.

Man will sich wiedersehen. Schnitt auf die Après-Ski-Disco, Aimee und Jack begegnen sich im Gedränge, sie stößt ihn an, sein Smartphone fällt aus der Tasche. Er demonstriert ihr, wie er es über die Suchfunktion der Smartwatch wiederfindet. (Einfach bücken wäre schneller gegangen.) Er holt zwei Gläser Rotwein von der Bar, dabei scannt er die Flasche mit seiner Gear und sieht im Internet nach, was man darüber sagen kann.

Als Aimee ihn anruft (hat das so lange gedauert?), kann er dank Gear trotz der beiden Gläser, die er in der Hand hält, den Anruf annehmen. Seinem namenlosen Konkurrenten dagegen, der die Weinaktion beobachtet hat und ihm eigentlich mit zwei Gläsern bei Aimee zuvorkommen wollte, fällt ein Glas herunter, als er in die Hosentasche greift.

Jack kehrt zu Aimee auf die Terrasse zurück, beeindruckt sie mit dem eben erworbenen Weinwissen und spielt per Gear-Fernsteuerung Musik von seinem Handy ab. Sie schmiegt sich in seine Arme, und wir ahnen: Die beiden landen heute noch im Bett. Die Aussage: Wenn man »Geared Up« ist, kriegt man alle Weiber rum.

Das Ganze ist so platt, so mit dem Holzhammer, so sexistisch, so fürchterlich gecastet, schlecht gespielt und den Konsumenten für dumm verkaufend, dass man sich wirklich fremdschämt. Kein Wunder, dass Samsung auf YouTube die Kommentare unter dem Spot deaktivieren musste.

Ganz anders dagegen Apples *Misunderstood*, das ein Familienfest wie aus dem Bilderbuch zeigt. Wir sehen die Ankunft einer Familie (Mutter, Vater, Teenager-Sohn und Kindergarten-Tochter) bei ihren (Groß-)Eltern vor dem verschneiten Haus. Man umarmt sich, begrüßt die anderen Verwandten, die schon angekommen sind, und verbringt Zeit miteinander. Während drei Generationen Schlittschuh laufen, Schneespaziergänge machen, Schneemänner bauen und Schnee-Engel machen, sieht man den Teenager-Sohn leicht abseits sitzen und auf sein Smartphone starren. Immer wieder muss er von den anderen liebevoll in die Familienaktivitäten integriert werden.

Doch dann kommt die große Überraschung beim Geschenkeauspacken: Er schaltet zur Verwunderung aller den Fernseher an und präsentiert den Familien-Weihnachtsfilm, den er während der letzten Tage auf seinem iPhone gedreht, geschnitten, mit Titeln versehen und mit stimmungsvoller Musik unterlegt hat. Auch bei der Musikauswahl beweist Apple wieder einmal Stil. Statt die etwas süßliche Originalversion des Klassikers *Have Yourself a Merry Little Christmas* von 1944 mit Judy Garlands Stimme zu verwenden, untermalt Apple den Spot mit einer moderneren und minimalistisch instrumentierten Version. Und keine Mainstream-Chartsängerin verkitscht den Song, sondern die zerbrechliche Stimme von Chan Marshall aka Cat Power unterstützt die Bilder mit genau der richtigen Menge Emotion. Mutter und Großmutter wischen sich Tränen der Rührung aus den Augen, und auch manchem Zuschauer vor dem Bildschirm dürfte es ähnlich gehen. Am Ende wünscht Apple einfach »Happy Holidays«.

Natürlich ist auch der Apple-Spot nicht nach jedermanns Geschmack. Vielleicht zeigt er ein idealisiertes Familienbild und ist für manche zu rührselig. Aber die Charaktere sind toll ausgewählt, die Szenen stimmig und glaubwürdig. Und es gibt wohl keine Eltern, die sich nicht wünschten, ihr eigener Teenager, der abwesend auf seinen Bildschirm blickt, würde sie mit so einem Happy End überraschen.

Verglichen mit den nahezu zeitgleich erschienenen Werbespots der Konkurrenz ist der Spot von Apple reines Werbegold. Das Unternehmen verzichtet zur Weihnachtszeit auf Produktwerbung, setzt stattdessen voll auf Emotion. Man zeigt eben auch bei der Werbung Geschmack und setzt Maßstäbe.

6. GRUND

Weil Apple sich immer wieder neu erfindet

Vom ziemlich amateurhaften Computerhersteller, dessen erste 200 Geräte in der elterlichen Garage zusammengelötet wurden, bis zum IT-Riesen, der es heute ist: Apple hat jede Menge Neuanfänge und Kehrtwendungen vollzogen. Mehr als einmal sah es nicht gut für das Unternehmen aus. Aber Apple hat es immer wieder geschafft, sich neu zu definieren und gilt heute (jedenfalls zu dem Zeitpunkt, an dem ich das schreibe) als wertvollstes Unternehmen der Welt.

Der erste große Sprung war sicher der von der Schrauberbude zum börsennotierten Unternehmen. Nur vier Jahre nach seiner Gründung ging Apple an die Börse. Die Aktie kostete 22 Dollar, und der Börsengang brachte mehr Kapital als jeder andere seit dem Börsengang der Ford Motor Company im Jahr 1956. Ganz nebenbei wurden mehr Aktieninhaber zu Millionären als bei irgendeinem Börsengang zuvor – rund 300.

Zu diesem Zeitpunkt war Apple immer noch eine reine Computerfirma. Wiederum vier Jahre nach dem Börsengang, 1984, brachte Apple den Macintosh heraus. Der Macintosh revolutionierte zusammen mit dem Laserdrucker und dem Programm PageMaker die Art und Weise, wie Drucksachen entstanden – das Desktop-Publishing war geboren.

Trotz des Erfolgs kam es 1985 zum Machtkampf zwischen Steve Jobs und dem Vorstandsvorsitzenden John Sculley – einem Kampf, den Steve Jobs verlor. Er wurde aus seiner eigenen Firma gedrängt und gründete noch im selben Jahr die Konkurrenzfirma NeXT.

Apple entwickelte sich auch ohne Steve Jobs ein paar Jahre ganz gut, aber in den Neunzigerjahren begann der Stern des Unternehmens zu sinken. Man experimentierte mit Produkten wie den QuickTake-Digitalkameras, CD-Spielern und Lautsprechern oder dem Persönlichen Digitalen Assistenten Newton, dessen Entwicklung eine Menge Geld verschlang. Mit eWorld betrieb Apple in Zusammenarbeit mit AOL ein Online-Portal nur für Mac-Nutzer, das eine Alternative zu traditionellen Portalen wie CompuServe bilden sollte. All diese Dinge kosteten Geld, und im vierten Quartal 1995 meldete Apple einen Verlust von 68 Millionen Dollar. Im Januar 1996 wurde Gil Amelio Vorstandsvorsitzender von Apple. Der kürzte Ausgaben, unter anderem für die Entwicklung des neuen Betriebssystems. Dafür kaufte Apple im Februar 1997 unter seiner Leitung ironischerweise NeXT auf und nutzte Teile des Betriebssystems, um darauf Mac OS X und iOS aufzubauen. Die Aktie ging aber weiter in den Keller und erreichte im zweiten Quartal ein Zwölfjahrestief. Laut Wikipedia lag das zumindest teilweise auch am anonymen Verkauf von 1,5 Millionen Anteilen am 26. Juni.[1] Der Verkäufer entpuppte sich später als Steve Jobs.

Am Wochenende des 4. Juli überzeugte Jobs den Vorstand davon, sich gegen Gil Amelio zu stellen. Weniger als eine Woche später trat dieser zurück und Steve Jobs wurde Vorstandsvorsitzender. Sein Lohn: 1 US-Dollar im Jahr. Allerdings erhielt er ausreichend Aktienanteile, um ihn für seine Mühen zu entschädigen. Zunächst trug Jobs den Titel »Interim CEO«, also »vorläufiger Vorstandsvorsitzender«, aber im Jahr 2000 wurde das »Interim« fallen gelassen. Die monatelange Suche nach einem festen Vorstandsvorsitzenden hatte keinen Erfolg gehabt. Apple war in keiner guten Verfassung, und niemand wollte sich von Steve Jobs bei der Arbeit über die Schulter sehen lassen.

Sobald Steve Jobs wieder das Sagen hatte, beendete er kurzerhand viele Experimente, von denen er nicht überzeugt war. Auch der Newton wurde eingestellt – er war seiner Zeit einfach zu weit voraus. Angeblich fürchteten sich Angestellte davor, ihn im Aufzug zu treffen, aus Angst, keinen Job mehr zu haben, wenn die Türen sich wieder öffneten.

Ausgerechnet der frühere Gegner Microsoft rettete Apple über die verlustreiche Zeit. Apple arbeitet mit Microsoft an einer neuen Version von Microsoft Office, und Microsoft investierte 150 Millionen Dollar in Apple-Anteile. 1997 führte Apple den Online Store ein, in dem man sich seinen Mac mit ein paar Klicks zusammenstellen konnte. 1998 wurde der iMac vorgestellt. Der Leiter des iMac-Teams war kein anderer als Jonathan Ive, der auch die späteren Erfolge iPod und iPhone designte.

Der iMac legte den Grundstein für Apples jetzigen Erfolg und stand für alles, was man mit dem Unternehmen heute verbindet. Er war extrem eigenständig und gut designt. Er brach mit Regeln (zum Beispiel verfügte er über kein Diskettenlaufwerk) und er war revolutionär einfach zu bedienen. Mit wenigen Einrichtungsschritten war man mit dem Internet verbunden. Es gab nicht einmal ein richtiges Handbuch.

In einem Werbefilm ließ man einen Stanford-Studenten mit einem Hewlett-Packard-Rechner und einen Siebenjährigen mit seinem Border Collie und einem iMac gegeneinander antreten. Welcher von beiden würde es eher schaffen, seinen Rechner frisch aus der Verpackung zum Laufen zu bekommen und sich mit dem Internet zu verbinden? Der siebenjährige Johann Thomas schaffte es mit dem iMac in acht Minuten und 15 Sekunden. Da mühte sich der Stanford-Student mit seinem herkömmlichen Rechner immer noch ab.

Seit damals bleibt Apple seiner Philosophie der Einfachheit und Innovation treu, erfindet sich dabei aber trotzdem immer wieder neu. Apple stellt nicht mehr nur Rechner her, sondern hat ganz nebenbei auch den Musikmarkt und die Kommunikationsindustrie revolutioniert – durch seine Fähigkeit, sich immer weiterzuentwickeln.

7. GRUND

Weil Apple auch mal Fehler macht

Okay, kommen wir zu den wenigen Punkten, angesichts derer auch der größte Apple-Fanboy verschämt die Augen niederschlägt und beim besten Willen keine Argumente zur Verteidigung seines Lieblingsunternehmens mehr vorzubringen weiß. Und wir sprechen hier nicht von zweifelhaften Entscheidungen wie der, den Newton einzustellen (gerade als ich mich damals zum Kauf entschlossen hatte), weil die Zeit noch nicht reif war. Wir sprechen auch nicht vom wohl kurzlebigsten Social Network, das jemals fast existiert hätte – Ping. Es war in iTunes integriert, konnte also vom Start weg auf eine riesige Nutzerbasis aufbauen – und floppte trotzdem so grandios, dass Apple die Totgeburt rund zwei Jahre später beerdigte.

Nein, wir reden von einem Produkt, dessen Fehlkonzeption so groß und eindeutig, so unmittelbar ersichtlich war, dass man sich fragen muss, wie es jemals Serienreife erlangen konnte.

Wir reden von der runden Maus, die zusammen mit dem ersten iMac 1998 ausgeliefert wurde. Die farblich zum iMac passende Maus war Apples erste USB-Maus und eine echte Katastrophe. Auf den ersten Blick schien sie ganz ansprechend, aber wenn man versuchte, sie zu benutzen, wurde einem innerhalb weniger Sekunden klar: Das Ding war unbrauchbar.

Das Problem lag in der scheinbar perfekten runden Form. Wenn man beim Schreiben blind zur Maus griff, um schnell mal ein paar Wörter zu markieren, zu verschieben oder zu bearbeiten, wusste man nie, in welche Richtung sich der Mauszeiger bewegen würde. Zeigte die Maus»spitze« mit dem Kabel auch nur ein wenig nach links, schoss der Mauszeiger zum Beispiel nach rechts oben anstatt gerade nach oben, wie gewünscht. Das passierte ständig. Der Hockey-Puck glitt unkontrollierbar über das Mauspad.

Zwar brachten findige Zubehörhersteller schnell ein passendes Kunststoffteil zum Anklippen auf den Markt, das der Maus wieder zur nötigen länglichen Form verhalf. Aber auch diese Krücke brachte nicht viel, denn mit dem Zusatzteil konnte das insgesamt viel zu große Gerät nur von Menschen mit Riesenpranken ordentlich bedient werden. Es verdiente eher die Bezeichnung »Ratte« als »Maus«. Ein hilfloser Versuch, ein unbrauchbares Eingabegerät halbwegs benutzbar zu machen.

Die wenigsten Nutzer fielen darauf herein. Stattdessen wechselte man zum Erzfeind: Microsoft. Nicht gleich mit dem ganzen Rechner, das dann doch nicht. Aber immerhin mit der Maus. Durch den USB-Anschluss konnte man glücklicherweise auf die Mäuse anderer Hersteller ausweichen. Sicher hat Microsoft zu keiner Zeit mehr Mäuse an Apple-Nutzer verkauft als damals. Noch heute fragen sich Apple-Veteranen, die das Desaster damals miterleben mussten, kopfschüttelnd: Wie konnte Steve Jobs, der detailbesessene Perfektionist, diese Maus nur durchgehen lassen?

Wahrscheinlich einfach deswegen, weil er eben auch nur ein Mensch war. Weil Apple eben doch nicht der alles kontrollierende Moloch ist, dem nichts entgeht.

8. GRUND

Weil Apple zu den wertvollsten Marken der Welt gehört

Die weltweit größte Werbeholding WPP (Wire and Plastic Products – das Kernunternehmen produzierte ursprünglich Einkaufskörbe) erstellt seit Jahren eine Studie mit Namen BrandZ Report (also in etwa »MarCKen Report«).

In dieser Studie bewerten die Marketingexperten von WPP den Wert von über 60.000 Marken in mehr als 200 Kategorien, indem sie Konsumenten und andere Marketingexperten befragen. 2006 lag Apple noch auf Platz 29, 2007 hatte sich das Unternehmen schon auf Platz 16 verbessert, 2009 lag es auf Platz 6.

2013 schaffte Apple es auch bei den Kollegen von Interbrand, noch vor Google, Coca Cola, IBM und Microsoft auf Platz 1 der Studie »Best global Brands« zu landen.

Und auch im Brand Finance Global 500 Report 2014 setzt sich Apple mit weitem Abstand an die Spitze – zum dritten Mal übrigens. Konkurrent Samsung folgt auf dem zweiten Platz, dahinter erst kommen Google und Microsoft. Das erste deutsche Unternehmen ist die Telekom auf Platz 14.

Der Abstand von Apple zu Samsung ist dabei übrigens beträchtlich. Apples Markenwert wird von den Autoren der Studie für 2014 mit rund 104 Millionen US-Dollar angegeben, der von Samsung »nur« mit 78 Millionen. Berechnet wird dieser Wert auf der Grundlage verschiedener Faktoren. Insbesondere die Höhe der Lizenzgebühren wird dabei berücksichtigt.

Natürlich kann man sich über den Sinn oder Unsinn solcher Rankings und deren Genauigkeit streiten. Aber immerhin bestätigen sie den Eindruck, den wohl jeder Verbraucher in den letzten Jahren gewonnen hat: Apple ist die Nummer eins. Es ist das erfolgreichste Unternehmen, und zwar nicht nur gefühlt, sondern messbar. Im letzten Quartal 2013 soll das Unternehmen laut der Website *Investors.com* sogar 87,4 Prozent der weltweiten Gewinne mit mobilen Geräten eingestrichen haben. Samsung an zweiter Stelle habe sich 32,2 Prozent gesichert. Aufmerksame Rechner werden sich jetzt vielleicht wundern, wieso da mehr als 100 Prozent herauskommen. Das liegt daran, dass die anderen Unternehmen in dieser Zeit Verluste gemacht haben. Fragen Sie mich nicht, wie genau die

Rechnung funktioniert, jedenfalls behauptet Apple auch hier stolz seinen Platz.

Und das allen Unkenrufen zum Trotz, die Apple schon seit Jahren den baldigen Untergang prophezeien. Aber anders als in den Neunzigerjahren des letzten Jahrtausends, als Apple-Nutzer sich manchmal fragen mussten, wie lange es das Unternehmen wohl noch geben würde, kann man die Miesmacher heutzutage getrost ignorieren. Es sieht nicht so aus, als würde Apple so schnell wieder untergehen, wie es vom kleinen Rechnerhersteller zum Elektronikgiganten aufgestiegen ist. Das Unternehmen liefert den Menschen einfach jedes Jahr neue Gründe, es zu lieben, seine Produkte zu kaufen und dafür zu sorgen, dass es seine Position ganz oben noch eine Weile behält. Und falls Apple doch einmal in den nächsten Jahren ein paar Positionen nach unten rutschen sollte[2] und die Propheten des Untergangs wieder ihre Stimme erheben – hey, das Software-Unternehmen SAP liegt als bestes deutsches Unternehmen auf Platz 19 und wird dafür gefeiert. Wahren Fans sind solche Ranglisten sowieso egal. Die freuen sich höchstens bei guten wirtschaftlichen Aussichten für Apple über die Gewissheit, dass sie noch viele Jahre lang Produkte werden kaufen können, die Dinge möglich machen, von denen sie immer geträumt haben.

9. GRUND

Weil Apple mobiles Arbeiten für alle ermöglicht hat

Gut, es gab sie schon vorher, die Palms, HandEras und Treos. Aber das waren weniger Schreibgeräte als vielmehr elektronische Kalender mit einigen Zusatzfähigkeiten.

Das Schreiben auf diesen Geräten war trotz einigermaßen funktionierender Handschrifterkennung nur etwas für kürzere Notizen, für Adressen und Telefonnummern. Wollte man längere Texte verfassen, biss man entweder bald frustriert in den unbedingt notwendigen Stift oder legte sich eine faltbare Tastatur zu, die wiederum die Mobilität einschränkte. Für Pendler, die zum Beispiel im Zug die Fahrt zur Arbeit vernünftig nutzen wollten, war das nichts. Man brauchte eine feste Unterlage für diese Art Tastatur.

Erst mit der Software-Tastatur des iPhones, mit der man auch ohne Stift und mit dicken Fingern vernünftig längere Texte tippen konnte, begann die Ära des mobilen Arbeitens wirklich. Die komplette erste Fassung dieses Textes zum Beispiel entstand auf einem iPhone im Liegestuhl am Urlaubsstrand. Mit einem der vielen Textverarbeitungsprogramme, die Markdown unterstützen (mehr dazu im 84. Grund, »Weil Markdown auf dem Mac entstanden ist«).

Außer dem iPhone hätte das Gerät meiner Wahl natürlich auch das iPad, iPad mini oder der iPod touch sein können (den ich vor dem iPhone tatsächlich als Laptop-Ersatz benutzt habe). Tatsache ist, dass Apple mit seinem iOS und den entsprechenden Geräten einen Laptop für reines Schreiben (und viele andere Office-Aufgaben) entbehrlich gemacht hat. Googles Android-Betriebssystem kam erst später.

Steve Jobs stellte das ursprüngliche Betriebssystem zusammen mit dem ersten iPhone am 9. Januar 2007 vor. Damals nannte er das System, das wir heute als iOS kennen, noch OS X, weil es vom Mac OS X abstammte.

Im selben Jahr, aber erst am 5. November 2007, gab Google bekannt, dass man an einem Betriebssystem für Mobiltelefone arbeite. Erst am 22. Oktober 2008 kam dann das erste Gerät mit diesem Android-System auf den Markt. Zu diesem Zeitpunkt hatte Apple schon die Version 2.0 seines iPhones OS vorgestellt, zusammen mit dem neuen Konzept des App Stores.

Zu diesem Zeitpunkt war das iPhone noch nicht so vielseitig einsetzbar wie heute, aber ein Anfang war gemacht. Ein Anfang, der eine Wende für das mobile Arbeiten einläutete.

Heute gibt es jede Menge Apps, mit denen wir unsere gewohnten Office-Programme lesen und bearbeiten können. Von Dokumenten in Microsofts Word-Format über Tabellenkalkulationen bis hin zu

Präsentationen. Und es gibt nicht nur Smartphones, sondern auch Tablets, mit denen bestimmte Arbeiten noch besser von der Hand gehen. Denn eine Tabellenkalkulation auf dem Smartphone zu bearbeiten ist zwar möglich, macht auf Dauer aber wirklich keinen Spaß. Mit einem Tablet sieht die ganze Sache da schon anders aus.

Aber egal ob Tablet oder Smartphone – Vorreiter beim mobilen Arbeiten für die Massen war mal wieder Apple mit seinem iPhone und später mit seinem iPad. Das hat natürlich ein eigenes Kapitel verdient.

10. GRUND

Weil Apple den Begriff »iPhoneography« geprägt hat

Schon mal gehört? Das Schachtelwort aus »iPhone« und »Photography« ist eine fiese Schreibfehlerquelle und bringt alle, die über dieses Thema schreiben müssen, ins Stolpern, aber es bezeichnet die Sache als solche ziemlich gut.

iPhoneography ist die Kunst, mit dem iPhone Fotos zu schießen. Zwar gab es schon vor dem iPhone Fotohandys, aber das iPhone hat eine ganz eigene Art mobiler Fotografie geprägt. Das liegt weniger an der Güte des Objektivs oder des Sensors. Die ersten Modelle waren – aus heutiger Sicht – nicht besonders doll.

Was die iPhoneography richtig in Schwung brachte, waren vor allem die Apps. Sie machten das Fotografieren mit dem iPhone zu einem ganz neuen Erlebnis, man konnte Bilder sofort auf verschiedenen Online-Plattformen präsentieren, sie noch auf dem iPhone bearbeiten oder ihnen von vornherein einen ganz eigenen Look verpassen. Zwei der bekanntesten sind:

Hipstamatic: Hipstamatic ist eine der ältesten Foto-Apps. Im September 2009 begannen die Designer Lucas Buick und Ryan Dorshorst mit ihrer Arbeit an der Hipstamatic-App, im Dezember 2009 erschien die App im iTunes Store, und noch im ersten Monat nach ihrem Erscheinen war sie in mehreren Ländern in den Top Ten der Apps zu finden.

Das Programm versucht, analoges Foto-Feeling mit dem iPhone zu kombinieren. Ganz konsequent bietet es keine Möglichkeit der Nachbearbeitung, man muss sich vorher für eine Kombination von virtueller Linse und virtuellem Film entscheiden. Auch »Blitze« und »Gehäuse« stehen zur Wahl, teilweise als In-App-Käufe.

Hipstamatic nutzt nicht das ganze Display als Sucher, sondern bietet nur einen kleinen quadratischen Sucher (der sich mittlerweile aber auch vergrößern lässt). Anders als die meisten anderen Apps fordert sie vom Fotografen, sich vorher Gedanken darüber zu machen, wie seine Bilder aussehen und wirken sollen – ganz wie zu analogen Zeiten. Man muss wissen, wie »Linse« und »Film« zusammenwirken.

Manche tauchen das Bild in andere Farbstimmungen, vignettieren oder fügen Körnung und Strukturen hinzu. Andere simulieren wechselnde Lichteinfälle, bilden nur einen Teil scharf ab oder erhöhen den Kontrast. Auf *gear.hipstamatic.com* kann man sich ansehen, welche Wirkung der jeweilige Film oder Blitz beziehungsweise das Objektiv und die Kombination der drei Faktoren auf das Foto haben.

Die Hipstamatic-App kommt mit vier Filmen, fünf Objektiven, drei Blitzen und einem Gehäuse. Weiteres Zubehör erscheint von Zeit zu Zeit als In-App-Kauf oder als kostenlose Ergänzung zum Herunterladen, meist in Kooperation mit einem Werbepartner.

Mehrere Fotojournalisten arbeiten mit dem iPhone. Zum Beispiel der in Ungarn geborene Balazs Gardi, der auch die ersten Fotos von Felix Baumgartner nach seinem Rekordsprung aus dem All gemacht hat. Er hat US-Marinesoldaten in Afghanistan begleitet und ihren Alltag mit dem iPhone 4 dokumentiert. Die App, mit der er seine später preisgekrönten Fotos schoss: Hipstamatic, mit der Standardausrüstung, Objektiv »John S«, Film »Ina 69«.

Das iPhone eignet sich deshalb so gut für solche Aufgaben, weil es unaufdringlich wirkt und viel unauffälliger ist als eine professionelle Spiegelreflexkamera. Und für normale Druckgrößen bis DIN A4 reicht die Auflösung schon seit einigen Modellgenerationen locker aus.

Hipstamatic simuliert das Gefühl der analogen Fotografie so perfekt wie keine andere App. Und natürlich kann man inzwischen seine Fotos auch direkt auf Flickr, Tumblr, Twitter, Facebook und Instagram teilen. Womit wir schon bei der zweiten großen Foto-App wären.

Instagram: Den Namen Instagram kennt man spätestens, seit Facebook das Unternehmen im April 2012 für eine Milliarde Dollar übernahm. Ein absoluter Rekordpreis, vor allem angesichts der Tatsache, dass Instagram zu dem Zeitpunkt aus gerade mal zwölf Mitarbeitern bestand und keine Idee hatte, wie man eigentlich Geld verdienen könnte. Außerdem gab es die App noch nicht einmal zwei Jahre. Erst im Oktober 2010 war Instagram im App Store erschienen, im April 2012 dann für Android.

Als Fotosoftware ist Instagram dabei gar nicht mal so spektakulär. Es gibt eine Reihe von Filtern, man kann die Helligkeit und Schärfe des Bildes anpassen oder es mit einem Tilt-Shift-Effekt versehen – alles nichts Besonderes. Trotzdem ist Instagram gerade für junge Leute interessant. Die Bilder werden mit #hashtags versehen, wie man sie von Twitter kennt und auf einer eigenen Seite nach dem Muster *instagram.com/Nutzername* veröffentlicht. Entweder nur für die eigenen Freunde (nach einer Bestätigung der Anfrage durch den Nutzer) oder öffentlich einsehbar für alle. Man kann Fotos favorisieren oder Kommentare dazu abgeben. Das war es auch schon. Trotzdem boomt Instagram und hat dazu beigetragen, die iPhoneography zu verbreiten.

Neben diesen beiden gibt es noch eine Unzahl an Foto-Apps, die mit dem iPhone geschossene Bilder auf alle nur denkbare Arten verändern. Mit denen man die Bilder zuschneiden, optimieren und vor allem mit jeder Menge Filtern versehen kann. iPhoneography ist die perfekte Kombination von Hardware und Software. Ist eine

Kamera, die man ständig dabeihat und die sehr unauffällig ist (zum Beispiel kann man den Lautstärkeregler der iPhone-Kopfhörer als Fernauslöser der Kamera verwenden). Und es ist das Angebot Tausender Apps, die dabei helfen, mit wenigen Klicks zu genau den Bildern zu gelangen, die man sich vorgestellt hat.

Inzwischen ist iPhoneography weit mehr als zu Beginn. Neuere Apps wie PureShot versuchen, besonders hochwertige Fotos ohne Veränderungen und Filter zu ermöglichen. Die Dateien werden bei diesen Apps nicht im komprimierten JPG-Format mit Qualitätseinbußen gespeichert, sondern im unkomprimierten TIF-Format.

Außerdem ist die iPhoneography trotz ihrer Namensherkunft eigentlich nicht mehr nur auf das iPhone beschränkt. Hersteller anderer Smartphones wetteifern mit immer höheren Auflösungen und anderen Gimmicks mit Apple um die Krone der mobilen Fotografie. Aber so richtig begonnen hat es mit dem iPhone.

11. GRUND

Weil man sich bei Fragen an ein Genie wenden kann

Ja, mit Understatement und Bescheidenheit hat es unser geliebtes Unternehmen nicht so. Gibt man auf YouTube die Begriffe »Incredible amazing awesome Apple« ein, landet man bei einem Zusammenschnitt der Keynote von 2009, der auf knapp zwei Minuten nur die Ausschnitte aneinanderreiht, in denen Steve Jobs und seine Mitpräsentatoren solche Begriffe verwenden. Und das mit einer Inbrunst und Überzeugung, dass es einem vorkommt, als sähen sie die Dinge, die sie dort vorstellen, zum ersten Mal. Alles scheint unglaublich überwältigend fantastisch großartig zu sein.

Da verwundert es nicht, dass die Mitarbeiter in den Apple Stores keine gewöhnlichen Berufsbezeichnungen tragen, sondern Titel, die ebenso überwältigend sind wie die Adjektive, die der Vorstand bei seinen Präsentationen verwendet. Im Apple Store ist man Specialist, Creative oder gar Genius.

Schon auf der Internetseite der Apple Stores geht es los. Apple heißt alle Talente willkommen. Mit den Worten: »Wir sind Menschen, die Technologie leben und Menschen, die den Umgang mit Menschen lieben. Und wir sind Musiker, Fotografen, Bergsteiger, Studenten und Künstler. Unsere Interessen lassen sich nicht in eine Stellenbeschreibung pressen.« Apple versucht es trotzdem, fordert den Leser dazu auf, Teil von etwas Großem zu werden: »… es gibt einen Ort, an dem du deine Begabungen mit anderen teilen und dabei lernen, dich weiterentwickeln und inspirieren lassen kannst.«

Daneben steht groß in Anführungszeichen ein Zitat (offensichtlich eines Mitarbeiters: »Wenn jemand überlegt, ob er in einem Apple Retail Store arbeiten soll, würde ich es ihm empfehlen. Das wird die beste Zeit seines Lebens.«[3]

Solche Aussagen erwartet man eher bei der Beschreibung eines luxuriösen Cluburlaubs. Liest man die Stellenseite, hat man den Eindruck, dass die Mitarbeiter in Apple Retail Stores ihren Job nicht machen, um Geld zu verdienen, sondern allein, um neue Mitglieder zu werben. Als »Specialist« zum Beispiel sieht man »jeden Tag als Chance, weitere Besucher im Apple Store als loyale Apple Kunden zu gewinnen«. Und weiter: »Du bist stolz darauf, Apple zu repräsentieren, und es erfüllt dich mit Zufriedenheit, Kunden dabei zu helfen, lebenslange Beziehungen zu Apple aufzubauen.«[4]

Das hört sich vielleicht ein bisschen gruselig an, aber andererseits wird man als Kunde natürlich lieber von einem leidenschaftlichen Apple-Fan beraten (eine der Voraussetzungen, um Specialist zu werden) als von einem lustlosen Verkäufer im Elektroniksupermarkt, der es nicht mehr geschafft hat, sich rechtzeitig zu verstecken.

Und natürlich nimmt ein Titel wie »Genius« auch den Mitarbeiter ganz anders in die Pflicht als etwa »Fachberater«. Da erwartet man keine Standard-Lösungen, wenn man mal mit einem Problem kommt, sondern etwas Geniales.

Auf jeden Fall hat Apple mit seinen Stores ein ganz neues Einkaufserlebnis geschaffen. Helle Räume, große, aufgeräumte Tische, auf denen die Produkte präsentiert werden. Und Mitarbeiter, die darauf trainiert sind, Kunden freundlich anzusprechen, gezielte Fragen zu stellen, um ihnen das für sie beste (nicht das teuerste) Produkt anbieten zu können. Apple will nicht einfach ein Produkt verkaufen, sondern Kunden dazu bringen, eine (wie es schon in der Stellenbeschreibung oben heißt) lebenslange Beziehung zum Unternehmen einzugehen, immer wiederzukommen.

Das ist das eigentlich Geniale an der Strategie. Und wenn auch manche Rituale seltsam und einige Formulierungen übertrieben anmuten mögen, so erreicht Apple doch sein Ziel, wie man an den Umsätzen sieht.

12. GRUND

Weil sich auch der Kauf der Aktie auszahlt

Tja, wer hätte das gedacht: Am meisten haben die Menschen von Apple, die nicht die Geräte des Unternehmens kaufen, sondern das Geld lieber in die Aktie investieren. Kyle Conroy hat sich die Mühe gemacht, eine Tabelle aufzustellen, die manchem Apple-Fan die Tränen in die Augen treiben dürfte. Unter *www.kyleconroy.com/apple-stock* kann man nachlesen, wie viel Geld man inzwischen hätte, wenn man die jeweilige Summe nicht in das Produkt, sondern in die Aktie des Unternehmens investiert hätte.

Das Ergebnis kann sich sehen lassen. Der Wert der Apple-Aktie ist seit 1997 (mit dem Jahr beginnt die Tabelle) um ein paar Tausend Prozent gewachsen. Wer damals 2.400 US-Dollar in einen Apple Power Macintosh G3 233 Desktop investiert hat, konnte damit schön arbeiten und den Rechner vielleicht einige Jahre später auch noch gut verkaufen. Hätte man allerdings volles Risiko auf Steve Jobs' Genie gesetzt und das Geld in die Apple-Aktie gesteckt, sähe die Sache ganz anders aus. Dann könnte man nämlich auf ein nettes Polster von 308.119 US-Dollar blicken.

Auch die rund 1.600 US-Dollar, die man 2002 für einen Apple Power Macintosh G4 800 (QS 2002) ausgeben musste, haben sich vervielfacht und wären inzwischen 82.360 US-Dollar wert. Noch ein Beispiel gefällig? Den Apple iPod mini mit 4 GB gab es 2004 für 249 US-Dollar. Aktien mit diesem Wert könnte man heute für 13.510 US-Dollar verkaufen.[5]

Voraussetzung wäre natürlich ein langer Atem gewesen. Denn es dauerte nach Steve Jobs' Rückkehr schon ein paar Jahre, bis die Aktie dann schließlich einen Sprung nach dem anderen machte. Den bisher höchsten Stand erreichte sie im September 2012 mit 702,10 US-Dollar.

Damit ist auch klar, dass solche Wertsteigerungen wohl kaum noch zu erreichen sind. Als Steve Jobs 1997 wieder an Bord des angeschlagenen Schiffs Apple kam, dümpelte die Aktie so um 20 US-Dollar herum. Da war natürlich deutlich mehr an Wachstum drin als heutzutage. Vielleicht sollte man also doch lieber der Verlockung der sexy Apple-Produkte erliegen als der des großen Geldes. Immerhin weiß man da, was man hat. Und natürlich darf man nicht vergessen, dass der Mac auch helfen kann, das monatliche Einkommen zu sichern. So gesehen muss man wahrscheinlich auch die oben genannten Beispielrechnungen etwas relativieren.

Wenn Sie sich also spontan in einen Mac oder ein anderes iGerät verlieben, geben Sie ruhig der Versuchung nach und holen Sie ein neues Mitglied in die iFamilie. Wertsteigerungen der Aktie wie zu den goldenen Zeiten sind selbst bei äußerst optimistischen Prognosen nicht mehr zu erwarten, und über eine Anschaffung aus dem Apple Store freut man sich jeden Tag, wenn man den Ein-Aus-Schalter drückt. Dass Geld nicht glücklich macht, weiß man ja inzwischen. Ein rund laufender iMac oder ein iPhone, mit dessen Hilfe man mit seinen Lieben kommunizieren kann, sind dagegen sehr wohl in der

Lage, solche Gefühle auszulösen. Vielleicht ist das doch ein besserer Grund, Apple zu lieben, als der schnöde Mammon.

13. GRUND

Weil Apple ein ganz neues Einkaufserlebnis schafft

Waren Sie schon mal in einem Apple Store? Falls nicht, sollten Sie sich dieses Einkaufserlebnis mal gönnen. Ein Apple Store unterscheidet sich grundlegend von einem anderen Einkaufsort. Apple hat es geschafft, aus dem Kauf eines Rechners, Smartphones, Tablets oder Gadgets etwas Besonderes zu machen.

Bevor Apple gezeigt hat, wie es geht, musste man sich oft in vollgerümpelten kleinen Computerläden auf die Suche nach dem passenden Rechner begeben. Oder man irrte in Elektronikfachmärkten auf der Suche nach der richtigen Abteilung an endlosen Reihen Waschmaschinen, Fernsehern und Kühlschränken entlang. Suchte in den langen Gängen vergeblich nach Personal, das auch in der Lage war, einen zu beraten. Und kam schließlich erschöpft mit dem Kauf nach Hause, ein ungutes Gefühl im Magen, ob das Geld denn wirklich gut investiert war.

Ganz anders ein Besuch im Apple Store. Die Eröffnung mutiert bereits zum Happening. Die ersten Kunden werden von der gesamten Belegschaft begeistert begrüßt, sodass man sich angesichts dieses offensichtlich amerikanischen Überschwangs schon fast etwas merkwürdig vorkommt. Wann macht schließlich eine Verkaufsmannschaft vor den Kunden die La-Ola-Welle? Die Eröffnungs-Happenings sind inklusive langer Kundenschlangen auf diversen YouTube-Clips zu bewundern. Und natürlich wurde das Ritual von Microsoft bereits eins zu eins kopiert – allerdings ohne die Überzeugungskraft des Originals.

Aber Neueröffnungen bilden ja zum Glück die Ausnahme. Mir persönlich ist die unaufgeregte Freundlichkeit an einem ganz normalen Tag viel lieber. Man wird in der Regel gleich am Eingang nett begrüßt und findet oft genug auch gleich einen Ansprechpartner. Der ganze Laden ist hell, freundlich und übersichtlich. Die Produkte stehen einladend bereit und warten nur darauf, von den hereinkommenden Kunden benutzt und ausprobiert zu werden.

Laut einem Bericht von *Forbes* arbeitet Apple mit allen Tricks, um die Besucher seiner Apple Stores dazu zu bringen, die Geräte in die Hand zu nehmen und dadurch eine stärkere Beziehung mit ihnen einzugehen als durch bloßes Betrachten. »Bitte nicht anfassen« mag für andere Läden gelten, nicht für den Apple Store. Im Gegenteil: Die Bildschirme der Laptops auf den großen Holztischen werden von den Angestellten per iPhone-App alle auf genau den gleichen Winkel eingestellt. Und das hat nicht nur ästhetische Gründe. Vielmehr ist der Winkel so gewählt, dass der Besucher den Drang verspürt, ihn so zu verändern, dass er den Bildschirm besser erkennen kann. Und wer einen Apple-Rechner erst einmal angefasst hat, verfällt ihm viel leichter als ein distanzierter Betrachter. Man entwickelt bereits so etwas wie ein Besitzergefühl.

Das ist nur ein Detail, aber eben eines, auf das Apple in seinen Ladengeschäften achtet. Und die Angestellten sind durch die Bank so freundlich, aufmerksam und höflich, dass man sich als Kunde, der die Servicewüste Deutschland gewohnt ist, wie in einer Oase fühlt – oder glaubt, einer Fata Morgana zu erliegen.

Natürlich kommt es auch im immer vollen Apple Store mal vor, dass man nicht sofort bedient werden kann. Aber dann kann man sich die Zeit vertreiben, indem man sich im Laden etwas umsieht. Für Kinder liegen extra iPads zum Spielen aus. Meist dauert es auch nicht lange, bis man von einem der vielen netten Menschen in blauen T-Shirts angesprochen wird. Und wer einen Apple Store mit der eleganten weißen Tüte in der Hand verlässt, tut es in aller Regel nicht mit Zweifeln, sondern voller Vorfreude darauf, sein frisch erworbenes Apple-Gerät zu Hause ganz in Besitz nehmen zu dürfen. Ein Einkaufsgefühl der ganz anderen Art.

14. GRUND

Weil die größten Marken dafür zahlen, Zubehör für Apple anbieten zu dürfen

»MFi« ist ein Markenzeichen, dass 2005 eingeführt wurde. Damals stand es für »Made for iPod«, heute steht es eher für »Made for iDevice«, denn natürlich umfasst das Lizenzprogramm inzwischen auch iPad, iPod touch und iPhone. Wer sein Zubehörprodukt mit dem Zeichen »Made for iPod/iPad/iPhone« schmücken möchte, muss Lizenzgebühren an Apple zahlen und erhält dafür im Gegenzug alle nötigen Informationen für die Produktion, Dokumentationen und technischen Support.

Die Verbraucher haben die Gewissheit, dass ihr Zubehörteil auch wirklich mit ihrem Gerät funktioniert. Denn fehlt das Zeichen, kann es schon mal zu Fehlermeldungen kommen, zum Beispiel überträgt das iPhone zwar Musik zum Lautsprecherdock, weigert sich aber, sich auch dabei aufladen zu lassen. Mit dem MFi-Zeichen kommt so etwas in der Regel nicht vor.

Und weil Apple-Geräte in fast jedem Haushalt zu finden sind, zahlen auch große Marken gern (na ja, wer weiß, auf jeden Fall zahlen sie) die Lizenzgebühren, um das MFi-Logo auf ihrem Apple-Zubehör verwenden zu können. So ziemlich jeder renommierte HiFi-Hersteller wirbt mit dem MFi-Logo, von Bowers & Wilkins bis zu Harman Kardon. Will man allerdings die komplette Liste der Teilnehmer am MFi-Programm auf Apples Seite einsehen, so muss man erst eine Online-Verschwiegenheitserklärung unterzeichnen.

Seit Einführung der rein digitalen Lightning-Schnittstelle ist das MFi-Zeichen noch wichtiger geworden. Denn nur dann ist gewährleistet, dass das Zubehör-Teil auch nach dem nächsten System-Update noch funktioniert. Mit der neuen Lightning-Schnittstelle führte Apple auch weitere strikte Vorgaben und Kontrollmechanismen ein. Jedes lizenzierte Kabel enthält nun einen Chip zur Authentifizierung. Damit stellt Apple sicher, dass nur Kabel, die den Vorgaben entsprechen und von einem lizenzierten Hersteller stammen, auch funktionieren und verwendet werden können. Schließlich gibt es immer wieder mal Horrormeldungen über Menschen, die Stromschläge erhalten, weil sie nicht lizenzierte Netzteile verwenden, oder über Geräte, die deswegen in Flammen aufgehen.

Die Vorgaben und Lizenzgebühren lassen die Margen für Zubehörhersteller bei dem neuen Anschluss natürlich etwas schrumpfen. Um das Angebot trotzdem schnell wieder so umfangreich werden zu lassen wie das für den 30-Pin-Anschluss, senkte Apple im Februar 2014 die Lizenzgebühren für das »Made for iPod/iPad/iPhone«-Programm, ebenso die Mindestabnahmemenge für Lizenzen. Auch in den Jahren zuvor ging Apple schon mehrfach von der zuerst geforderten Gebühr herunter. Lag die Lizenzgebühr zu Anfang bei rund zehn Dollar pro Gerät, so beträgt sie zur Zeit, in der ich das schreibe, rund vier Dollar.

Natürlich hat Apple das MFi-Programm nicht uneigennützig ins Leben gerufen, man will daran verdienen. Trotzdem ist dieses Programm für Verbraucher ein Grund, Apple zu lieben. Denn es garantiert die Einhaltung gewisser Qualitätsstandards und sorgt dafür, dass man beim Kauf eines MFi-Zubehörs sicher sein kann, keinen Murks zu bekommen. Sondern Qualität, die den Vorgaben Apples entspricht.

15. GRUND

Weil Apple die Gerüchteküche anheizt

Alle anderen probieren es, nur Apple hat den Bogen raus: Seit Jahren spekulieren alle Medien vor einer Keynote darüber, was Apple wohl als Nächstes auf den Markt bringen wird. Ein Teil ist sicher der Geheimniskrämerei zu verdanken, die Apple seit jeher bei der Entwicklung neuer Produkte an den Tag legt.

Das ruft jede Menge »Analysten« und »Experten« auf den Plan, die das Interesse der Öffentlichkeit an der kommenden Generation von iGeräten ausnutzen. Wie die Astrologen spekulieren sie darüber, was Apple auf der nächsten Keynote präsentieren wird. Das iTV zum Beispiel ist ein Produkt, das schon seit Jahren prophezeit wird. Und wenn man lange genug durchhält, erfüllt sich die Prophezeiung wahrscheinlich sogar irgendwann.

Aber nicht nur allgemeine Vermutungen auf Grundlage des gesunden Menschenverstands werden geäußert, man spekuliert sehr detailliert. Das Blog *9to5Mac* veröffentlichte im Februar 2014 zum Beispiel einen Artikel mit einem Bildschirmfoto vom Inhalt einer iOS-7-Quelldatei. Darin taucht ein bisher unbekanntes AppleTV4,1 auf. *Macrumors.com* berichtet unter Bezugnahme auf die taiwanesische Zeitung *Apple Daily*, dass angeblich bereits 100 Test-iPhones der neuen Generation mit Displays aus quasi unzerstörbarem Saphir-Glas hergestellt worden seien. Und auch *Bloomberg* und das *Wall Street Journal* beteiligen sich am großen Rätselraten. Gibt es demnächst ein iPhone in zwei verschiedenen Größen? Niemand außerhalb des Apple-Hauptquartiers weiß es, aber alle schreiben seitenlange Beiträge mit Spekulationen. Und jeder Hobby-Grafiker springt auf den Zug auf und zeigt der Welt, was er designen würde, wenn er Jony Ives wäre.

Immer wieder tauchen Bilder angeblicher Prototypen auf. Scheinbar echte Fotos und Videos neuer Apple-Geräte, meist verwackelt und unscharf, sichern denjenigen, die sie auf ihren Blogs veröffentlichen, die Aufmerksamkeit der Weltöffentlichkeit. Das gilt auch für schicke Renderings und Konzeptvideos, die zeigen, wie ein neues iPhone aussehen könnte und was es können sollte.

Für echte Prototypen wird dagegen auch echtes Geld gezahlt. 2010 war Apple offensichtlich etwas unaufmerksam. Im April stellte das Tech-Blog *Gizmodo* Bilder eines Prototypen des kommenden iPhone 4 online, das ein Apple-Mitarbeiter, der Software-Entwickler Gray Powell, in einem deutschen Biergarten in Redwood City,

Kalifornien, liegen gelassen hatte. Laut *Gizmodo* war sein letztes Facebook-Update mit seinem Handy »Ich habe wohl unterschätzt, wie gut das deutsche Bier ist«. Wenige Tage nach den iPhone-Artikeln gab es eine Razzia bei Jason Chen, der den Protoyp untersucht und darüber geschrieben hatte. Dabei hatte *Gizmodo* das iPhone schon längst wieder an Apple zurückgegeben. Im Mai tauchten dann noch einmal Bilder eines fast identischen Prototyps auf der vietnamesischen Website *Taoviet* auf. Diese hatte einen Prototyp für 4.000 US-Dollar gekauft, um darüber zu berichten. Zwei iPhone-Prototypen hintereinander verloren? Zu dieser Zeit gab es sogar Mutmaßungen, dass Apple die Geräte absichtlich »verloren« habe, aber das ist wenig wahrscheinlich.

Das Unternehmen gibt die Kontrolle nur ungern aus der Hand. Apple kommentiert darum auch keine der Spekulationen um kommende Geräte und Pläne, freut sich stattdessen wahrscheinlich über die kostenlose PR. Wenn Apple ein neues Produkt präsentiert, dann aber richtig. Und keinen Prototypen, sondern das fertige, perfekte Produkt.

16. GRUND

Weil Apple langweilige Präsentationen wieder sexy gemacht hat

Vor Apple hatten Präsentationen den Charme eines Diaabends. Kein normaler Nutzer interessierte sich dafür, was der Vorstandsvorsitzende irgendeines Technologiekonzerns wieder an Neuigkeiten ankündigte. Mit dem Erfolg und der Verbreitung der Apple-Geräte änderte sich das grundlegend.

Zu den Keynotes, den großen Präsentationen von Apple, trafen sich Nerds wie zu großen Sportereignissen. Man zählte die Tage und richtete Chat-Rooms ein, auf denen man sich parallel zur Präsentation über die vorgestellten Gadgets austauschen konnte. Meist schon vor dem offiziellen Start um 19 Uhr mitteleuropäischer Zeit versammelten sich die Fans vor ihren Rechnern und hofften auf eine vernünftige Live-Übertragung der Keynote. Meist wurde die Hoffnung enttäuscht. Das große Interesse brachte die Übertragung ins Stocken und statt eines flüssigen Live-Streams der Bilder aus den USA sah man in Deutschland nur ruckelige Standbilder, auch der Ton brach immer wieder ab. Also beschränkte man sich darauf, die Seiten zu besuchen, auf denen wenigstens ein funktionierender Live-Ticker zu finden war. Hier konnte man in atemlosen Sätzen nachlesen, wer gerade die Bühne betrat, was gesagt und gezeigt wurde.

Wer nicht nerdig genug war, die Keynote live zu verfolgen, erfuhr in der Regel spätestens am Tag darauf aus der Zeitung oder auch aus den Rundfunk-Nachrichten, welche neuen Geräte Apple präsentiert hatte.

Außerdem kannte nach einer Weile jeder den typischen Look von Steve Jobs. Seine sorgfältig gewählte »Präsentations-Uniform« bestand aus einer Levi's-501-Jeans, New-Balance-Turnschuhen und einem schwarzen Rollkragenpullover. Eigentlich hatte er fast hundert vom Designer Issey Miyake erhalten, aber angeblich trug er auch welche vom Typ 1990 der Firma St. Croix. Nach seinem Tod im Oktober 2011 war dieser Pullover jedenfalls für kurze Zeit im Webshop der Firma komplett ausverkauft. Käufer mussten einige Wochen warten. Dabei kostete das gute Stück schon damals 175 US-Dollar, heute sind es 198.

Kurzum: Apple hat Präsentationen von langweiligen Pflichterеignissen für Journalisten in Events verwandelt, auf die sich einige Fans schon lange vorher freuten. Es war einfach das Gesamtpaket: der charismatische Präsentator Steve Jobs, die lockere Arte des Vortrags und das Warten auf das obligatorische »One more thing« (eine Sache noch) – meist ein Knaller, der das Publikum zu begeistertem Applaus hinriss.

Die extreme Geheimhaltung Apples, das Warten darauf, was man wohl zu sehen bekommen würde, schürte die Spannung der

Fans noch. Natürlich gab es Gerüchte, aber was würde sich als wahr erweisen und was als reine Spekulation? Eine Apple-Präsentation war ein bisschen wie Weihnachten. Man fragte sich, ob man wohl das bekommen würde, was auf dem eigenen Wunschzettel stand.

Zwar ist Steve Jobs jetzt schon einige Jahre tot, aber die Keynotes sind immer noch ein Highlight im Jahr des Apple-Fans. Wie man bei der jüngsten WWDC im Juni 2014 gesehen hat, machen die anderen Vorstandsmitglieder ihre Sache auch nicht schlecht.

Wenn der Mann mit dem tollen Haar, Senior Vice President of Software Engineering Craig Federighi, der Menge ab Minute elf der Präsentation erklärt, wie man auf den Namen für das neue Betriebssystem Yosemite gekommen sei, wird es sogar richtig witzig. Angeblich habe man das Marketing-Team in einen VW-Bus gesteckt und auf die Reise geschickt, um nach tollen Orten zu suchen, die als Namensgeber fungieren konnten.

Die Reise wird auf einer Karte eingeblendet. Dabei sei man auch in Orten wie Rancho Cucamonga gelandet, aber »OSX Rancho Cucamonga« habe sich einfach nicht richtig angehört. Auch »OSX Weed« (Marihuana) habe sich trotz starker Unterstützung im Marketing-Team nicht durchsetzen können. Natürlich verläuft die bis dahin schnurgerade Streckenführung nach dem Besuch in Weed in Schlangenlinien. So viel entspannten Humor hat man lange nicht in einer Präsentation gesehen.

Schließlich sind aber immer noch die neuen iPhones, iPads und anderen iGeräte die Hauptsache. Solange Apple weiter so sexy Produkte entwirft und sie bis zur großen Keynote geheim hält, werden Apples Präsentationen interessant bleiben.

17. GRUND

Weil Apple Innovationen zum Durchbruch verhilft

Diese Innovationen müssen gar nicht einmal von Apple selbst stammen oder Technologien beinhalten, von denen noch nie jemand vorher gehört hat. Es gab schon MP3-Player, bevor es den iPod gab. Es gab schon Tablet-PCs, bevor Steve Jobs bei der Keynote auf dem Sofa Platz nahm, um das iPad vorzustellen. Und natürlich gab es auch schon Fingerabdruckscanner, bevor Apple einen in sein iPhone 5s einbaute und diese Technologie damit auf einen Schlag millionenfach verbreitete.

Das besondere Verdienst Apples ist nicht, selbst eine innovative Technik nach der anderen zu entwickeln. Klar, das Unternehmen hält eine Unmenge Patente, und regelmäßig halten Apple-Astrologen nach neuen Patentanträgen Ausschau, um von ihnen auf neue Produkte schließen zu können. Aber unter diesen Patenten finden sich auch solche, die die Art festlegen, wie Produkte in einer Verpackung präsentiert werden, oder das berühmte Patent D670.286, das »das dekorative Design eines tragbaren Anzeigegeräts« schützt, also im Prinzip ein Patent auf ein Rechteck mit abgerundeten Ecken.

Nein, das Besondere an Apple ist die Art, wie das Unternehmen bestimmte technologische Komponenten in seinen Geräten nutzt und sie so einsetzt, dass sie nicht nur von ein paar Technik-Freaks benutzt werden (können), sondern das Leben aller Nutzer einfacher oder besser machen. Nehmen wir einmal den Fingerabdruckscanner. Im Prinzip keine neue Sache. Die gab es an modernen Zugangssystemen, als USB-Zubehör für Rechner und manchmal sogar eingebaut in Laptops wie IBMs ThinkPads. Großes Interesse daran? Fehlanzeige. Und dann baut Apple so einen Fingerabdruckscanner in sein neues iPhone 5s ein, das millionenfach verkauft wird. Natürlich katapultiert das die Technologie in den Mittelpunkt der Aufmerksamkeit. Viel Neues gab es sonst ja bei diesem Smartphone auf den ersten Blick nicht zu entdecken, die meisten Neuerungen saßen unter der Haube. Aber der Fingerabdruckscanner revolutionierte den Zugang zum Gerät. Und er hatte gleich mehrere Effekte.

Zum einen begann die Öffentlichkeit, über das Thema Sicherheit zu diskutieren. Die einen kritisierten die Verwendung biometrischer Daten zum Entsperren des iPhones, weil die Daten ein Leben lang nicht geändert werden können – ein Fingerabdruck bleibt im Gegensatz zu einem Passwort immer gleich. Man wisse nicht, was mit diesen Daten geschehe. Apple versichert allerdings, keinen Zugriff auf die gespeicherten Abdrücke zu haben. Diese würden nur auf dem Chip im iPhone gespeichert.

Strafverteidiger Udo Vetter vom *law blog* kritisiert, dass mit einem gespeicherten Fingerabdruck die Polizei auch ohne richterlichen Beschluss viel leichter an die Daten auf dem iPhone eines Beschuldigten herankommt. Denn während die Polizei ihn nicht dazu zwingen kann, sein Passwort zu verraten (bzw. er behaupten kann, es vergessen zu haben), ist sie durchaus dazu berechtigt, ihm die Fingerabdrücke abzunehmen. Die Polizei kann so im Zweifelsfall ein Smartphone entsperren, dessen Inhalt ihr sonst verborgen geblieben wäre.

Ob die Verwendung biometrischer Daten nun positiv oder negativ zu sehen ist, Apple hat mit seinem Fingerabdruckscanner auf jeden Fall eine Diskussion angestoßen. Außerdem ist die Verwendung ja nicht verpflichtend, sondern freiwillig. Jeder Nutzer kann selbst entscheiden, wie er sein iPhone vor fremden Blicken schützt. Bequem ist es auf jeden Fall. Und sicherer, als sein iPhone gar nicht zu schützen, wie es ungefähr die Hälfte aller Nutzer macht. Jedes Mal vier Zahlen – oder sogar ein langes Passwort – einzugeben, ist dieser Gruppe zu mühsam, also wird das iPhone gar nicht erst gesperrt. Mit dem Fingerabdruckscanner wird die Zahl dieser Nutzer aber immer weiter zurückgehen.

Wie es der Zufall so will, wird das neue Samsung Galaxy S5 übrigens ebenfalls in Gold zu haben sein und über einen Fingerabdruckscanner verfügen. Das meine ich, wenn ich davon spreche, dass Apple Innovationen zum Durchbruch verhilft. An die Farbe Gold hatte ich allerdings nicht gedacht.

18. GRUND

Weil Apple nicht auf die Technik, sondern auf den Nutzen fokussiert

Wir hatten den Punkt hier schon ab und zu, aber eigentlich verdient er einen eigenen Grund. Anders als die meisten anderen Technologieunternehmen versucht Apple nicht, einfach alles in ein Gerät zu packen, was irgendwie machbar ist, sondern es so lange zu perfektionieren, bis alles so reibungslos funktioniert, wie es für Apple typisch ist. Oder bis es ein Problem löst, von dem wir vorher gar nicht wussten, dass wir es hatten.

Es kommt eben nicht auf Megahertz-Taktung des Prozessors an oder auf Bildschirmgröße. Während viele Android-Smartphones zu übergroßen Beidhändern mutiert sind, von denen man dann schon wieder normalgroße Mini-Versionen anbieten muss, bleibt Apple seit Jahren bei der iPhone-Größe, die eine Bedienung mit einer Hand noch problemlos möglich macht. Der Vorteil für den Nutzer steht eben im Vordergrund und nicht ein sinnloses Wettrennen mit anderen Anbietern, um als Erster mit dem nächsten Superlativ werben zu können.

Mein iPad der ersten Generation funktioniert nach vier Jahren immer noch problemlos, obwohl es mittlerweile eine zweite, dritte, vierte und fünfte Generation gibt. Es handelt sich also sozusagen um den Ur-Ur-Großvater des aktuellen iPad Air. Es besitzt nur 256 MB Arbeitsspeicher, und das letzte Betriebssystem, das darauf läuft, ist iOS 5. Trotzdem nehme ich es immer noch gerne in die Hand (wenn ich es den Kindern entreißen kann). Weil das Gesamtpaket stimmt, altern Apple-Geräte – jedenfalls gefühlt – weniger schnell als andere Rechner, Smartphones oder Tablets.

Womit nicht gesagt sein soll, dass Apple nicht konkurrenzfähige Hardware der neuesten Generation verbaut. Aber es wird eben anders kommuniziert als bei der Konkurrenz. Keiner weiß genau, welche Pixeldichte jedes Gerät gerade besitzt. Aber jeder weiß: Ein Retina-Display ist so scharf, dass man keine Bildpunkte mehr erkennt. Wen interessieren schon die genauen technischen Details? Hauptsache, jede Benutzung wird zu einem Erlebnis, das nur Apple bieten kann. Und das wird sie. Weil Apple sowohl Hardware als auch Software produziert, kann das Unternehmen die einzelnen Komponenten perfekt aufeinander abstimmen. So ist der Effekt zu erklären, dass auch bei älteren Geräten oft alles runder läuft als bei Konkurrenzgeräten, die auf dem Papier mehr zu bieten haben. Man spürt einfach, womit man flüssiger arbeiten (oder auch spielen, surfen, sich die Zeit vertreiben) kann.

Dass Apple bei allem, was es produziert, immer den Nutzen im Blick hat und sich nicht in Nachkommazahlen verliert, ist einer der großen Vorteile des Unternehmens.

2

Hardware

»Mit dem iPhone hat Apple es geschafft, die Kategorie des Smartphones neu zu definieren und aus dem Technik-Spielzeug für Geschäftsleute einen faszinierenden Alltagsgegenstand zu machen, ohne den man scheinbar nicht mehr auskommt.«

(aus Grund 30: »Weil Apple das iPhone erfunden hat«)

19. GRUND

Weil Apple das Retina-Display erfunden hat

Wissen Sie, wie viele Pixel das Display Ihres Smartphones, Tablets oder Rechners hat? Das weiß kein Mensch – höchstens ein paar Nerds und hardwareverliebte Statistik-Freaks. Aber die ganz normalen Nutzer, selbst Digital Natives und Menschen, die berufsbedingt täglich mehrere Stunden vor wechselnden Bildschirmen sitzen, werden diese Frage auf Anhieb kaum richtig beantworten können.

Die Zeiten sind vorbei, es gibt einfach zu viele unterschiedliche und immer wieder wechselnde Displaygrößen und -auflösungen. Gut, dass Apple sich auf alte Tugenden besonnen hat und der Welt einen Begriff geschenkt hat, mit dem man aktuelle, hochauflösende Displays kennzeichnen kann: Retina-Display.

Anfang der Achtzigerjahre gab es schon einmal einen Begriff für eine Display-Auflösung, die auf der Höhe der Zeit war. Damals achtete man als professioneller Schreiber darauf, dass der Rechner möglichst eine Hercules-Grafikkarte eingebaut hatte und der Monitor die hohe Auflösung von 720 x 348 Pixel (allerdings im reinen Textmodus) abbilden konnte.

Heute – dank Apple – muss es ein Retina-Display sein. Apple bezeichnet damit Displays verschiedener Pixeldichte, die jedoch alle eines gemeinsam haben. Die einzelnen Pixel sollen für einen Menschen mit durchschnittlicher Sehkraft aus dem typischen Betrachtungsabstand nicht mehr zu erkennen sein. Und darauf kommt es schließlich an.

Die Auflösungen der einzelnen Retina-Geräte unterscheiden sich dabei ziemlich, liegen aber immer bei mindestens 220 Pixel pro Zoll (ppi). Das 15-Zoll-Modell des MacBooks Pro Retina zum Beispiel verfügt über eine Bildschirmauflösung von 2880 × 1800 Pixel (= 220 ppi). Das iPad ab der dritten Generation hat eine Pixeldichte von 264 ppi, das iPad mini der zweiten Generation 326 ppi.

Auch die Displays des iPhones (ab iPhone 4) sowie des iPods touch (ab der 4. Generation) verfügen über 326 ppi.

Zwar besitzen auch die Geräte der Konkurrenz Bildschirme mit Auflösungen jenseits der 300 ppi, zum Beispiel das Samsung Galaxy S III, das Galaxy Nexus, LG Optimus LTE oder HTC Rezound, aber keiner besitzt eine so griffige, merkfähige Bezeichnung wie Apple.

Statt mit Zahlenspielereien zu argumentieren wie ein Techniker, statt um jedes Pixel zu kämpfen, betrachtet Apple das Feld der Display-Auflösung wie ein Verbraucher und sagt mit einem leicht verständlichen Wort, worauf es ankommt. Will man ein klares, hochauflösendes Display, auf dem man auch kleine Schrift pixelfrei lesen kann, muss man keine Pixel zählen, sondern nur darauf achten, dass es sich um ein Retina-Display handelt.

Wieder einmal hat Apple einen für Smartphone-Käufer relevanten Bereich identifiziert, hat seine Hardware daraufhin optimiert und einen Begriff geschaffen, der für hochauflösende Bildschirme generell steht.

Jetzt müssen wir nur noch darauf warten, dass Apple diese gleiche Leistung für das leidige Thema Akkulaufzeit erbringt. Ein Stamina-Akku zum Beispiel wäre ein hervorragender weiterer Grund, Apple zu lieben. Aber bis es so weit ist, freuen wir uns über das Retina-Display.

20. GRUND

Weil Apple den iMac erfunden hat

Anfang 2012 beschrieb Rechtsanwalt Udo Vetter in seinem *law blog* einen der weniger bekannten Vorzüge des iMacs. Der schlanke All-in-one-Rechner wurde bei einer Hausdurchsuchung gar nicht als solcher erkannt. Die Beamten nahmen zwar jede Menge Datenträger mit, einige USB-Sticks, eine externe Festplatte sowie DVDs und ein Notebook, den iMac aber ließen sie stehen. Im Durchsuchungsbericht stand, man habe auf die Mitnahme des Monitors und der Tastatur verzichtet, weil der dazugehörige PC nicht auffindbar gewesen sei. Der Monitor war natürlich der iMac.

Ende 2004 wurde der erste iMac vorgestellt, bei dem der Rechner komplett hinter dem Flachbildschirm untergebracht war. Und noch sieben Jahre später können Menschen es nicht glauben, dass sich in diesem flachen, eleganten Bildschirm auch noch ein vollwertiger Rechner verstecken soll. Wer will es ihnen verdenken? Und 2012 hat Apple noch mal eins draufgesetzt. Der iMac der siebten Generation wirkt von der Seite gesehen so flach, dass es wirklich kaum zu fassen ist. Erst auf den zweiten Blick erkennt man, dass es sich nicht um Zauberei handelt, sondern um wirklich raffiniertes Design.

Während er am äußersten Rand des Bildschirms so flach ist, dass man glaubt, damit Brot schneiden zu können (Nein, natürlich nicht scharfkantig. Aber mit unglaublich dünnen fünf Millimetern wirklich sehr, sehr flach.), verdickt er sich zur Mitte hin mit so sanftem Schwung, dass man es kaum bemerkt. An der dicksten Stelle ist zudem der Standfuß befestigt, was sie zusätzlich verdeckt und kaschiert.

Hier, in diesem unsichtbaren Buckel, hat Apple die sperrigsten elektronischen Bauteile untergebracht. Die Jungs und Mädels der amerikanischen Internet-Seite *iFixit*, die Reparaturanleitungen veröffentlichen und Menschen so helfen, ihre alten elektronischen Geräte selbst in Schuss zu halten, haben auch den iMac der neuesten Generation auseinandergenommen und gezeigt, wie ausgeklügelt das Innenleben aufgebaut ist.[6]

Apple wendet bei der Produktion des iMacs ein Verfahren namens Rührreibschweißen an (auch Reibrührschweißen genannt), das 1991 entwickelt wurde. Das sechsstufige Verfahren eignet sich besonders zur Verbindung von Aluminiumlegierungen und hat gegenüber dem Schmelzschweißen den Vorteil, dass das Material keine Risse durch zu große Hitze erleiden kann. Stattdessen ermöglicht es, so elegante Rechnergehäuse wie das des iMacs von 2012 zu produzieren.

Bei so viel Lobhudelei soll natürlich auch nicht der große Nachteil des iMacs unerwähnt bleiben, der Preis, den man für das elegante Design zahlt. Der iMac wirkt nicht nur wie aus einem Stück, für den Laien ist er es tatsächlich. Einfach mal auf- und wieder zumachen ist nicht. Ohne Spezialwerkzeug und Erfahrung ist es kaum möglich, eben mal eine Festplatte auszutauschen oder Ähnliches. Nur der Arbeitsspeicher lässt sich einfach erweitern, allerdings auch nur beim großen Modell mit 27-Zoll-Bildschirm.

Das sind dann die Dinge, die Apple-Gegner gerne aufnehmen und über die sich auch Apple-Fans ärgern. Andererseits kann man nicht alles haben. In einen Sportwagen passt auch nicht die ganze Familie mit Gepäck für die Urlaubsreise. Und ein iMac ist nun einmal darauf ausgelegt, in einem umwerfend gut designten Gehäuse, das sich auch im Wohnzimmer bestens macht, modernste Technik zu vereinen. Falls mal etwas nicht funktioniert, bringt man ihn eben zum Fachmann. Für Bastler und Selbermacher ist der iMac nichts. Für alle anderen ist er ein weiterer Grund, Apple zu lieben.

21. GRUND

Weil Apple goldenen Zeiten entgegengeht

Die Rede ist natürlich vom goldenen iPhone 5s. Intern wurde es während der Entwicklung »Kardashian-Phone« genannt, nach der US-Amerikanerin Kim Kardashian, die als Berufsprominente und als Mutter des Kindes von Kanye West schon ein vergoldetes iPhone 5 besaß und gerne darüber twitterte, wie sehr sie es liebt.[7] Bis zum September 2013 gab es Apples Smartphone abgesehen von solchen Sonderanfertigungen ja nur in Darth-Vader-Schwarz und Stormtrooper-Weiß, aber seit diesem Zeitpunkt können sich distinguierte Apple-Fans über ein goldenes iPhone 5s freuen.

Allerdings: Wer »gold« hört, denkt zunächst an eine andere Farbe als die des iPhones 5s. Deshalb auch die alternative Bezeichnung »champagnerfarben«.

Denn natürlich hat Apple kein protziges Bling-Bling-Phone für die Zielgruppe mit viel Geld und wenig Geschmack entwickelt. Die wird nicht im Apple Store fündig, sondern auf der Luxusmesse World Luxury Expo. Dort stellte das Londoner Unternehmen Gold & Co. 2013 ein iPhone 5s vor, das mit 24 Karat vergoldet ist und rund 5.000 Dollar kostet.

Nichts für den wahren Apple-Fan, der in der Regel zwar Wert auf Design, nicht aber auf oberflächlichen Prunk und Protz legt.

Trotzdem ließen die Parodien natürlich nicht lange auf sich warten. In einer davon wurde zum Beispiel der Designer des goldenen iPhones als mit osteuropäischem Akzent sprechender, dicke Goldketten im Brusthaar tragender Proll dargestellt, der nur ein Argument kennt: Gold is best.

Und dennoch wird gerade dieses Modell ausgesprochen gut von den Verbrauchern angenommen und war auch Wochen nach dem Verkaufsstart nicht ohne viel Glück zu ergattern. Online-Bestellungen dauerten teilweise Wochen.

Ach ja, und wie es der Zufall so will, kündigte Konkurrent Samsung rund zwei Wochen nach Apple an, ein goldfarbenes Samsung Galaxy S4 auf den Markt bringen zu wollen. Das hat sicher nichts damit zu tun, dass Samsung sich in irgendeiner Weise an Apple orientieren würde.

Auf jeden Fall hat Apple mit der Farbwahl wieder mal ein goldenes Händchen bewiesen. Zwar tragen auch die neuen Plastik-iPhones zu den goldenen Zeiten bei. Während sich das iPhone 5 nach dem Start 2012 in den ersten Tagen rund fünf Millionen Mal verkaufte, gingen iPhone 5s und 5c in den ersten drei Tagen gleich neun Millionen Mal über den Ladentisch.

Doch die Produktion des zeitgleich herausgekommenen iPhones 5c wurde nach den Verkaufszahlen der ersten Wochen reduziert, die des iPhones 5s musste dagegen angehoben werden. Und das goldene iPhone 5s ist dasjenige, das sich von den drei Farben am besten verkauft.

Und das trotz der üblichen Unkenrufe, dass Apple mit seinem iPhone am Ende sei und Android den Markt dominieren würde. Pustekuchen. Wieder einmal hat das dem Untergang geweihte iPhone (siehe auch 24. Grund: »Weil das iPhone angeblich schon immer zum Untergang verdammt war«) alle Verkaufsrekorde gebrochen und dazu beigetragen, dass Apple zur wertvollsten Marke 2013 aufstieg. Apples iPhone-Modelle sind für mehr als die Hälfte des Unternehmensumsatzes verantwortlich. Während Microsoft im zweiten Quartal 2013 insgesamt rund 21,5 Milliarden US-Dollar Umsatz machte, sorgten allein die iPhones bei Apple im gleichen Quartal für 37,40 Milliarden US-Dollar Umsatz.[8] Da kann man wirklich von goldenen Zeiten sprechen.

22. GRUND

Weil Apple jetzt am Katzen-Smartphone arbeitet

Die Rede ist leider nicht von neun Leben, aber immerhin von einer anderen Eigenschaft, die hilft, das eine Leben nicht vorzeitig zu beenden. Katzen schaffen es ja bekanntlich bei Stürzen immer wieder, sich gerade rechtzeitig so zu drehen, dass sie auf den Füßen landen.

Zu solcher beeindruckenden Leistung könnten in Zukunft auch Smartphones in der Lage sein. Im September 2013 reichte Apple ein Patent mit dem Titel »Protecting an electronic device« ein.[9] Hinter dem simplen Titel des Patents steckt ziemlich ausgeklügelte Technik.

Angeblich landet ein Butterbrot ja immer ausgerechnet auf der bestrichenen Seite, und viele iPhone-Nutzer mussten sich angesichts der zersplitterten Frontscheibe schon fragen, warum denn das iPhone nicht auf einer solideren Kante hätte landen können. Genau das will das Patent erreichen.

Im Inneren des »elektronischen Geräts« sollen laut Patent ein Motor, Prozessor, Bewegungssensor und bewegliches Gewicht zusammenarbeiten, um das iPhone (Entschuldigung, das »elektronische Gerät« natürlich) während des Falls so zu drehen, dass es beim Aufprall möglichst geringen beziehungsweise gar keinen Schaden nimmt. Apple muss, wenn es diese Technik tatsächlich zur Marktreife bringen will, gleich mehrere Probleme lösen.

Zum einen muss im beengten Raum eines Smartphone-Gehäuses Platz geschaffen werden für ein Gewicht, das von einem Motor in die richtige Lage vibriert wird, sobald ein Sensor den Fall des Smartphones meldet. Zum anderen bleibt nur wenig Zeit, wenn das Smartphone aus der normalen Gebrauchshöhe herunterfällt. In Sekundenbruchteilen den Fall zu erkennen und die Drehung zu veranlassen, dürfte auch für Apples Entwickler keine leichte Herausforderung darstellen. Wenn diese Aufgabe allerdings gelöst ist, sollten deutlich weniger Bruchschäden bei Smartphones zu beklagen sein, die dem Nutzer bei der Bedienung aus der Hand gefallen sind.

Natürlich kann man sein Smartphone auch in eine dick gepolsterte Hülle packen, aber in der Regel ist das ästhetisch nicht befriedigend. Und wir wissen ja, dass Apple-Nutzer (wie auch das Unternehmen selbst) größten Wert auf Design legen.

Wenn sich das Smartphone im Fall auf eine besonders unempfindliche Aufprallstelle vibriert, muss man keine ästhetischen Kompromisse eingehen und braucht sein schlankes und schön gestaltetes Gadget nicht in eine Hülle zu packen, die es in jedem Fall hässlicher und klobiger macht.

Nur gegen Wasserschäden muss man sich noch etwas einfallen lassen. Wie wir im 73. Grund, »Weil iOS 7 iPhones wasserdicht macht«, lesen können, ist es leider Wunschdenken, das per Softwareupdate erledigen zu können. Aber bestimmt fällt Apple selbst für dieses Problem noch eine Lösung ein, die auch ästhetisch ansprechend ist.

23. GRUND

Weil Apples iPhone mit dem richtigen Zubehör auch zur Selbstverteidigung taugt

Ja, Sie haben richtig gelesen. Angesichts der Tatsache, dass iPhones auch bei Straßenräubern begehrte Beute sind, gar nicht einmal so abwegig. Schließlich haben die meisten Menschen ihr iPhone sowieso ständig zur Hand und müssen – anders als bei anderem Zubehör zur Selbstverteidigung – nicht erst lange in der Tasche danach kramen. Auf jeden Fall gibt es eine breite Auswahl an Schutzhüllen im doppelten Wortsinn.

Schutzhülle mit Elektroschocker: Die Hülle des Anbieters Yellow Jacket verwandelt das iPhone in einen Elektroschocker, der jeden Angreifer außer Gefecht setzen soll. Im griffig gummierten Gehäuse ist eine starke Batterie untergebracht, die nicht nur das iPhone mit zusätzlicher Energie versorgen kann, falls ihm unterwegs der Saft ausgeht. Die elektrische Ladung kann auch dazu verwendet werden, einem Angreifer 650.000 Volt durch den Körper zu jagen, um ihn vorübergehend kampfunfähig zu machen. Aber aufgepasst: Solche sogenannten »Elektroimpulsgeräte« brauchen in Deutschland nach dem Waffengesetz ein amtliches Prüfzeichen, das dem Gerät gesundheitliche Unbedenklichkeit bescheinigt. Dieses Zeichen fehlt dem Yellow Jacket Case.

Schutzhülle mit Sirene: Die Schutzhülle von Coyote Case ist dagegen recht harmlos. Wie der Name schon vermuten lässt, heult sie bei Gefahr einfach los – und zwar mit 110 Dezibel. Aber sie tut noch mehr. Wird der Alarm ausgelöst, schickt die dazugehörige App die aktuellen GPS-Koordinaten des Nutzers an vorher festgelegte Notfall-Kontakte. iPhone und Coyote Case verbinden sich über

Bluetooth miteinander. Um den Alarm zu aktivieren, reicht es aus, gleichzeitig zwei Knöpfe zu drücken. Dabei hat der Nutzer die Wahl zwischen lautem Alarm mit Notfall-SMS, Alarm ohne SMS oder nur SMS, also einem stillen Alarm. Das Coyote Case bezieht seine Energie aus eigenen Batterien, die rund zwei Jahre halten sollen.

Schutzhülle mit Pfefferspray: Gleich mehrere Hersteller bieten iPhone-Schutzhüllen an, die Platz für einen kleinen Zylinder mit Pfefferspray bieten. Allerdings sollte man auch hier bedenken, dass Pfeffersprays in Deutschland von Zivilpersonen eigentlich nur zur Tierabwehr eingesetzt werden dürfen. Allerdings ist der Einsatz gegen Menschen bei Notwehr oder Nothilfe zulässig. Das Pfefferspray soll laut Hersteller Spraytect natürlich gegen ungewolltes Auslösen gesichert sein, sodass man sich nicht beim Telefonieren versehentlich selbst außer Gefecht setzt.

Schutzhülle mit Schlagring: Dann gibt es noch das Knucklecase – eine Schutzhülle aus Aluminium mit integriertem Schlagring, in mehreren modischen Farben erhältlich. Da Schlagringe generell in Deutschland, Österreich und der Schweiz verboten sind, wohl keine Option.

Schutzhülle mit 22 Werkzeugen: Nicht zur Selbstverteidigung, sondern eher als Ersatz für ein Schweizer Messer gedacht ist die Schutzhülle TaskOne des US-amerikanischen Herstellers Tasklab, die mit 22 Werkzeugen ausgestattet ist. Mit Messerklingen, Schraubendrehern, einem Flaschenöffner, und was man sonst so braucht.

Warum es ausgerechnet für das iPhone so vielfältiges Zubehör gibt, ist klar: Es gibt viel weniger verschiedene Modelle als Android-Smartphones, der Markt für die Zubehörhersteller ist größer. Kein Wunder, dass es auch Unternehmen gibt, die Apple lieben.

24. GRUND

Weil das iPhone angeblich schon immer zum Untergang verdammt war

Mit der Vorstellung jeden neuen iPhones seit 2007 werden Stimmen laut, die diesem merkwürdigen Ding ein schnelles Ende prophezeien. Das wird nie etwas, eine Totgeburt, lächerlich – erstaunlicherweise geht das jedem iPhone seit der ersten Generation so. Und ebenso erstaunlicherweise verkauft sich jede Version seit der Einführung wie geschnitten Brot. Dabei klangen die Argumente der iPhone-Kassandras doch so überzeugend.

iPhone der ersten Generation (2007): Was, keine Unterstützung von Mobilfunkstandards der dritten Generation (3G)? Das können andere schon viel besser. Mit dieser lahmen Datenübertragung ist das iPhone von vornherein zum Untergang verurteilt. Apple sollte lieber weiter Rechner bauen. Und die Kamera? Lächerlich, nicht mal ein Blitz ist vorhanden.

Und der nächste Fehler allein reicht schon aus, um das iPhone zum Flop zu machen: Die Batterie ist nicht auswechselbar. Das wird schon bei den iPods von allen Seiten kritisiert (die merkwürdigerweise trotzdem zum Synonym für MP3-Player geworden sind).

Die letzte Eigenschaft schließlich versetzt dem iPhone mit Sicherheit den Todesstoß. Es hat nicht einmal eine echte Tastatur. Dabei ist es eine unumstößliche Tatsache, dass Smartphones eine Tastatur brauchen. Mit diesem komischen Software-Ersatz wird das nie etwas.

In den USA ist das iPhone zudem an den Provider AT&T gekoppelt, in Deutschland an die Telekom. Reiner Selbstmord, diese Beschränkung.

iPhone 3G (2008): Immer noch die miese Kamera wie im Vorgängermodell, ein Jahr später. Außerdem kann das iPhone keine Video-Aufnahmen machen. So wird das nichts, Apple. Andere Smartphones lassen sich als 3G-Modem für den Rechner nutzen, das iPhone 3G nicht. Und dann die Rückseite – jetzt in Plastik statt Metall. Das soll eine Verbesserung sein? Nie im Leben. Und immer noch gekoppelt an die Telekom (AT&T in den USA). Das kann nicht lange gut gehen.

iPhone 3GS (2009): Das soll Video sein? Die Qualität ist ja wohl unter aller Kanone. Und der Name ist ein Witz. 3GS – was soll das sein? Das versteht kein Mensch, darum wird es auch keiner kaufen. Tethering – also die Nutzung als Modem für den Laptop – funktioniert bei der Einführung immer noch nicht. Wieso kriegen alle anderen Hersteller das hin außer Apple? Schließlich das Aussehen: Wo ist der Unterschied zum 3G? Ein neues iPhone muss auch anders aussehen, sonst wird kein Mensch mit einem 3G sich ein 3GS zulegen. Apple missachtet fundamentale Marketing-Regeln und segelt mit Volldampf ins Verderben. Außerdem ist das iPhone in der dritten Generation immer noch an denselben Provider gekoppelt. Wann hört das endlich mal auf? Erwartet Apple ernsthaft, dass man zur Telekom wechselt, nur um ein iPhone nutzen zu können? Stattdessen etablieren sich Händler, die EU-Importe legal und ohne Vertragsbindung in Deutschland anbieten.

iPhone 4 (2010): Antennagate wird Apple endgültig das Genick brechen. Was soll ein iPhone, mit dem man nicht vernünftig telefonieren kann? Und das neue Design ist fürchterlich. Der alte abgerundete Handschmeichler war viel schöner als dieses eckige Ding. Was soll überhaupt diese Frontkamera? Kein Mensch macht Videoanrufe mit seinem Smartphone. Stattdessen hätte Apple besser der normalen Kamera mehr als lächerliche fünf Megapixel spendiert.

iPhone 4s (2011): Es war schon beim 3GS ein Fehler und es ist auch diesmal einer. Das gleiche Design wie beim Vorgängermodell? Die Konkurrenz bietet schon längst Smartphones mit viel größeren Displays. Apple wird niemals in der Lage sein, diesen Rückstand aufzuholen. Die Akkulaufzeit ist nur befriedigend, wenn man alles Nützliche abschaltet. Sollen die Kunden etwa ständig Reserveakkus mit sich herumschleppen? Siri ist nicht mehr als ein Marketinggag und Spielzeug. Stattdessen hätte Apple lieber auf Near Field Communication (NFC) setzen sollen – das ist die Zukunft. Apple kommt da nicht mehr mit. Was ist nur aus dem einst so innovativen Unternehmen geworden?

iPhone 5 (2012): Was soll das denn – ein neuer Anschluss? Lightning ersetzt die alte Schnittstelle nach schon zehn Jahren, und ich kann meine ganzen Lautsprecher-Docks, Kabel und anderes Zubehör wegschmeißen? Schönen Dank, Apple. Und die Bildschirmgröße ist ja wohl ein Witz. Gerade mal ein guter Zentimeter mehr Bildschirmdiagonale nach all den Jahren des Wartens? Außerdem zerkratzt das Alu sauschnell, das alte Glasmodell war viel unempfindlicher.

iPhone 5s & 5c (2013): Jetzt versucht Apple es mit zwei Modellen, die reine Verzweiflung. Eins reicht wohl nicht mehr? Trotzdem ist keines mit einem richtig großen Bildschirm dabei. Kapiert Apple nicht, was die Verbraucher wollen? Bestimmt kein goldenes iPhone. Wer soll das denn kaufen? Und dann das bunte 5c – das ist doch nur ein iPhone 5 in einer knalligen Plastikhülle. Touch ID ist auch völlig überflüssig. Ich gebe lieber mein 15-stelliges Passwort aus Groß- und Kleinbuchstaben, Zahlen und Sonderzeichen ein, um mein iPhone beim Laufen zu entsperren.

Wie die Beispiele zeigen, ist es völlig unverständlich, dass Apple es mit jedem neuen iPhone schafft, Verkaufsrekorde zu brechen, und Verbraucher nach der Vorstellung teilweise wochenlang warten müssen, bis ihr ersehntes Gadget erhältlich ist. Es muss wohl daran liegen, dass die Menschen Apple und seine iPhones trotz aller Mängel einfach lieben.

25. GRUND
Weil jedes moderne iOS-Gerät einen Scanner ersetzt

Klar, es gibt Spezialgeräte, die ganze Bücher in Minuten scannen. Solche Scanner kann ein iPhone (noch?) nicht ersetzen. Aber einen ganz normalen Flachbettscanner braucht man als Besitzer eines aktuellen iOS-Gerätes eigentlich nicht.

Schließlich gibt es auch hierfür eine App. Und nicht nur eine. Die Eingabe des Suchbegriffs »Scanner« im App Store des iPhones fördert zum Zeitpunkt der Niederschrift dieses Textes genau 2.188 Ergebnisse zutage. Einige dieser Scanner zeigen den Inhalt von QR-Codes an oder was im Netzwerk so los ist, viele andere sind Dokumenten-Scanner, die bedrucktes Papier in PDF-Dateien verwandeln.

Vielleicht taugen nicht alle diese Apps wirklich etwas, aber ein erstaunlich großer Prozentsatz macht einen Scanner wirklich überflüssig. Das Prinzip aller dieser Apps ähnelt sich dabei. Man schießt ein Foto einer Seite, wahlweise mit Verwacklungswarnung oder ohne, und wählt aus einer Reihe von Voreinstellungen.

Meist hat man die Wahl zwischen einem Farb-, Schwarz-weiß- oder Graustufen-Scan, der so optimiert ist, dass die Papierstruktur nicht mehr auszumachen ist und sich Schrift oder Fotos deutlich abheben. Zudem lassen sich die Einstellungen meist noch an den eigenen Geschmack anpassen.

Beim Fotografieren muss man es mit dem Bildausschnitt nicht so genau nehmen. Die Software erkennt das Blatt Papier und bietet an, den Untergrund drum herum abzuschneiden. Falls sie sich doch einmal irrt oder man nicht das ganze Blatt scannen möchte, kann man den entsprechenden Bereich noch schnell anpassen, ganz wie bei herkömmlicher Scanner-Software. Dann bestätigen, und der Bereich wird – bei Programmen wie CamScan, Genius Scan, JotNot Scanner, TinyScan und Scanner Pro – perspektivisch begradigt und optimiert.

Teilweise lässt sich der Scan sogar nach den Worten durchsuchen, die darin vorkommen. Einige Apps besitzen ein Optical-Character-Recognition-Modul, das das möglich macht.

Auch kann man gegen In-App-Käufe bei manchen Scanner-Apps die gescannte Seite faxen. Schließlich gibt es immer noch Behörden, die zwar keine PDF-Anhänge, wohl aber Faxe von Dokumenten akzeptieren.

Ein weiterer Vorteil der mobilen Scanner-Apps ist die Möglichkeit, die Dokumente automatisch in der Dropbox, bei Evernote und anderen Webdiensten und Cloudspeichern abzulegen oder gleich per Mail weiterzuleiten. Und natürlich hat man seinen Scanner auf diese Weise immer dabei und kann Belege oder Quittungen direkt scannen, bevor sie verloren gehen.

Nur beim Scannen vieler Seiten hintereinander sind die herkömmlichen Scanner noch überlegen, aber für den Alltag reicht ein Scan per App nicht nur vollkommen aus, sondern ist meist auch noch praktischer, was das Speichern oder Weiterleiten angeht.

Falls Sie also die Anschaffung eines Scanners erwägen und bereits ein iPhone, iPad, iPad mini oder einen iPod touch der neueren Generation besitzen, investieren Sie doch lieber knapp fünf Euro für eine Scanner-App, bevor Sie sich einen unter Umständen mehrere Hundert Euro teuren Hardware-Scanner zulegen. Es könnte durchaus sein, dass die App für Ihre Zwecke ausreichend oder sogar besser geeignet ist.

26. GRUND

Weil Apple bei Geschwindigkeitstests nicht schummelt

Schummeln bei Geschwindigkeitstest? Machen fast alle Smartphone-Hersteller – außer Apple und Motorola. Jedenfalls behauptet das die Seite *AnandTech*, die über Hardware-Komponenten schreibt und Desktop-PCs, Laptops, Smartphones und Tablets testet.

Aber von Anfang an: Am 1. Oktober 2013 berichtet die Technik-Seite *Ars Technica*, dass das Samsung Galaxy Note 3 bei der Verwendung von Leistungstest-Programmen wie Geekbench 3 in einen speziellen Turbo-Modus schaltet, bei dem alle vier Prozessorkerne auf vollen 2,3 GHz arbeiten, um bessere Ergebnisse zu erzielen. Normalerweise ist das nicht der Fall, um Überhitzung zu vermeiden.

Einen Tag später veröffentlichen *AnandTech*-Gründer Anand Lal Shimpi und sein Chefredakteur Brian Klug einen Bericht darüber, welche Hersteller sonst noch bei Geschwindigkeitstests schummeln. Außer Motorola und Apple hatte zu diesem Zeitpunkt jeder große Hersteller mindestens ein Gerät im Programm, bei dem dies der Fall war.

Aber wie soll das gehen: schummeln bei Geschwindigkeitstests? Ganz einfach. Sobald das betreffende Gerät erkennt, dass ein populärer Benchmark-Test (bleiben wir einfach mal bei diesem Fachbegriff) ausgeführt wird, greift ein spezieller Turbomodus, der dem Testprogramm mehr Leistung vorgaukelt, als normalerweise zur Verfügung steht.

AnandTech wollte es genau wissen und gab einem allgemein bekannten Leistungstestprogramm einen anderen Namen. Als man damit den Test wiederholte, fiel das Ergebnis ganz anders – nämlich deutlich schlechter – aus.

Diese Schummelei ist das Ergebnis eines Technikdenkens, das Apple fremd ist. Wenn alles rund läuft, Programme und Hardware optimal zusammenarbeiten und der Nutzer sich über sein perfekt funktionierendes Smartphone freut, wen interessiert dann, welche einzelnen Komponenten das jetzt möglich gemacht haben? Bei Apple betrachtet man nicht so sehr die einzelnen Teile, sondern ihr Zusammenspiel und vor allem: den Nutzen der Technik für den Anwender. Was sollte also ein künstliches Pushen bringen? Das interessiert vielleicht Android-User, aber Apple-Anwender? Eher nicht. Die legen Wert auf ganz andere Dinge.

Das heißt aber nicht, dass Apple keinen Wert darauf legen würde, seine Produkte auch unter der Haube außerordentlich attraktiv zu machen. Ironischerweise ist es das iPhone 5s, das im unabhängigen Geschwindigkeitstest des britischen Magazins *Which?* den ersten Platz als schnellstes Smartphone belegt – ganz ohne Schummeln.

Bei den regelmäßigen Tests der Redaktion belegte Apple mit seinem Vorgänger iPhone 5 im September 2012 noch den ersten Platz, wurde dann im Juni 2013 vom Samsung Galaxy S4 und einigen anderen Neuerscheinungen überholt und eroberte den ersten Platz im Oktober 2013 zurück, vor dem LG G2 und dem Samsung Galaxy S4.

Und die Apple-Anwender? Nehmen das ganze Hin und Her um Geschwindigkeitstests kaum zur Kenntnis, sondern freuen sich am neuen Champagner-Farbton, dem Fingerabdruckscanner und der Tatsache, dass einfach alles glatt, flüssig und völlig problemlos läuft. Eben so, wie es sein soll.

27. GRUND

Weil das iPad das ideale Schreibwerkzeug ist

Ich habe schon an anderer Stelle geschrieben, dass Teile dieses Buchs auf dem iPhone entstanden sind. Und zwar nicht nur als grober Entwurf, als erste Ideenskizze, sondern komplette Gründe. Noch besser als das iPhone ist aber das iPad geeignet (oder das iPad mini, ganz nach Geschmack).

Beide sind viel kleiner, leichter und günstiger als ein vollwertiges MacBook. Beide halten länger durch, ohne ans Stromnetz zu müssen (wenn wir das neueste MacBook Air mal beiseite lassen). Und beide haben einen Bildschirm, der groß genug ist, um Geschriebenes auch noch einmal in Ruhe durchlesen und editieren zu können. Kurzum: das ideale Schreibwerkzeug.

Außerdem hat das iPad gegenüber einem Rechner einen weiteren ganz großen Vorteil: Es ermöglicht wirklich konzentriertes

Arbeiten – wichtig für Menschen, die sich leicht ablenken lassen. Man ist nicht versucht, eben mal schnell fünf weitere Tabs im Browser aufzumachen, um kurz etwas nachzusehen, nur um eine Dreiviertelstunde später aus seiner Internet-Trance aufzuschrecken.

Beim iPad streicht man kurz von unten nach oben, schaltet den Flugmodus ein, Bluetooth wieder an und öffnet sein Schreibprogramm. Schon ist ein konzentriertes Arbeiten ohne Ablenkungen möglich. Bluetooth brauchen wir, weil das Arbeiten mit einer echten Tastatur das Tippen auf dem iPad-Display um Längen schlägt, wenn man mit mehr als zwei bis drei Fingern schreibt.

Mein Tipp: Apples Bluetooth-Tastatur Wireless Keyboard. Passt von der Größe und vom Look her optimal zum iPad, bietet ein angenehmes Schreibgefühl und lässt sich auch am Desktop-Rechner verwenden. Alles Dinge, die man in dieser Kombination über die in eine iPad-Hülle eingearbeiteten Tastaturen nicht unbedingt sagen kann.

Von Logitech gibt es auch eine spritzwassergeschützte Tastatur, die über ein integriertes Kabel am iPad eingestöpselt wird, aber leider ist sie bis jetzt nur in den USA erhältlich und vor allem für den Einsatz in Klassenzimmern gedacht.

Aber man hat nicht nur die Wahl unter verschiedenen praktischen Tastaturen, sondern auch unter diversen hervorragenden und günstigen Schreibprogrammen, die ebenfalls ohne Schnickschnack auskommen – wie das iPad. Meine Empfehlung wäre das Programm Byword der portugiesischen App-Entwickler Metaclassy. Byword kostet auf iOS und OS X nur wenige Dollar und bietet eine wunderbar aufgeräumte Schreibumgebung. Konvertieren zu HTML und PDF (auf iOS) sowie zusätzlich zu DOC, DOCX, RTF und LaTeX ist möglich. Außerdem kann man das Geschriebene auch gleich nach Evernote exportieren und auf seinem WordPress-Blog veröffentlichen.

Auch wer mit Markdown überhaupt nichts anfangen kann, sondern ein Programm braucht, das mit MS Office kompatibel ist, wird auf dem iPad fündig. Neben Apples drei Programmen Pages,

Numbers und Keynote gibt es noch weitere Apps wie Office[2] HD, das ebenfalls Word-, Excel- und PowerPoint-Dateien öffnen und schreiben kann.

Mit diesen drei Dingen: iPad (mini), Tastatur und einfachem Schreibprogramm wie Byword (oder Office-App) kann man – so meine Behauptung – konzentrierter und besser schreiben als am Rechner. Der Bildschirm verwandelt sich in ein endloses Blatt Papier, das man mit seinen Gedanken füllen kann, ohne abgelenkt zu werden. Das iPad muss nicht extra hochgefahren werden, kann überallhin mitgenommen werden und der aktuelle Text kann – wie auf dem Rechner – über Dropbox oder iCloud auch immer sofort gesichert werden.

Mein Tipp: Wenn Sie dazu neigen, sich bei der Computerarbeit ablenken zu lassen, probieren Sie es einmal mit dem iPad. Meiner Meinung nach die optimale Arbeitsumgebung.

28. GRUND

Weil man dank iFixit Europe seine Geräte jetzt selbst aufrüsten kann

Bei iFixit ist der Name Programm. Der Slogan lautet: »Fixing the world, one piece of hardware at a time.« (Etwa: Die Welt Ersatzteil für Ersatzteil in Ordnung bringen.)

Die Seite kommt ursprünglich aus den USA, hat aber seit Ende 2013 auch einen europäischen Ableger. Auf *ifixit.com* beziehungsweise *eustore.ifixit.com* findet man ausführlich bebilderte Reparaturanleitungen für fast alles – eben auch für iPads, iPhones und iMacs, die ja vielfach als unmöglich selbst zu reparieren verschrien sind. iFixit beweist das Gegenteil. Und verkauft im Online-Shop von iFixit Europe gleich das dazu nötige Werkzeug.

Oder, wie iFixit auf seiner deutschen Seite schreibt: »Unsere Mission besteht darin, Menschen zu helfen, ihre Dinge zu reparieren.

Wir finanzieren sie durch den Verkauf von Werkzeug und Ersatzteilen über eustore.ifixit.com.« Es geht darum, Dinge nicht gleich wegzuwerfen, sondern sie lieber ressourcenschonend instand zu setzen.

Eine noble Idee, und ungemein praktisch, wenn man als Apple-Liebhaber feststellt, dass die Festplatte des iMacs nach sechs Jahren beginnt, komische Geräusche zu machen, schließlich ganz den Geist aufgibt, der Rest des Gerätes aber noch tipptopp ist.

Auf *iFixit* gibt es detaillierte und reich bebilderte Anleitungen für alle Fälle. Man sieht genau, wie viele Schritte nötig sind, welche Werkzeuge man braucht (die man gleich mit einem Klick kaufen kann) und welche Fallen man umgehen muss. So ist es beim genannten iMac ratsam, nach dem Ziehen des Netzsteckers den Einschaltknopf 20 bis 30 Sekunden gedrückt zu halten, um interne Kondensatoren zu entladen. Wer weiß das schon?

Jedenfalls habe ich dank der ausführlichen Beschreibung auf iFixit den Mut aufgebracht, die Festplatte meines alten iMacs auszutauschen – ganz problemlos und schneller als gedacht.

Mac-Nutzer finden auf iFixit aber nicht nur passendes Werkzeug und detaillierte Beschreibungen, um Reparaturen vornehmen zu können, sondern auch Upgrade-Kits, mit deren Hilfe man seinen iMac mit einer zweiten Festplatte ausstatten oder das DVD-Laufwerk seines MacBooks durch eine SSD-Festplatte ersetzen kann. So ein Kit beinhaltet dann alle nötigen Werkzeuge und Einschübe, die man braucht, und die Anleitungen gibt es ja sowieso auf iFixit.

Mit seinem Angebot widerlegt iFixit die Legende vom unreparierbaren beziehungsweise nicht aufrüstbaren Mac. Es ist eben nicht immer nötig, einen Fachbetrieb aufzusuchen – jedenfalls nicht, wenn keine Garantieansprüche mehr geltend gemacht werden können und man halbwegs geschickt und in der Lage ist, bebilderten Anweisungen zu folgen.

Macht zum Beispiel der Akku des iPhone 5 schlapp, holt man sich bei iFixit für weniger als 20 Euro einen neuen, für knapp neun

Euro das benötigte Werkzeug, und wechselt den Akku in zehn bis 15 Minuten selbst aus.

iPhones sind eben auch nur Smartphones, und Macs nur Rechner. Wenn auch besonders gut designte und wertbeständige, bei denen es sich besonders lohnt, eine Reparatur auszuführen. Da Apple keinen Platz verschwendet und auch unter der Hülle jedes Teil perfekt ins andere greift, ist die Reparatur oder das Aufrüsten für Hobbybastler vielleicht ein wenig komplizierter, aber eben nicht unmöglich.

29. GRUND

Weil Apple das Apple TV erfunden hat

»Gähn, buuh, das gab's schon alles lange vorher.« Natürlich kommt wieder das alte Argument, dass Apple eigentlich gar nichts erfindet, sondern immer nur bestehende Technik in ein schickes Gehäuse verpackt und die Anwendung so einfach macht, dass auch die technophobe Großmutter damit umgehen kann. Na und?

Es mag ja sein, dass es schon vor Apple Geräte gegeben hat, mit denen man die Inhalte seines Rechners auf den Fernseher beamen konnte. Und auch schon vor dem Apple TV konnte man über eine WLAN-fähige Zusatzbox auf Online-Mediatheken zugreifen. Aber erst das Apple TV hat die bestehende Technik so einfach gemacht, dass auch wirklich viele potenzielle Kunden zugriffen und die Technik nutzten.

Inzwischen gibt es die dritte Generation des Apple TV, die allerdings von vielen Fans der kleinen Black Box als Rückschritt gegenüber der zweiten empfunden wird. Das führt zu kuriosen Preisunterschieden.

So zahlt man für ein gebrauchtes Apple TV der zweiten Generation auf Amazon schon mal 140 Euro oder mehr, während ein nagelneues Apple TV der dritten Generation bereits für 99 Euro zu haben ist.

Aber warum zahlt man mehr für ein gebrauchtes Gerät, das einen langsameren A4-Prozessor eingebaut hat und nur Videos bis 720p ausgeben kann, während das neuere Apple TV der dritten Generation mit seinem doppelt so großen Arbeitsspeicher und schnelleren A5-Prozessor Videos bis 1080p unterstützt?

Ganz einfach: Bislang gibt es nur einen Jailbreak für das Gerät der zweiten Generation. Und einigen Fans ist es eben sehr wichtig, zum Beispiel die freie Media-Center-Software XBMC auf ihrem Apple TV installieren zu können. Das geht leider nur, wenn man iOS (das auch das Betriebssystem des Apple TV ist) durch einen Jailbreak so modifiziert, dass man Apples Restriktionen umgehen kann.

Auf dem Apple TV der dritten Generation gibt es momentan nur die Möglichkeit, die Trailer-App zu modifizieren, die eigentlich die neuesten Kino-Trailer spielt. Der Programmierer Paul Kehrer zeigt auf seiner Seite *langui.sh*, wie man die Trailer-App »kapern« und das Programm PlexConnect installieren kann, um später Dateien von seinem Plex-Server auf dem Apple TV ansehen zu können. Das ist zwar im Grunde nicht schwierig, wenn man in der Lage ist, Anweisungen zu folgen, erfordert aber doch einiges an technischem Verständnis und keine Angst vor dem Terminal. Wenn Ihnen das jetzt alles nichts sagt, sollten Sie lieber die Finger davon lassen.

Aber was kann denn ein Apple TV ohne Jailbreak oder sonstige Veränderungen nun überhaupt? Die kleine Box wird an den Fernseher angeschlossen und gibt im Prinzip Inhalte von iTunes wieder. Voraussetzung ist ein flüssig laufendes eigenes WLAN. Dann kann man sich – über den Fernseher – im iTunes Store anmelden, Fernsehserien und Kinofilme kaufen oder mieten und auf dem Fernseher ansehen. Man kann seine abonnierten Video-Podcasts, YouTube- oder Vimeo-Videos sehen und Internet-Radio oder Audio-Podcasts hören. Auch der Streaming-Dienst Watchever ist auf dem Apple TV vertreten.

Außerdem kann man sich mit seinem Rechner verbinden und auf dessen iTunes-Mediathek sowie auf die Fotos zugreifen. Fotos und Filme vom iPhone, iPod touch oder iPad lassen sich über das Apple TV an den Fernseher schicken. Und wer einen aktuellen Mac besitzt, kann den kompletten Bildschirminhalt kabellos an seinen Fernseher schicken. So schnell macht man aus den 13 Zoll eines MacBooks Pro 42 Zoll oder mehr.

Das alles klappt – und das ist das Schöne am Apple TV – wirklich einfach und reibungslos. Ein Apple TV ist innerhalb von Minuten einsatzbereit. Stecker in die Steckdose, Kabel in den Fernseher, die schlanke, mitgelieferte Fernbedienung in die Hand genommen, und es kann losgehen. Wer sich nicht mit der Fernbedienung durch die Menüs hangeln möchte, um seine Anmeldedaten einzugeben, kann auch eine Bluetooth-Tastatur mit dem Apple TV verbinden. Sehr praktisch auch für das spätere Suchen von Filmen.

Über ein digitales Audiokabel lässt sich Apple TV auch an ein Surroundsystem anschließen. Der kleine schwarze Kasten wird so zur Audio- und Video-Brücke für alle Dateien, die in iTunes oder auf Apple-Geräten vorhanden sind. Und zur Brücke ins Internet, leider nicht ins Ganze. Aber für viele dürften schon YouTube, Vimeo, Watchever, Internet-Radio und Podcasts ausreichen.

Auch wenn viele sich darüber ärgern, dass Apple nicht alle Möglichkeiten der kleinen Black Box ausschöpft, die eigentlich noch viel mehr könnte – für mich ist das Apple TV ein guter Grund, Apple zu lieben. So reibungslos und einfach funktioniert es, dass wirklich jeder damit umgehen kann. Es bietet die eleganteste und einfachste Lösung, seinen Rechner oder iPod touch, sein iPhone oder iPad mit dem Fernseher zu verbinden und seinen Fernseher auf Internet-Inhalte zugreifen zu lassen. Im Februar 2014 gab Tim Cook außerdem bekannt, dass das Apple TV sich wohl nicht länger mehr als reines Hobby bezeichnen lasse. Immerhin sei es das Apple-Gerät mit den stärksten Zuwächsen und habe dem Unternehmen ohne große Werbemaßnahmen oder Updates 2013 einen Umsatz von mehr als einer Milliarde US-Dollar beschert. Sicher auch für Apple ein Grund, sein bisheriges Hobby Apple TV ein wenig höher zu bewerten und an einer vierten Generation zu arbeiten.

30. GRUND

Weil Apple das iPhone erfunden hat

Und mit dem iPhone hat Apple gleich die ganze Kategorie Smartphone revolutioniert. Klar gab es sie auch schon vorher. Smartphones wie das Nokia Communicator: klobig und unhandlich, mit Tastatur und mit Stiftbedienung. BlackBerrys waren schon eine Offenbarung, aber als dann 2007 das iPhone kam, änderte sich alles.

Heute hat (beinahe) jedes zwölfjährige Schulkind ein Smartphone, schon, um mit den anderen per WhatsApp kommunizieren zu können. E-Mail ist oldschool, man kommuniziert per Messenger. Und dafür braucht man eben ein Smartphone.

Was das iPhone damals wirklich außergewöhnlich machte, war vor allem der Verzicht auf eine physikalische Tastatur zugunsten einer Software-Tastatur, die wirklich gut funktionierte. Das amerikanische Magazin *Fast Company* interviewte über mehrere Monate ehemalige Apple-Angestellte und schreibt, dass eine der Inspirationen für eine wirklich funktionierende Tastatur Die *Simpsons* waren.

In einer *Simpsons*-Folge der sechsten Staffel machten sich die Erfinder der Zeichentrick-Serie über die mangelnde Handschriftenerkennung des Apple Newtons lustig. So etwas sollte nicht wieder vorkommen. Die Software-Tastatur musste wirklich gut sein, um zu erkennen, welche der kleinen Tasten die relativ großen Fingerkuppen drücken wollten.

Aber vergessen wir mal die technischen Einzelheiten. Mit dem iPhone hat Apple es geschafft, die Kategorie des Smartphones neu zu definieren und aus dem Technik-Spielzeug für Geschäftsleute einen faszinierenden Alltagsgegenstand zu machen, ohne den man scheinbar nicht mehr auskommt.

Das iPhone ist Telefon, Computer, Fotoapparat, Filmkamera. Der beeindruckende Image-Spot, den Apple zum 30. Geburtstag des Macs auf seine Website stellt, wurde zum Beispiel komplett mit dem iPhone 5s gefilmt.

Das iPhone ist Diktiergerät und Vierspurrekorder, Bild- und Videoeditor, Textcomputer und Kommunikationsgerät. Und mit jeder Generation erweitert Apple es um neue Fähigkeiten. Nicht alle Verbesserungen sind auf den ersten Blick sichtbar, und natürlich gibt es nach jeder iPhone-Präsentation die üblichen Unkenrufe, die dem Unternehmen mangelnde Innovationskraft vorwerfen.

Aber Dinge wie der Bewegungs-Coprozessor M7 (der das iPhone 5s auf einmal auch zum Fitness-Tracker macht) oder der Fingerabdruckscanner (der es ermöglicht, lange und sichere Passwörter zu verwenden und das iPhone 5s trotzdem blitzschnell zu entsperren) sind eben auch erst auf den zweiten Blick revolutionär. Wenn man sie so verwendet, wie Apple es eben tut. Im reibungslosen Zusammenspiel aller Komponenten. Jede Eigenschaft für sich ist vielleicht nicht revolutionär. Aber beim iPhone ist das Ganze immer schon mehr gewesen als die Summe seiner Teile. Deshalb sind ja auch die immer wieder kursierenden Berichte Unfug, in denen den Lesern vorgerechnet wird, wie viel das iPhone »wirklich« wert sei. Da wird der Einkaufswert der einzelnen Komponenten zugrunde gelegt, dabei kennen iPhone-Nutzer den Wert ihres Lieblings-Gadgets genau: Es ist einfach unbezahlbar.

Natürlich hat es Konkurrenz. Aber die gäbe es wohl kaum in dieser Form, wenn das iPhone nicht so ein Erfolg geworden wäre.

31. GRUND

Weil Apple jetzt auch Hörgeräte mitentwickelt

Ja, Sie haben richtig gehört. Apple entwickelt nicht nur Hörgeräte, sondern auch sich selbst gerade weiter. Gestartet als Garagenfirma, dann börsennotiertes Rechner-Unternehmen und heute das wertvollste Technik- und Multimedia-Unternehmen der Welt, das Lifestyle-Produkte und Medien verkauft. Der nächste Schritt: innovative Produkte für den Bereich Fitness und Gesundheit.

Ein kluger Schachzug. Zumindest in der westlichen Welt ändert sich die Altersstruktur der Menschen. Immer mehr werden immer älter. Und alle wollen gesund und fit bis ins hohe Alter bleiben.

Fundierte Gerüchte machen die Runde, dass ins kommende iOS 8 eine App namens Healthbook integriert sein soll. Und auch über ein tragbares neues Apple-Gerät wird spekuliert, eine Art Kreuzung aus Armbanduhr und Fitness- oder Gesundheits-Tracker. Diese iWatch könnte zusammen mit Healthbook dazu dienen, Daten zum Gesundheits- und Bewegungsstatus des Nutzers zu erfassen.

Im Moment sind das noch Gerüchte, aber sie verdichten sich, und wenn Sie dieses Buch lesen, wissen Sie wahrscheinlich schon mehr.

Schon jetzt erfasst der M7-Bewegungsprozessor des iPhone 5s in Verbindung mit passenden Apps die tägliche Bewegung des Nutzers. Und schon jetzt hat der dänische Hörgeräte-Spezialist ReSound ein innovatives Hörgerät angekündigt, das gemeinsam mit Apple entwickelt wurde.

Die kleine Im-Ohr-Hörhilfe ReSound LiNX verbindet sich drahtlos mit iPhone, iPad oder iPod touch. Über die kostenlose ReSound-Smart-App kann man das Hörgerät nach seinen persönlichen Vorlieben einstellen und sogar orten und wiederfinden, wenn man es mal verlegt hat.

Durch die Fähigkeiten der iGeräte, den eigenen Standort zu bestimmen, lassen sich verschiedene Profile automatisch aktivieren.

In der Stammkneipe mit Freunden wird man eine andere Einstellung bevorzugen als in der Ruhe des eigenen Heims oder in der Oper.

Ein Hörgerät, das mit dem iPhone gekoppelt ist, bietet auch noch andere Vorteile. So kann man auch mit Hördefiziten problemlos mit dem iPhone telefonieren. Und natürlich kann man auch die Musik von seinem iGerät direkt an das ReSound-LiNX-Hörgerät streamen – nach Aussage des Unternehmens in erstklassiger Klangqualität und hochwertigem Stereosound.

Da Apple bei der Entwicklung mitgearbeitet hat, kann man davon ausgehen, dass diese Aussage stimmt. Schließlich ist der Perfektionismus des Unternehmens bekannt. Auf jeden Fall wird dieses Hörgerät wohl nicht das einzige neue Gadget im Bereich Gesundheit und Fitness bleiben, an dem Apple (mit)arbeitet. Eine Art iWatch mit Tracking-Fähigkeiten gilt als ziemlich sicher, und andere Hersteller haben bereits interaktive Waagen, Blutdruckmessgeräte und Zahnbürsten im Programm. Angesichts der Tatsache, dass Gesundheit und Alter uns alle früher oder später interessieren, eine spannende Entwicklung. Ich jedenfalls bin gespannt darauf, was von Apple in dem Bereich in den nächsten Jahren zu erwarten ist.

32. GRUND

Weil wir jetzt alle auf die iWatch warten

Ich habe es ja eben schon angedeutet: Die Gerüchteküche brodelt mal wieder. Bringt Apple in diesem Jahr die lange prophezeite iWatch heraus? Und was soll das eigentlich? Braucht die Welt tatsächlich eine smarte Uhr, die mit dem Smartphone kommuniziert? Wir sind doch gerade erst unsere Uhren losgeworden, weil uns ein Blick auf unser allgegenwärtiges Smartphone sowieso immer die aktuelle Zeit verrät.

Die Frage nach der Notwendigkeit stellt sich tatsächlich, aber wenn man sich ansieht, wie viele Menschen an anderen Smartwatches wie Pebble oder Samsung Galaxy Gear interessiert sind, scheint tatsächlich ein Bedarf zu bestehen.

Apple scheint jedoch auf einen anderen Zug aufspringen zu wollen als Samsung mit seiner besseren Fernbedienung für das übergroße Galaxy Note. Seit Anfang 2014 verdichten sich die Gerüchte, dass Apple mit seiner erwarteten iWatch (oder wie auch immer das Gadget heißen wird) in Richtung Gesundheit, Fitness und Wohlbefinden geht.

Die ersten Gerüchte tauchten bereits 2011 auf, und seitdem wird in schöner Regelmäßigkeit über eine mögliche iWatch spekuliert. 2014 könnte es aber tatsächlich so weit sein. Der Trend geht eindeutig dahin, sich per Fitness-Tracker zu mehr Bewegung zu motivieren und das eigene Verhalten zu messen und zu optimieren. Fitbit, Jawbone, Garmin, Withings, Nike und andere bringen Aktivitäts-Sensoren auf den Markt, die jede Bewegung registrieren.

Wie wir im 24. Grund schon gesehen haben, hat Apple noch nie großen Wert darauf gelegt, der Erste zu sein. Das Unternehmen wartete in der Vergangenheit häufig ab und brachte dann zum richtigen Zeitpunkt ein Produkt auf den Markt, das von der Öffentlichkeit zunächst oft abgetan wurde. Zu spät, zu normal, zu wenig innovativ. Der iPod? Auch nur ein MP3-Player. Das iPhone? So ein Quatsch, ein Handy ohne richtige Tastatur. Und dann überholte das Produkt innerhalb kürzester Zeit alle anderen, die früher da waren. Weil Apple sich in aller Regel lieber die Zeit nimmt und ein perfektes Produkt auf den Markt bringt. Eines, auf das die Menschen gewartet haben, ohne es zu wissen.

Auch die iWatch könnte solch ein Produkt sein. Gerüchte besagen, dass mittlerweile 100 Angestellte bei Apple an ihrer Entwicklung arbeiten. Im Februar 2014 berichtete *9to5mac.com* zudem, dass Apple den Schlafforscher Roy J.E.M Raymann von Philips abgeworben hat. Und Schlafaufzeichnung und -optimierung ist neben der Aktivitätsaufzeichnung eines der Hauptfelder der Fitness-Tracker.

Zudem hat Apple für iOS 8 eine App namens Health (Gesundheit) entwickelt, eine Zentrale zum Sammeln der Informationen, die unter anderem der Bewegungs-Coprozessor M7 bereitstellt – vielleicht auch die iWatch? Das wird sich zeigen. Auf jeden Fall ist Apples neues mobiles Betriebssystem stark auf Gesundheitsmonitoring ausgerichtet. Und die iWatch könnte eine ideale Hardware-Ergänzung sein, die sich weniger an neue Käufergruppen richten wird als vielmehr an all die Millionen zufriedenen Nutzer von iPhone, iPad und iPod touch.

Der Gedanke, dass Apple sich jetzt nicht nur der Unterhaltung, sondern der Gesundheit seiner Nutzer widmet, lässt sicherlich die Herzen vieler Fans schneller schlagen. Und ist ein weiterer Grund, Apple zu lieben.

33. GRUND

Weil das iPad für Kinder ideal ist

»Ein Magazin ist ein iPad, das nicht funktioniert.« So lautet der Titel eines Videos, das auf YouTube zu finden ist. Es zeigt die einjährige Tochter von Jean-Louis Constanza, die wunderbar mit einem iPad umgehen kann und sich herrlich dabei amüsiert, mit einer Zeitschrift hingegen verwirrt dasitzt, weil diese auf Fingerdruck nicht reagiert. Liegt's am Finger? Anscheinend nicht. Also muss es wohl an der Zeitschrift liegen. Das Mädchen lässt das Totholz-Magazin links liegen und widmet sich lieber wieder dem funktionierenden iPad.

Jetzt kann man darüber streiten, ob eine Einjährige ein iPad braucht, um sich zu amüsieren. Oder welche Aussagekraft die Tatsache hat, dass sich eine Einjährige lieber mit einem iPad beschäftigt, das leuchtet und auf Fingerdruck reagiert, als mit einem Magazin, dessen Inhalte sich einem nur erschließen, wenn man lesen kann.

Trotzdem zeigt das Beispiel, dass schon kleine Kinder ganz gut mit einem iPad zurechtkommen. Computer galten immer als komplizierte Technik, der man sich mit Respekt nähern musste, für die man Fachwissen benötigte. Seit dem iPad (spätestens) hat sich dieses Bild gewandelt.

Es erinnert eher an die »Illustrierte Fibel für die junge Dame« aus dem Science-Fiction-Roman *Diamond Age* des Autors Neal Stephenson. Diese Fibel ist ein Supercomputer in Form eines Nanobuchs, das ein Großindustrieller entwerfen ließ, um seiner Enkeltochter Mutter, Kindermädchen, Kindergarten und Schule zu ersetzen. Alles Wissen und alle Information der Welt sind in dieser Fibel verborgen.

Ganz so weit, dass ein iPad die komplette Erziehung und Ausbildung übernehmen könnte, sind wir noch nicht. Aber trotzdem: Das iPad ist einfach ideal für Kinder. Die Bedienung ist im wahrsten Sinne des Wortes kinderleicht, und es gibt eine Fülle an Apps für Kinder jeden Alters. Ob es sich um Spiele handelt oder um Bildungs- und Lernsoftware – auch für das iPad gilt Steve Jobs' berühmtes »There's an app for that«.

Das Schöne daran: Mit dem iPad kann man unmittelbar interagieren. Keine Tastatur steht zwischen Nutzer und Gerät, der Bildschirm ist groß genug, dass auch feinmotorisch weniger geschickte Hände damit umgehen können. Das Gerät erschließt sich dem Nutzer durch Ausprobieren, reizt dazu, es zu benutzen und zu erkunden. Ideal für den Einstieg in die Welt der Technik.

34. GRUND

Weil Apple den iPod erfunden hat

2001 stellte Steve Jobs den ersten iPod vor, nur wenige Jahre nach der Einführung des ersten MP3-Players für den Massenmarkt (1998, wenn man Wikipedia glauben darf).

Es gab sie also schon, die MP3-Player. Aber besonders erfolgreich waren sie zu dem Zeitpunkt nicht. Dementsprechend fielen auch die Reaktionen auf Apples MP3-Player aus. Ich selbst hatte mit vielen anderen auf einen Nachfolger für den Newton gehofft, und dann das: ein popeliger MP3-Player. Aber das war ein Irrtum. Der iPod sollte den Markt komplett umkrempeln und ganz schnell zum Gattungsbegriff für Audioplayer allgemein werden.

Knapp 5 GB an Audiodaten passten auf den iPod, aber natürlich bewarb Apple den iPod nicht mit der Aufzählung technischer Daten, sondern packte die zukünftigen Kunden mit der einen emotionalen Aussage, die wirklich zählte: »1.000 Songs in deiner Hosentasche.« Wahnsinn!

Die innovative Bedienung über das Klickrad und die für damalige Verhältnisse riesige Speicherkapazität waren entscheidende Faktoren für den Erfolg von Apples MP3-Player. Noch wichtiger aber war eine Entscheidung, zu der Steve Jobs mühevoll überredet werden musste.

Zwei Jahre nach der Einführung des iPods fror die Hölle zu. Apple veröffentlichte iTunes für Windows und öffnete seinen iPod damit dem viel größeren Markt der Windows-Nutzer. »Hell froze over« war bei der Keynote hinter Steve Jobs zu lesen. Tatsächlich war Steve Jobs kein Freund der Idee, wenn man »Podfather« Jon Rubinstein glauben darf, der die Entwicklung des iPods bei Apple maßgeblich vorangetrieben hat.

Zusammen mit Phil Schiller, den man als Marketing-Vorstand von Apples Keynotes her kennt, konnte er Steve Jobs durch seine Hartnäckigkeit davon überzeugen, dass es Apple eine Menge bringen würde, Windows-Nutzern iPods zu verkaufen. Schließlich soll Jobs fluchend nachgegeben und die Entscheidung Schiller und Rubinstein überlassen haben. Ein gutes Beispiel dafür, dass eben auch der von vielen vergötterte Steve Jobs nicht in allen Belangen ein Marketing-Genie war.

Denn schließlich war gerade diese Öffnung für die Masse der Windows-Nutzer einer der entscheidenden Faktoren für den

Durchbruch des iPods und damit auch für die Änderung unserer Hörgewohnheiten. Der andere Faktor war die Verknüpfung von der Hardware iPod mit der kostenlosen Software iTunes, die nach und nach um immer mehr Funktionen erweitert wurde. Heute läuft eigentlich alles nur noch digital, wer eine CD kauft, ist schon ziemlich oldschool. Kein Wunder, dass Amazon bei vielen CDs die AutoRip-Funktion anbietet, bei der man sich gleich die digitalen Dateien herunterladen kann, während die CD sich noch auf dem Postweg zum Käufer befindet.

Diese ganze Entwicklung vom physischen zum digitalen Musikvertrieb wäre ohne den iPod vielleicht auch erfolgt, aber mit Sicherheit nicht so schnell und gründlich. Und so bequem. Begonnen hat es mit »1.000 Songs in deiner Hosentasche«. Jetzt kann jeder seine komplette Musikbibliothek bei sich tragen, dazu Hörbücher und sogar Filme und Serien. Davon konnten die heute Fünfzigjährigen nur träumen. Apple hat den Traum wahr gemacht.

35. GRUND

Weil das iPad Reisen mit kleinen Kindern erträglich macht

Nein, dieser Grund ist nicht ganz der gleiche wie »Weil das iPad für Kinder ideal ist«. Wer jemals mit kleinen Kindern eine lange Reise unternommen hat, weiß, dass jede Quelle der Unterstützung, jede Idee und jede Strategie, die diese Reisen halbwegs erträglich macht, gar nicht genug gewürdigt werden kann. Und das iPad ist ein Universalmittel, der heilige Gral der mobilen Kinderbespaßung. Das ist definitiv einen eigenen Grund wert.

Vor dem iPad musste man an viele Dinge denken, die einfach überlebensnotwendig waren: Schnuffeltuch, Kuschelfell oder Schmusetier, eventuell sogar alles zusammen, Kleidung, Essen, Trinken – okay, das nimmt einem auch das iPad nicht ab. Aber dann ging es ja erst los: Unmengen Kassetten oder CDs mussten eingepackt werden. Dazu der knallbunte Kassettenrekorder oder CD-Spieler. Genug Batterien dabei? Am besten die großen, schweren DD. Und immer noch ist nicht Schluss. Es fehlen die Lieblingsbücher, ein paar Spiele, genug Papier, Malbücher und Stifte, Stifte, Stifte.

Natürlich wurde immer etwas vergessen, gingen wichtige Stifte verloren, war nicht genug Papier vorhanden. Ganz abgesehen davon, dass man eine fette Tasche brauchte, um den ganzen Kram unterzubringen.

Später sind es dann eher Kinderserien und -filme, die man irgendwie mitnehmen und abspielen können muss, um die nicht mehr ganz so Kleinen auf einer Auto-, Zug- oder Flugreise abzulenken und ihnen die Zeit zu vertreiben. Mobile DVD-Player sind aber auch nicht das Wahre, und ob man seinen Laptop zum Unterhaltungszweck in Kinderhände geben will?

Das iPad macht das Leben junger Eltern deutlich leichter. Alle Bücher, Hörspiele und Lieder passen auf das kleine und leichte Tablet. Malen und Spielen kann man auch damit. Und sogar Filme spielt es ab. Außerdem hält der Akku auch sehr lange Reisen über durch. Wenn nach zehn Stunden dann doch mal Schluss ist, kann man mit einem Reserveakku dafür sorgen, dass es noch einmal so lange weitergeht. Außerdem gibt es eine Menge relativ preisgünstiger Hüllen, mit denen man das iPad vor Stößen, Flüssigkeiten und Kekskrümeln schützen kann, was die Kindertauglichkeit noch erhöht.

Mit iPad sind natürlich alle Arten, Formen und Versionen gemeint. Ob iPad mini, iPad Air oder die Vorgängerversionen. Bei uns im Haushalt tut sogar noch ein original iPad der ersten Generation seinen Dienst. Selbst wenn das Betriebssystem mit iOS 5 (der letzten noch lauffähigen Version) veraltet ist und es kein Retina-Display besitzt, kann es die Kinder noch faszinieren – die mittlerweile auch kaum noch Kinder sind. Aber sie spielen darauf, sehen Filme und Serien mit Watchever oder kommunizieren mit Freunden.

Das iPad ist ein wahres Geschenk für Eltern – und statt sperrige, kiloschwere Taschen mit sich herumschleppen zu müssen, packt man mit einem Griff schlanke 500 Gramm ein. Fantastisch. Und ein absolut einleuchtender Grund, warum alle Eltern, die mit Kindern verreisen müssen, an eins denken sollten: das voll aufgeladene iPad mitzunehmen. Gut bestückt mit Spielen, Filmen, Musik und Hörspielen.

36. GRUND

Weil die fünf beliebtesten Fotohandys auf Flickr mit »iPhone« anfangen

In einem eigenen Kapitel haben wir schon erwähnt, dass das iPhone eine hervorragende Kamera abgibt und sogar einen eigenen Begriff geprägt hat: iPhoneography. Geht man auf der Seite der Fotocommunity Flickr unter der URL *www.flickr.com/cameras* auf Kamerasuche, stößt man auf Diagramme und Zahlen, die deutlich machen, wie groß der Vorsprung von Apples iPhone als Kamera vor allen anderen Herstellern ist.

Auf Platz eins der Kameramarken, die in der Flickr Community verwendet werden, liegt zwar Kamerahersteller Canon mit 230 Modellen, aber schon auf Platz 2 folgt Apple noch vor Nikon. Das ist umso erstaunlicher, als Apple ja zum einen gar keine richtige Kamera produziert und zum anderen nur poplige 15 Modelle verwendet werden. Der Drittplatzierte Nikon dagegen wird mit 174 Kameramodellen bei Flickr angezeigt. Die nächsten Plätze der Top Ten belegen dann Sony, Samsung, Olympus, Fujifilm, Panasonic, HTC und Pentax.

Eine ganze Reihe von Unternehmen, die richtige, reine Kameras herstellen, verweist Apple damit auf die Plätze.

Und schaut man sich die Platzierung bei den beliebtesten Fotohandys genauer an, wird deutlich, dass an Apple im Moment (Stand

April 2014) keiner vorbeikommt. Auf Platz 1 liegt das iPhone 5, auf den Plätzen 2 bis 5 folgen iPhone 5s, iPhone 4s, iPhone 4 und iPhone 5c. Von anderen Marken keine Spur. Sogar bei den Kameras allgemein belegt das iPhone die Plätze 1 bis 4. Viel deutlicher geht es wohl kaum.

Besonders schön ist, dass diese Statistiken keine Verkaufszahlen oder Marktanteile repräsentieren, sondern auf anderen Daten basieren. Nämlich auf den Metadaten, die in die Fotos eingebettet sind, die Flickr-Nutzer tagtäglich hochladen, um sie der Welt zu präsentieren. Die Daten belegen also, welche Kameras von ihren Besitzern am eifrigsten eingesetzt – also am liebsten benutzt – werden.

Und da liegt Apple offensichtlich an der Spitze. Fast 30.000 Nutzer laden täglich im Durchschnitt Fotos hoch, die sie mit ihren iPhones geschossen haben. Dazu kommen noch diejenigen, die mit iPad, iPad mini, iPod touch oder älteren iPhones fotografieren.

Schaut man sich die Fotos an, versteht man, warum Apples »Kameras« so beliebt sind. Wenn Sie zum Beispiel sehen möchten, welche beeindruckenden Aufnahmen das iPhone 4s im Zusammenspiel mit der App HDR zustande bringt, geben Sie einfach im Suchfeld von Flickr »old man of storr iphone4s hdr« ein. Die beiden Bilder, die dann auftauchen, habe ich auf der Hebriden-Insel Skye vom Fuße des »Old Man of Storr« aus gemacht, einer 50 Meter hohen Felsnadel, zu der man rund eine Stunde aufsteigt, um dann einen fantastischen Blick zu genießen.

Ich hatte zwar eine Spiegelreflexkamera dabei, aber die konnte ich bei den Windböen kaum ruhig halten, außerdem wurde sie mit den Lichtverhältnissen nicht fertig. Entweder der Himmel war überbelichtet weiß oder – wenn die dramatischen Wolken gut rüberkamen – man konnte keine Zeichnung mehr in den Felsen erkennen.

Mit dem iPhone 4s und der HDR-App war das alles kein Problem. Man musste nicht mit windkalten Fingern Belichtungsreihen einstellen und rumprobieren. Einfach die App öffnen, das iPhone eine Sekunde fixieren, bis zwei unterschiedlich belichtete Fotos im Kasten waren, die dann von der App zusammengefügt wurden. Fertig ist ein Foto, das aussieht wie in Mittelerde gemacht.

Diese Einfachheit und Unkompliziertheit ist es, die das iPhone in seinen verschiedenen Versionen als Kamera – neben der Qualität der Aufnahmen – zum beliebtesten Fotohandy auf Flickr macht.

37. GRUND

Weil man mit dem iPhone Oscar-reife Filme drehen kann

Ja, tatsächlich: Der Film *Searching for Sugar Man*, der im Februar 2013 den Oscar in der Kategorie »Dokumentarfilm« gewann, wurde teilweise auf einem iPhone 4 gedreht.

Regisseur Malik Bendjelloul ging kurz vor der Fertigstellung seines Films das Geld aus, und er musste sich etwas einfallen lassen. Er hatte den Film auf einer Super-8-Kamera begonnen, um ihm einen eigenen Retro-Look zu geben, denn es ging dabei um einen Sänger, der in den Siebzigerjahren besonders populär war. Aber dann reichte das Geld für Material und Entwicklung nicht mehr, um die letzten Szenen zu drehen.

Bendjelloul griff also zu seinem iPhone, der App 8mm Vintage Camera (1,99 Dollar waren wohl noch drin), und drehte die restlichen Szenen damit. Der fertige Film gewann Preise auf renommierten Film-Festivals wie Sundance, South by Southwest und Tribeca. Der Oscar für den besten Dokumentarfilm war dann der Höhepunkt.

Und Malik Bendjelloul ist nicht der einzige Regisseur, der zum iPhone greift. Auch der populäre südkoreanische Regisseur Park Chan-wook, dessen Arbeiten schon Preise beim Film-Festival in Cannes erhalten haben, drehte seinen halbstündigen Film *Paran-*

manjang auf einem iPhone 4. Die Qualität der 720p bei 30 fps reichte für seine Ansprüche völlig aus.

Und wer glaubt, nur Low-Budget-Filmer müssten in der Not zum iPhone greifen, der irrt. Der Oscar-nominierte Kameramann Seamus McGarvey bekannte in einem Interview, dass er einige Szenen im Film *The Avengers* mit dem iPhone 4 gedreht habe. Sie seien im Film und sogar im Trailer zu sehen.

Und das sind alles Beispiele aus dem Jahr 2011. Seit dem iPhone 4 gab es bereits drei neue Generationen von iPhones, mit besseren Kameras und stärkeren Prozessoren. Es gibt also keine Ausrede, falls Sie schon immer mal einen Film drehen wollten und das Projekt bisher nur an den Kosten für die Ausrüstung scheiterte. Heutzutage braucht man nicht mehr als ein iPhone, um einen Film zu drehen und zu schneiden. Ob es die mitgelieferte App ist und iMovie zum Editieren oder ob man die Film-App eines Drittanbieters für ein paar Euro verwendet: Die Möglichkeiten sind fast unbegrenzt.

Für jeden noch so speziellen Fall gibt es eine App, oft sogar gratis. Mit der kostenlosen GorillaCam zum Beispiel lassen sich Zeitraffer- oder auch Stop-Motion-Filme drehen. Sie wissen schon, so etwas mit Knetmännchen, wie *Wallace & Gromit*. Die App Gravie fügt wunderbare, animierte Filmtitel hinzu, und Vintagio unterlegt die Szenen auf Wunsch gleich mit einer Reihe von Musiken, lässt sie schneller oder langsamer ablaufen. Und das sind nur ein paar der vielen Apps für Filmer.

Außerdem kann man mit dem iPhone spezielles Zubehör nutzen, das eine Reihe von Anbietern produziert. Teilweise auch für andere Smartphones, oft aber speziell für das iPhone. Tiffen hat mit der Steadicam Smoothee eine Halterung im Angebot, die für weiche, verwacklungsfreie (oder zumindest -arme) Bilder sorgen soll, wenn der Kameramann seinem Objekt mit dem iPhone folgt. Und iStabilizer (wie der Name schon andeutet, auf iPhones spezialisiert) hat sogar einen kleinen Kamerawagen, den iStabilizer Dolly, im Programm, der mit seinen Gummirädern auf ebenen Flächen besonders ruhige Kamerafahrten ermöglicht.

Ganze Websites widmen sich Filmen, die mit dem iPhone gedreht wurden. Es gibt Wettbewerbe wie das iPhone Film Festival (*www.iphoneff.com*) oder das Original iPhone Film Fest (*www.originaliphonefilmfest.com*). Und auf der Webseite *www.iphone5film.com* findet man ganz ohne Wettbewerbsgedanken einfach jede Menge Beispiele dafür, was mit einem iPhone möglich ist.

38. GRUND

Weil alle vergeblich auf das iTV warten

Seit Jahren wird darüber spekuliert, seit Jahren werden diejenigen, die auf einen Fernseher von Apple warten, enttäuscht. Sogar IKEA baut schon eigene Fernseher (nein, man muss sie nicht selbst zusammenbauen), warum bringt der Technologiegigant Apple nicht endlich ein eigenes Gerät auf den Markt?

Es sieht so aus, als müssten die iTV-Freunde noch eine ganze Weile warten. Fernseher entwickeln sich immer mehr zu Bildschirmen für Internet-Inhalte. Warum also einen eigenen Fernseher produzieren, wenn der Trend von den traditionellen Sendern weg geht zu Internet-Firmen wie Netflix? Warum sollten sich Nutzer einen neuen Fernseher kaufen, wenn sie auch ältere Geräte durch den Anschluss eines Apple TV smart machen können?

Gerüchten zufolge arbeitet Apple sowohl an einem Update der Software als auch an einer vierten Generation der hauseigenen Set-Top-Box. Unabhängig von einem Apple TV 4 ist angeblich ein eigener App Store in Planung. Bis zum Januar 2014 musste man schon ein wenig nach dem Apple TV suchen, das Gerät versteckte sich in der Kategorie iPod. Aber inzwischen hat Apple seinem kleinen schwarzen Kasten eine eigene Kategorie auf der Startseite des Apple Stores spendiert. Und wie immer spekuliert die Apple-Gemeinde darüber, was die Zukunft bringen könnte. Legt Apple einen neuen Fokus auf Spiele, baut das Unternehmen einen TV-Tuner oder einen WLAN-Router in sein neues Apple TV ein? Niemand weiß es. Aber alles deutet darauf hin, dass es in absehbarer Zeit keinen Fernseher von Apple geben wird.

Warum auch, wenn im Netz aus einer ehemaligen Online-Videothek wie Netflix innerhalb weniger Jahre der größte Videoanbieter der USA werden kann, mit einem Milliarden-Umsatz und 44 Millionen Abonnenten auf der ganzen Welt. Außerdem produziert Netflix seit einigen Jahren eigene, viel beachtete Serien, wie ein traditioneller Sender, und es kursieren bereits diverse Anleitungen, wie man die Netflix-Inhalte auch außerhalb der USA legal betrachten kann. Vielleicht schon im Herbst 2014 soll das Unternehmen nach Europa expandieren und den hiesigen Anbietern wie Watchever (das schon auf dem Apple TV zu empfangen ist) Konkurrenz machen.

Es gibt viele Hinweise darauf, dass das traditionelle Fernsehen in absehbarer Zeit eine geringere Rolle spielen wird. Da konzentriert man sich doch lieber auf den Umsatzbringer Apple TV, als mit viel Kosten eine eigene iTV-Produktion aufzubauen. Natürlich wäre es nett, einen Fernseher zu haben, der im Look zum iMac passt. Aber außer dem Design und eventuell einer flüssigeren Bedienung könnte dieser Fernseher wohl keine großen Vorteile bieten. Wenn man die kleine schwarze Box softwareseitig ein wenig aufpeppt, kann das Apple TV genauso viel leisten. Also setzen Sie nicht zu viel Hoffnung in ein iTV und freuen Sie sich lieber über die Möglichkeiten, die Apple TV bietet.

39. GRUND

Weil iPhone und iPad perfekt für Musiker und DJs sind

Das unscheinbare Tablet hat sich zu einem echten Universalgerät für viele Liveauftritte entwickelt. Achten Sie mal darauf: Bei vielen

Liveauftritten ist am Mikrofonständer auch ein iPad-Halter zu finden. Und ein Kabel führt vom iPad zu den Fußpedalen am Boden.

Eine ganze Reihe von Firmen hat sich darauf spezialisiert, nicht nur spezielle Musiker- und DJ-Software anzubieten, sondern auch Hardware speziell für das iPad (und teilweise auch das iPhone).

IK Multimedia zum Beispiel. Von der genannten iPad-Halterung über Fußschalter, Adapter für XLR-Profi-Mikrofone, Keyboard, E-Gitarre oder E-Bass bis hin zu Adaptern, die den Anschluss von MIDI-Geräten an das iPad unterstützen. MIDI steht für »Musical Instrument Digital Interface«, seit den Achtzigerjahren der Standard für Musiker.

Es gibt Apps, die alle möglichen klassischen Gitarren- und Bassverstärker emulieren, oder Loop-Geräte. Damit kann sich ein Musiker live begleiten, indem er zum Beispiel ein paar Akkorde spielt, die sich dann in einer Endlosschleife wiederholen, dazu noch eine Spur mit Rhythmus in das Mikro spricht und schließlich dazu singt. Der Beatboxer Dub FX ist nur einer von vielen Künstlern, die auf *loopyapp.com* zeigen, was mit der App Loopy 2 und einem iPhone oder iPad möglich ist, wenn man es so richtig draufhat. Jeder wird zum kompletten Live-Orchester mit einem iPod touch, iPhone oder iPad und der passenden Software für ein paar Euro.

Dazu kommen Synthesizer, Rhythmusmaschinen und komplette Schnitt- und Aufnahmestudios.

Auch als komplettes DJ-Mischpult kann das iPad mit der richtigen Software dienen. Und davon gibt es eine ganze Menge. Das eigentliche Problem ist eher, in der schier unüberschaubaren Masse genau die Software zu finden, die für die eigenen Ansprüche perfekt geeignet ist. Welche der vielen DJ-Apps, Digital Audio Workstations, Verstärker-, Studio- und Aufnahme-Apps ist die richtige? Das muss jeder für sich selbst herausfinden. Zum Glück gibt es fast ebenso viele Portale, die Apps vorstellen, wie es Apps gibt. Die besten tauchen immer wieder im Netz auf. Ansonsten heißt es: ausprobieren. Zwar kann man sich am Ende eines Monats schon mal wundern, wie viel man auf der Suche nach der passenden App ausgegeben hat, aber wenn man bedenkt, welche Möglichkeiten einem als Musiker offenstehen und wie wenig jede App kostet, ist das gegenüber analogen Zeiten schon lächerlich wenig. Seit es die App Audiobus gibt, kann man auch verschiedene Musik-Apps miteinander koppeln. So kann man mit einer App aufnehmen, das Signal durch eine andere App mit Effekten versehen und dem Ganzen zum Schluss in einer anderen App den letzten Schliff geben. Audiobus allein hat die Möglichkeiten für Musiker immens erweitert. Jetzt kann man nicht nur eine, sondern mehrere Apps nutzen – perfekt für Live-Auftritte.

Mit iPhone, iPod touch und besonders dem iPad hat Apple Musikern ein unschätzbares Instrument an die Hand gegeben, das die notwendige Ausrüstung und die Kosten für Hardware immens reduziert. Wer jemals versucht hat, mit einem analogen Vierspurrekorder einen Song zusammenzubasteln, wird Apple für die neuen Möglichkeiten der Musikproduktion – ob live, zu Hause oder im Studio – lieben.

40. GRUND

Weil es für Apple Unmengen an Zubehör gibt

Apples Auswahl an mobilen Geräten ist – verglichen mit vielen anderen Herstellern – übersichtlich. Dafür sind sie stark verbreitet. Zwei Punkte, die zusammengenommen zu einem ganz besonderen Vorteil für Verbraucher führen. Denn es gibt nicht nur eine App für fast jeden Zweck, sondern auch Zubehör en masse. Schließlich gelten die Menschen, die Apple bevorzugen, als kaufkräftig. Da ist meist noch ein bisschen mehr drin als nur das nackte Gerät.

Ein Eldorado für andere Hersteller, die darum jedes nur erdenkliche Zubehör für iOS-Geräte, aber auch für den Mac herstellen.

Sei es iGrill, ein Bluetooth-Thermometer mit dazugehöriger App, die meldet, wenn das Bratgut fertig ist, sei es eine Ansteck-Tastatur mit physischen Tasten oder eine Rechner-Tastatur mit einem Dock für das iPhone. Für den kleinen Roboter Romo braucht man sogar gleich zwei iGeräte. Das eine dient im Dock als Kopf des Roboters, das andere als Fernsteuerung. Bei *www.poweruptoys.com* können Sie einen Aufrüstsatz kaufen, mit dem sich ein Papierflieger zu einem Modellflieger aufrüsten lässt, der bis zu zehn Minuten in der Luft bleibt und mit dem iPhone gesteuert wird.

iCade ist ein Gehäuse, das das iPad in einen Miniatur-Arcade-Automaten verwandelt, inklusive Joystick und Action Buttons. Und vom gleichen Hersteller, Ion, gibt es eine Art Gitarrenkorpus, in den man iPad, iPhone oder iPod touch einklinken kann, um mittels Gitarren-App richtig loszurocken. Hersteller Numark hat ein umfangreiches Angebot von DJ-Controllern, mit denen sich iPod, iPhone und iPad ansteuern lassen. iDJ live zum Beispiel ist ein DJ-Software-Controller mit großen Scratch Wheels und Fader für das iPad, der noch mehr analoges Feeling rüberbringen soll. Und der Lebensmittelhersteller Oscar Mayer verlost in den USA bei seinem Gewinnspiel auf *wakeupandsmellthebacon.com* sogar ein ansteckbares Zubehörteil für das iPhone, das zur eingestellten Weckzeit nicht durch ein penetrantes Piepen wecken soll, sondern durch den angenehmen Duft nach gebratenem Frühstücksspeck.

Es müssen aber gar keine so exotischen Anwendungen sein. Auch Hüllen für iOS-Geräte findet man in Hülle und Fülle, und die Auswahl an Audioanlagen mit Apple-Dockingstation ist riesig. Von klein und günstig bis hin zu riesigen, wattstarken, äußerst edlen und teuren Einzelstücken reicht die Bandbreite.

Vor einigen Jahren gab es einen kleinen Bruch: Nach fast zehn Jahren änderte Apple den Anschluss und wechselte vom breiten Stecker mit 30 Kontakten zum volldigitalen Lightning-Anschluss. Aber in zehn Jahren ist einiges an Zubehör entwickelt worden, auf das Nutzer mit älteren Geräten zugreifen können. Und selbst jetzt noch produzieren Hersteller für beide Anschlüsse, schließlich verkauft ja Apple auch noch das iPhone 4s.

Auch für Android-Geräte wächst das Zubehör, aber da die Vielfalt der Geräte und Hersteller doch um einiges größer ist, wird die Auswahl wohl nie so groß sein wie bei Apple. Ein Vorteil für Apple-Nutzer, aber auch eine ständige Versuchung, sein Lieblings-Gadget mit ein wenig Zubehör aufzupeppen. Schließlich gibt es ja so viel davon. Vielleicht sollte man sich doch TaskOne holen, die iPhone-Hülle mit 16 integrierten Werkzeugen? Wer weiß, ob man nicht mal eine ausklappbare Säge benötigt.

Wer klug ist, widersteht der Versuchung und konzentriert sich auf wenig, aber nützliches Zubehör. Groß genug ist die Auswahl mit Sicherheit.

3

Software

»Über eine Million Apps werden mittlerweile im App Store angeboten. Kein Wunder, dass sich da für wirklich jede Aufgabe und jedes Problem etwas findet. Steve Jobs' geflügeltes Wort ›There's an app for that‹ hat heute mehr Berechtigung denn je.«

(aus Grund 56: »Weil es für jedes Problem die passende App gibt«)

41. GRUND

Weil man unter OS X hervorragend mit PDF-Dateien arbeiten kann

Gut, es gibt auch für Windows kostenlose Open-Source-Software wie PDFCreator, mit deren Hilfe man direkt aus der Textverarbeitung heraus drucken kann. Aber bei Apples OS X ist die PDF-Unterstützung um einiges ausgeprägter, und vor allem – schon von Haus aus an Bord.

Falls Sie jetzt gerade nicht wissen, worum es hier eigentlich geht: PDF ist die Abkürzung für das Portable Document Format, das Adobe 1993 veröffentlicht und seitdem immer weiterentwickelt hat. Ein PDF-Dokument lässt sich mit dem kostenlosen Adobe Reader auf jedem Betriebssystem lesen und behält immer seine ursprüngliche Gestaltung. 1993 eine Revolution, heute eine Selbstverständlichkeit, die man nicht mehr missen möchte.

Viele eMagazine werden im PDF-Format ausgeliefert, Rechnungen lassen sich in diesem Format speichern, und sogar auf Smartphones kann man PDF-Dateien betrachten. Wer aber selbst PDF-Dateien erzeugen und bearbeiten will, braucht ein spezielles Programm wie Adobe Acrobat Pro – es sei denn, er arbeitet an einem Mac.

Mit OS X kann man aus jedem Programm heraus ein PDF-Dokument schreiben. Die Kurzgeschichte oder den Roman, die Excel-Tabelle oder das Tagebuch. Einfach Command-P drücken und im Druckdialog unten links das Ausklappmenü wählen. Dort stehen mehrere Möglichkeiten zur Verfügung. Man kann seine Datei als PDF speichern, dieses gleich per Mail oder mit Nachrichten verschicken, es an iBooks senden oder aber es mit der Vorschau öffnen, die zum Betriebssystem gehört. Völlig unkompliziert und einfach.

Die Vorschau kann übrigens viel mehr, als nur Bild- oder PDF-Dateien anzeigen. Der Name ist ein Musterbeispiel für Understatement.

Vielmehr verfügt das Programm Vorschau über eine Auswahl an Werkzeugen, die vielleicht nicht an die des mehrere Hundert Euro teuren Adobe Acrobat Pro heranreicht, aber für den Alltag meist völlig ausreicht.

Mit Vorschau kann man Passagen in einem PDF mit verschiedenen Farben markieren, man kann Text unter- oder durchstreichen und neuen hinzufügen. Auch eckige oder runde Rahmen aller Art lassen sich hinzufügen, außerdem Anmerkungen, die als kleine, anklickbare Post-its im PDF erscheinen.

Selbst seine Unterschrift kann man mit Hilfe der Vorschau einfach in ein PDF einfügen. Dazu klickt man auf das Menüleistensymbol »Signatur«, hält seine Unterschrift vor die FaceTime-Kamera, über die jeder iMac und jedes MacBook verfügt, und klickt auf »akzeptieren«.

Die Unterschrift erscheint jetzt optimiert als Menüpunkt und kann in Zukunft mit Vorschau in jedes PDF eingefügt werden, falls nötig.

PDF-Dateien kann man mit ziemlicher Sicherheit auch in einer ganzen Reihe von Jahren noch öffnen – und zwar so, wie sie aussehen sollen. In der Praxis ergeben sich vielleicht mal ein paar kleinere Unterschiede, wenn Schriften nicht eingebettet wurden oder der Umbruch etwas unterschiedlich verläuft, aber de facto handelt es sich um ein wirklich ausgereiftes und anerkanntes Format zum Austausch von Dateien.

Unter OS X kann jeder Nutzer ohne Zusatzsoftware seine Dateien in diesem Format, das sich als betriebssystemübergreifender Standard etabliert hat, schreiben, lesen und bearbeiten.

42. GRUND

Weil Apples OS X jetzt auch Schlagworte kennt

Mit dem ersten kostenlosen Betriebssystem 10.9, Mavericks, hat Apple es endlich geschafft, Schlagworte einzubauen. Oder, wie es auch in der deutschen Version heißt: »Tags«.

Bis 2013 konnte man Dateien oder Ordner mit Bordmitteln nur jeweils eines von sechs farbigen Etiketten zuordnen, um sie zu gliedern oder optisch hervorzuheben. Ich habe zum Beispiel die Farbcodierung Rot, Gelb, Grün für 2do, inArbeit und Erledigt verwendet. Für solche Aufgaben konnte man die Etiketten gebrauchen, aber die Profis benutzten den offenen OpenMeta-Standard mit zusätzlicher Software, um ihre Daten mit jeder Menge Schlagworten zu versehen.

Denn Tags sind extrem praktisch für Menschen, die es einfach nicht schaffen, sich an eine feste Ordnerstruktur zu halten, oder sich regelmäßig in den Tiefen verschachtelter Dateihierarchien verirren. Wo lag jetzt noch einmal die Datei mit den Impfdaten? Im Ordner »Familie«, bei »Wichtig«, unter »Gesundheit« oder bei »Info«?

Mit Tags ist es völlig egal, wo genau man seine Dateien auf der Festplatte lagert. Man könnte auch alles in den großen Ordner »Dokumente« werfen und muss sich um eine Ordnerstruktur keinen Kopf mehr machen. Wichtig ist nur, dass man die oben genannten Dateien mit allen infrage kommenden Tags versieht. In diesem Fall also mit den vier Tags Familie, Wichtig, Info, Gesundheit. Dann sucht man einfach im Finder nach einem dieser Tags, und schon erscheinen alle in Frage kommenden Dateien in einem Fenster – ganz egal, in welchem Ordner sie liegen. Eine feine Sache.

Tags kann man sich auch in der Seitenleiste anzeigen lassen. Die Favoriten sind immer sichtbar, alle anderen nach einem Klick auf »Alle Tags …«. Sehr praktisch auch, wenn man nachträglich mehrere Dateien oder Ordner mit einem neuen, zusätzlichen Tag versehen will. Einfach markieren und auf den Tag in der Seitenleiste ziehen. Das geht bei mehreren Dokumenten deutlich schneller, als die Datei im Finder über einen Klick auf die rechte Maustaste zu taggen (Ja, ich weiß, Denglisch. Ganz schrecklich, aber finden Sie »verschlagworten« wirklich besser?).

Jedenfalls beherrscht Apples Betriebssystem OS X diese Art der Dateiverwaltung jetzt endlich auch von Haus aus, ohne Zusatzprogramme. Die Tags erweitern die bisherigen Etiketten. Von denen konnte man einer Datei oder einem Ordner nur eines ankleben, aber diese Beschränkung gibt es bei den Tags nicht.

So kann ich zum Beispiel die Dateien für die einzelnen Kapitel dieses Buchs in einen einzigen Ordner werfen und wunderbar mit den Tags 2do, inArbeit und fertig versehen. Das hilft mir, den Überblick zu behalten.

Und dank Tags kann man im Finder nach Bedarf ganz spezifische Dokumente, die über diverse Ordner auf der Festplatte verstreut sind, in einem virtuellen Ordner versammeln. Dazu tippt man im Finder Command-F für Finden und gibt seine Kriterien ein. Also zum Beispiel Durchsuchen: Diesen Mac. Tag stimmt überein mit ... (Es gibt auch noch »enthält«, »beginnt mit«, »endet mit«, »ist« und »ist nicht«.) Jetzt gibt man seine gewünschten Tags ein und speichert die Suche. Das Betriebssystem legt sie auf Wunsch gleich noch in der Seitenleiste des Finder-Fensters ab.

Klickt man nun darauf, erscheinen im Finder-Fenster alle Dateien, die diesen Kriterien entsprechen. Ganz egal, wo auf dem Mac sie auch liegen. Bei dieser Art der gesicherten Suche ist man übrigens nicht auf Tags angewiesen (auch wenn ich sie sehr gerne verwende). Man kann bei Video- oder Musikdateien auch nach Bitraten suchen lassen oder nach der verwendeten Blende bei Fotos.

Aber Tags haben den Vorteil, dass nicht nur der Finder, sondern auch andere Programme damit umgehen können, und dass ich sie direkt beim Speichern vergeben kann. Für mich sind die Tags von Mavericks ein klarer Schritt nach vorne!

43. GRUND

Weil es Siri gibt

Siri hat die Art, in der wir mit unseren Smartphones kommunizieren, radikal verändert und die Menschen begeistert. Man musste nicht mehr die Augen auf den Smartphone-Bildschirm richten, um bestimmte Aktionen auszuführen. Es reichte, den Home-Button zu drücken, und schon konnte man mit einer virtuellen Assistentin reden, die natürliche Sprache verstand und einem sagte, wie das Wetter werden würde, die Nummern aus dem Adressbuch wählte und vieles mehr.

Mit der Einführung des iPhone 4s sprachen die Besitzer mit ihrem Smartphone, als hätten sie einen Menschen vor sich. Sie behandelten das iPhone, als besäße es eine eigene Intelligenz. Als säße eine kleine, sprechende Zauberfee zwischen Prozessor und Akku wie einst die Bezaubernde Jeannie in ihrer Lampe.

Wer kein iPhone besitzt, kann zumindest auf vielen Seiten im Netz nachlesen, was Siri auf diese Fragen und Aussagen so antwortet. Gesteht der Nutzer Siri seine Liebe, so bekommt er vielleicht nur ein schroffes »Das kannst du nicht« zur Antwort, vielleicht aber auch ein geschmeicheltes: »Sicher sagst du das zu allen deinen Apple-Produkten.« Und geht man noch einen Schritt weiter und fragt: »Willst du mich heiraten, Siri?«, wird man mit Sprüchen abgewiesen wie »Meine Endbenutzervereinbarung beinhaltet keine Ehe. Tut mir leid« oder hört (beziehungsweise liest) ein schnippisches »Nur damit du Bescheid weißt: Das haben mich andere auch schon gefragt.«

Auch Scherze versteht Siri und scherzt zurück. Gibt man den Befehl: »Beam mich hoch«, antwortet Siri mit »Ich sammele meine Energie …« oder mit »Okay. Nicht bewegen«.

Gerade diese eigentlich sinnlosen Interaktionen mit einem Server-Verbund Tausende von Kilometern entfernt tragen zur Bindung des iPhone-Besitzers an sein geliebtes Gadget bei.

Die körperlose Stimme weckt Fantasien – jeder Nutzer macht sich ein eigenes Bild von Siri. So entwickelt Dr. Rajesh »Raj« Koothrappali, einer der Protagonisten der Sitcom *The Big Bang Theory*, in Folge 14 der fünften Staffel eine regelrechte Beziehung zu seiner virtuellen Assistentin im iPhone 4s. Endlich eine Frau, mit der er auch in nüchternem Zustand sprechen kann (was ihm aufgrund seiner Schüchternheit im wirklichen Leben verwehrt ist). Schließlich erscheint sie ihm im Traum als schöne junge Frau – nur schlägt hier wieder seine Schüchternheit zu, und er kann nicht mit ihr sprechen, um ihr zu sagen, was er fühlt.

Bei den *Simpsons* dagegen kommt Siri weniger gut weg. Als ein Ladenbesitzer Siri in der dritten Folge von Staffel 25 nach dem Weg ins nächsten Krankenhaus fragt, missversteht sie ihn und löscht einfach die kompletten Kontakte seines iPhones. Beide Beispiele sind wohl etwas übertrieben. Leider neigt Siri zwar in der Tat dazu, einiges falsch zu verstehen, aber in vielen Situationen ist das Programm wirklich nützlich. Ein Timer ist mit Siri blitzschnell eingestellt, der Befehl »Wecke mich in acht Stunden« ist auch schneller ausgesprochen, als man sich durch die Menüs hangeln kann. Anrufe, Nachrichten, das Öffnen von Programmen – Siri erspart viele Taps auf den Bildschirm.

Zum Schluss müssen wir aber noch auf zwei Tatsachen eingehen, die viele Apple-Jünger schmerzen werden. Zum einen ist Siri in erster Linie nicht der Name einer jungen Frau, auf die man seine Fantasien projizieren kann, sondern ein Akronym für »Speech Interpretation and Recognition Interface«, also etwa »Sprach-Interpretations-und-Erkennungs-Schnittstelle«. Zum anderen wurde Siri gar nicht von Apple entwickelt, sondern von der 2007 gegründeten Firma Siri Inc. Apple kaufte die Firma mitsamt allen Rechten an deren Produkten 2010 auf und stellte Siri als Bestandteil der Software des iPhone 4s am 4. Oktober 2011 vor.

Der Rest ist Geschichte. Heute läuft Siri nicht nur auf iPhones ab Version 4s, sondern auch auf dem iPod touch der fünften Generation, dem iPad mini und den iPads ab Generation drei.

Die virtuelle Assistentin erleichtert eine Menge Aufgaben und ist mit Sicherheit ein Grund, Apple zu lieben. Nicht, weil das Unternehmen Siri entwickelt hat, aber weil es das Potenzial der Technologie und ihre Relevanz für unseren Alltag erkannt und allen Menschen zugänglich gemacht hat – wieder einmal.

44. GRUND

Weil man zum Glück nicht auf Word als Textverarbeitung angewiesen ist

Es gibt viele Gründe, Word zu hassen. Zum Beispiel, weil sich dieses aufgeblähte Textverarbeitungsprogramm als Quasi-Standard etabliert und auf dem Weg zu seiner monopolistischen Vormachtstellung viele gute Alternativen vom Markt gefegt hat.

Ich arbeite mit Word seit 1988. Das muss, wenn ich das halbwegs korrekt rekonstruiert habe, die Version 4.0 unter MS-DOS 3 gewesen sein. Und ich kann mich daran erinnern, dass es zu der Zeit jede Menge Alternativen gab, die für meinen Geschmack einfach besser waren. WordPerfect, WordStar, StarWriter – alle diese Programme hatten Vorteile, die Word fehlten, besaßen ein teilweise radikal anderes Konzept.

Aber sie wurden von Microsoft verdrängt, das immer mehr anwuchs, indem es vorher eigenständige Programme wie Gliederungsanwendungen oder Rechtschreibprogramme in sich hineinfraß. Dadurch brachte Microsoft Word auch die Innovation auf diesen Bereichen zum Erliegen.

Auf dem Mac entwickelte sich Microsoft Word zu einer überladenen Pestbeule, die ständig Probleme machte und bei der man am besten alle 60 Sekunden auf Apfel-S drückte (damals war noch ein Apfelsymbol auf der heutigen Command-Taste), um seinen Text zu speichern.

Heute läuft das zwar besser, aber trotzdem ist Word nicht die erste Wahl, wenn es darum geht, Texte zu verfassen. Auf dem Mac gibt es zum Glück eine ganze Menge Alternativen zu Word, beziehungsweise der Microsoft Office Suite. Einige kostenlos oder als Teil des Betriebssystems, andere zu erschwinglichen Preisen.

TextEdit: Wie Vorschau kann auch TextEdit mehr, als der Name vermuten lässt. Das Programm öffnet und schreibt nicht nur reinen, unformatierten Text (.txt), sondern auch alle anderen wichtigen Formate wie Texte im Rich-Text-Format mit und ohne Bilder (.rtf und .rtfd), Word-Dateien (.doc, .docx und .xml), Webseiten (.html) und Open-Document-Texte (.odt).

Ein echtes Multitalent, das sich blitzschnell öffnet, mit einer aufgeräumten Oberfläche und einem Funktionsumfang, der für den Alltag in aller Regel ausreicht. Und das zu einem unschlagbaren Preis – kostenlos. Schließlich ist TextEdit als Bestandteil des Betriebssystems auf jedem aktuellen Mac schon installiert.

Pages '09 | Pages: Ein anderes Programm aus dem Hause Apple ist Pages, Bestandteil der iWork-Suite , die wir uns im 52. Grund noch genauer ansehen werden. Pages ist eine Mischung aus Seitengestaltungsprogramm wie Adobe InDesign oder QuarkXpress und Textverarbeitung. Beim Anlegen eines neuen Dokuments muss man sich bei der alten Version Pages '09 noch entscheiden, welche Art von Dokument es denn sein soll. Bei der neuen Version, die im Oktober 2013 im App Store erschien, ist das nicht mehr nötig.

Allerdings bietet die aktuelle Version weniger Gestaltungsmöglichkeiten als Pages '09, weil sie von Grund auf neu geschrieben wurde, um mit der Pages-Version für iOS 7 und iCloud kompatibel zu sein. Apple hat aber versprochen, hier einiges nachzubessern. Gut möglich, dass dies schon geschehen ist, wenn Sie das hier lesen.

Byword: Byword von Metaclassy kostet zum Zeitpunkt, zu dem ich dies schreibe (übrigens auch in Byword), weniger als neun Euro und ist vor allem für Menschen gedacht, die schreiben wollen, ohne Bilder oder grafische Elemente einzubinden. Die Einstellmöglichkeiten beschränken sich auf ein Minimum. Man hat die Wahl zwischen den Standardformaten RTF und TXT mit Markdown-Unterstützung und -Vorschau. Allerdings exportiert Byword auch in die Formate HTML, PDF, DOC und DOCX. Für weniger als fünf Euro zusätzlich kann man Byword außerdem nutzen, um direkt in seinem WordPress-Blog, in Tumblr, Blogger, Scriptogr.am oder ein Evernote-Notizbuch zu publizieren. Dank einer Byword-App für iOS kann man auf dem iPhone oder iPad beginnen und nahtlos auf dem Mac weiterschreiben (oder umgekehrt).

Mellel: Die Textverarbeitung Mellel stammt aus Israel und kostet in der Lite-Version momentan rund 14 Euro. Für weitere 18 Euro kann man zur Vollversion upgraden. Das ist aber nur nötig für Schreiber, die Literaturverweise, ein automatisches Inhaltsverzeichnis oder Querverweise benötigen. Ansonsten ist man mit Mellel Lite schon recht gut bedient. Das Programm ist sehr schnell, stabil und vielseitig. Es kommt auch gut mit mehrsprachigen Dokumenten zurecht.

Nisus Writer Express und Pro: Auch die beiden Texverarbeitungen von Nisus sind dafür bekannt, multilinguale Dokumente zu unterstützen sowie sehr schnell und stabil zu laufen. Die beiden Versionen kosten rund 40 Euro und 70 Euro und sind in etwa vergleichbar mit Mellel Lite und Mellel.

OpenOffice | LibreOffice | NeoOffice: OpenOffice ist eine Suite von Programmen, die es im Umfang mit Microsoft Office aufnehmen kann. Es basiert auf StarOffice, das vom unabhängigen Programmierer Marco Börries entwickelt und 1999 an Sun Microsystems verkauft wurde. Ungefähr zu dieser Zeit wurde auch der Quellcode offengelegt und die Suite als OpenOffice.org als freie Software weiterentwickelt.

Im Laufe der Zeit spaltete das Projekt sich aus verschiedenen Gründen auf, sodass im Moment mehrere Versionen zu haben sind, die sich nur bei genauem Hinsehen unterscheiden. Alle Suiten beinhalten Textverarbeitung, Tabellenkalkulation, Grafik-Werkzeuge, Datenbank- und Präsentations-Software sowie einen Formeleditor.

NeoOffice nimmt dabei insofern eine Sonderstellung ein, als dass diese Version speziell für den Mac gedacht ist (der bei den anderen beiden Versionen eher an zweiter Stelle kommt). Es ist viel stärker ins Betriebssystem integriert und benutzt zum Beispiel die grundlegenden Core-Text-Funktionen von Apple zur schnelleren und besseren Schriftdarstellung.

Der grundlegende Vorteil der Office-Suiten gegenüber Microsoft Office: Sie sind völlig kostenlos, aber eben auch genauso überladen wie Microsoft Office selbst. Nur zum Schreiben viel zu viel.

Scrivener: Scrivener von Literature and Latte hat eine große, treue Fangemeinde. Das Programm wendet sich explizit an Autoren, Anwälte, Journalisten und Akademiker, die viele und lange Dokumente verfassen, recherchieren, Charaktere und Geschichten entwickeln müssen. Scrivener kostet 45 US-Dollar, eine kostenlose Testversion kann man sich von der Seite des Entwicklers herunterladen. Ein sehr spezielles Programm, das ebenso gewöhnungsbedürftig ist wie das folgende.

Ulysses: Ulysses III ist ein Programm exklusiv für den Mac und für Menschen, die viel schreiben. Es kostet rund 40 Euro, besitzt eine minimalistische Benutzeroberfläche und folgt einer ganz eigenen Logik, auf die man sich einlassen muss. Wenn das gelingt, wird man mit keinem anderen Programm mehr schreiben wollen. Die vielen durchdachten Kleinigkeiten hervorzuheben, würde hier zu weit führen. Wer sich ein eigenes Bild machen will, kann eine kostenlose Testversion auf der Seite der Entwickler The Soulmen herunterladen.

45. GRUND

Weil es den App Store gibt

Was war es vor der Einführung des App Stores für ein Akt, vernünftige Software zu finden. Stundenlanges Suchen im Netz war die

Regel. Mit der Einführung des App Stores für iOS begann eine neue Ära. Programme bzw. Applikationen hießen auf einmal Apps. Und die kosteten nur noch ein paar Cent oder wenige Euro.

Mit dem zentralen App Store revolutionierte Apple den Vertrieb von Software. Jeder Entwickler konnte sich das Software Developer Kit (SDK) kostenlos herunterladen, eine App programmieren und diese im App Store zum Verkauf anbieten. Und die Kunden konnten auf geprüfte Software zurückgreifen, aus einer Quelle, die (so gut wie) frei von Malware war. Apple verdient an jedem Verkauf 30 Prozent, übernimmt allerdings durch die Plattform App Store auch den Vertrieb inklusive Zahlungsabwicklung. Und die Kunden konnten auf geprüfte Software zurückgreifen, von einer Quelle, die (so gut wie) frei von Malware war.

Das Konzept schlug sofort ein. Am 6. März 2008 eingeführt, machte der App Store schon im August desselben Jahres rund eine Million Dollar Umsatz.

Alle anderen Anbieter zogen nach. Heute gibt es die BlackBerry World, den Google Play Store, den Nokia Store, Samsung Apps, Windows Phone Store und viele weitere.

Und Apple ruhte sich nicht auf dem Erfolg des App Stores für iOS aus, sondern übernahm das Konzept auch für Mac OS X, glücklicherweise bisher ohne den Ausschluss anderer Installationsmöglichkeiten.

Im Januar 2011 öffnete der Mac App Store. Genauer gesagt, konnte man mit dem zu diesem Zeitpunkt veröffentlichten Betriebssystem 10.6.6 darin einkaufen. Damit brachte Apple Nutzer und Programmierer zusammen und machte es beiden leichter, miteinander ins Geschäft zu kommen.

Dank Mac App Store müssen die Nutzer jetzt nicht mehr im Web nach einer Software suchen, die ihre speziellen Anforderungen erfüllt. Stattdessen können sie einfach an einer zentralen Stelle – im Mac Store – in den entsprechenden Kategorien stöbern oder Stichworte im Suchfeld eingeben.

Die Bewertungen bisheriger Käufer sind auch sehr hilfreich, um zu entscheiden, ob das Programm wirklich genau das ist, was man gesucht hat. Und nicht zu vergessen: Die Preise im Mac App Store sind zwar nicht ganz so günstig wie im iOS App Store, aber als Nutzer profitiert man von einer Riesenauswahl an Programmen, die wirklich günstig sind. Wenn eine App mal über 20 Euro kostet, gilt sie schon als teuer. Vergleicht man das mit Preisen der Zeit vor Einführung des App Stores, ist das wirklich ein Witz.

Die Programmierer müssen zwar 30 Prozent als Gebühr an Apple abgeben, dafür können sie sich aber auch Werbeaktionen sparen und erweitern die Reichweite ihrer Apps enorm. Außerdem muss man sein Programm als Entwickler nicht über den App Store anbieten. Viele Programmierer entwickeln zwei Versionen: eine für den App Store, eine andere zum direkten Download von der eigenen Seite.

Als Kunde gebe ich meist der App-Store-Version den Vorzug. Ich muss mir kein Passwort oder einen Code für die App merken, sondern kann sie einfach auf all meinen Macs installieren, ohne extra eine Familienlizenz kaufen zu müssen. Über Updates werde ich automatisch informiert, seit OS X 10.9 (Mavericks) kann ich sie sogar automatisch installieren lassen. Alles deutlich praktischer als in der Ära vor Einführung des App Stores.

46. GRUND

Weil Apple sein Betriebssystem OS X jetzt sogar verschenkt

Wenn das kein Grund ist, weiß ich auch nicht. Während Microsoft für jede neue Version von Windows von seinen Nutzern dreistellige Summen verlangt und bekommt, ist Apple so nett, seine Betriebssysteme seit der Version 10.9, OS X Mavericks, einfach mal so kostenlos abzugeben.

Schon die vorherigen Betriebssysteme wurden zum Spottpreis abgegeben. Lion (10.7) kostete nur 29,99 Euro, Mountain Lion (10.8) dann nur noch 15,99 Euro und Mavericks ist jetzt, wie schon gesagt, umsonst. Wenn dieser Trend sich fortsetzt, zahlt Apple in Zukunft seinen Nutzern noch etwas dafür, dass sie das neueste Betriebssystem installieren.

Das Merkwürdige dabei: Kaum wird eine neue Version veröffentlicht, erheben sich auch schon die Stimmen derjenigen, die sich mehr davon versprochen hätten. Natürlich hakt immer etwas bei einem neuen Betriebssystem, und ganz ausgefuchste Benutzer warten auf die erste oder zweite Überarbeitung, bei der dann die meisten Bugs beseitigt sind.

Aber bei Apple scheint mir das Gemecker gerade derjenigen, die das System schon lange verwenden, am größten zu sein. Hat das Unternehmen einerseits die treuesten und engagiertesten Fans, die man sich vorstellen kann, sind es andererseits auch die kritischsten. Man erwartet eben immer Großes, noch nie Dagewesenes von seinem Lieblingsunternehmen. Und wenn es sich dann »nur« um Modellpflege handelt, die auf den ersten Blick gar nicht so auffällt, hagelt es Kritik.

Seltsamerweise scheinen manche Nutzer dem verbreiteten Irrtum zu erliegen, dass der Wert eines Produkts am Preis abzumessen sei. Umgekehrt müsste dann also etwas, was nichts kostet, auch nichts taugen. Aber das ist zumindest bei Apples Betriebssystemen mit Sicherheit ein Trugschluss. Nur muss Apple – im Gegensatz zu Microsoft – mit seinem Betriebssystem kein Geld machen. Das verdient Apple vor allem mit der Hardware. Man kann es sich also leisten, sein Betriebssystem (das ja nun mal auch nur auf Apple-Rechnern läuft) an diejenigen günstig oder sogar kostenlos abzugeben, die schon ordentlich für die Rechner bezahlt haben. Mavericks lässt sich sowieso nur auf ziemlich aktuellen Rechnern installieren, man kann also davon ausgehen, dass der Kunde seinen Rechner nicht schon vor fünf Jahren gekauft hat. Und wenn doch, ist das neue, kostenlose Betriebssystem vielleicht gerade der kleine Schubs, den er braucht, um sich einen neuen zuzulegen.

Außerdem macht ein neues Betriebssystem meist auch denjenigen Probleme, die es geschafft haben, Mac OS X auf einem PC zum Laufen zu bekommen. Laut Lizenzbedingungen darf OS X zwar nur auf Hardware von Apple betrieben werden, aber wer sich doch einen »Hackintosh« zusammenbasteln will, findet Anleitungen und Software dazu im Internet. Jedes neue Betriebssystem stellt aber wieder andere Anforderungen. Ein Hackintosh lässt sich nicht so einfach aktualisieren wie ein Apple-Rechner. Und vielleicht hat man doch irgendwann mal die Nase voll und kauft gleich einen Mac.

Welches aber auch immer die Beweggründe sein mögen, seine Nutzer jedes Jahr mit einem immer besseren und immer günstigeren OS X zu erfreuen, es ist auf jeden Fall ein netter Zug des Unternehmens.

47. GRUND

Weil Apples iOS keine Schadprogramme kennt

Bei Schadsoftware zeigt sich der Vorteil eines App Stores, bei dem Apple-Angestellte jedes Programm von Hand kontrollieren, bevor es schließlich freigegeben wird.

Ein Vorgang, über den zwar alle Entwickler stöhnen, ebenso wie ungeduldige Fans, die möglichst unverzüglich das neue geile Update laden wollen, der aber die Sicherheit des App Stores ungemein erhöht. Im Google Play Store muss man dagegen gut aufpassen, was man sich auf sein Smartphone lädt. So haben laut *Chip.de* Forscher der Sicherheitsfirma Lookout erst im April 2014 wieder fünf verschiedene Hintergrundbilder-Apps im Play Store entdeckt, die mit Hilfe der Malware BadLepricon ohne Wissen des Nutzers im Hintergrund Bitcoins generieren, was die Akkulaufzeit der Geräte stark verkürzt.[10]

Zwar gab es auch hier mal das eine oder andere Programm, das ungefragt auf Adressbücher zugriff, daraufhin erfolgte aber gleich eine Neuregelung. Und auch sonst fliegt jede App aus dem Store, die vielleicht doch einmal den strengen Blicken der Prüfer entkommt. 2012 schaffte es einmal eine kostenlose App in den Store, die einen Wurm beherbergte.

Instaquotes – Quotes Cards for Instagram enthielt die Schadsoftware Worm.VB–900. Die konnte zwar keinen Schaden auf iPad, iPhone und Co. anrichten und auch den Rechnern nichts anhaben, auf denen OS X lief. Sie stellte aber eine Gefahr für die Nutzer dar, die ihr iOS-Gerät mit einem Windows-Rechner synchronisierten. Natürlich reagierte Apple sofort nach Bekanntwerden und schmiss die App aus dem Store.

Demgegenüber kursierten laut einer Studie der Sicherheitsexperten von NQ Mobile auf Android-Geräten im gleichen Jahr 65.000 verschiedene Schadprogramme, weltweit wurden insgesamt 32,8 Millionen infizierte Android-Geräte registriert. Verglichen mit dem Vorjahr 2011 eine Steigerung um satte 200 Prozent.[11]

Überhaupt betrafen 79 Prozent der Schadsoftware-Attacken auf mobile Betriebssysteme Android-Geräte, so eine Studie der finnischen Spezialisten von F-Secure. Nur 0,7 Prozent aller Schadsoftware-Angriffe hatten dagegen nach einem gemeinsamen Papier der US-Heimatschutzbehörde und des FBI Apples iOS-Geräte zum Ziel. Dabei hatten iOS-Geräte im Dezember 2012 mit gut 60 Prozent einen fast dreimal so großen Markanteil wie Android-Geräte.[12]

Als iOS-Nutzer kann man also deutlich entspannter Programme laden als ein Verwender von Android-Geräten. Die Geschichte scheint sich zu wiederholen. Damals hatten Apples Rechner aufgrund der geringeren Verbreitung weniger mit Malware zu kämpfen als Microsofts, heute bleiben Apples Mobilgeräte vor allem wegen der oft gescholtenen Politik, neben dem App Store keine anderen Programmportale zuzulassen und jedes Programm von Hand zu prüfen, verschont.

Das bedeutet für die Entwickler zwar einiges an Frust und bietet keine hundertprozentige Sicherheit, ist aber momentan immer noch die sicherste Methode, wie die Zahlen zeigen. Und wer ein bisschen Sicherheit zugunsten größerer Freiheit aufgeben möchte, kann sein iPhone ja immer noch jailbreaken – also das Betriebssystem so modifizieren, dass man auch Programme aus anderen Quellen installieren kann. Das ist aber wieder ein anderes Kapitel.

48. GRUND

Weil Apple das Fusion-Drive-Laufwerk populär gemacht hat

Haben Sie schon etwas vom Fusion Drive gehört? Falls ja, dürfte das wieder einmal das Verdienst von Apple sein. Denn das Unternehmen hat, wie schon so oft, einer bestehenden Technik einen Namen gegeben, sie auch technisch unerfahrenen Nutzern fix und fertig angeboten und damit die Welt ein bisschen schöner gemacht – beziehungsweise schneller. Was Apple unter dem Namen Fusion Drive bekannt gemacht hat, ist eine Kombination aus einer schnellen SSD-Festplatte (SSD = Solid State Drive) mit Flash-Speicher und einer herkömmlichen mechanischen Festplatte. SSDs sind noch vergleichsweise teuer, aber auch viel schneller als herkömmliche Festplatten mit magnetischen Lese-Schreib-Köpfen und rotierender Platte.

Ein Fusion Drive kombiniert nun die Vorteile beider Bauweisen – die überragende Lese- und Schreibgeschwindigkeit einer SSD- und den großen Speicherplatz einer mechanischen Festplatte. Solche Hybrid-Laufwerke gibt es nicht erst seit November 2012, als Apple damit auf den Markt kam, aber Apple machte mal wieder ein paar Sachen anders als gewohnt. Zuvor handelte es sich um eine physikalische Einheit, eine normale Festplatte mit einem relativ kleinen Flash-Speicher von vier bis acht GB als Datenpuffer.

Apple verwendet in seinen iMacs und Macs Mini mit Fusion Drive dagegen zwei Laufwerke und verbindet diese über Software zu einem sogenannten logischen Laufwerk. Der Nutzer sieht nicht SSD und mechanische Festplatte, sondern nur ein Laufwerk.

Eine herkömmliche Festplatte mit ein bis drei TB Speicher und ein 128 GB großer Flashspeicher ergeben ein typisches Fusion Drive à la Apple. Der Rechner registriert beim Arbeiten, auf welche Daten häufig zugegriffen wird, und lagert diese im Hintergrund auf dem schnellen SSD-Laufwerk, auf dem auch das eigentliche Betriebssystem gespeichert ist. Da das SSD-Laufwerk bei Apple 128 GB groß ist, bleibt hier noch genug Platz auch für umfangreiche Programme. Die SSD beim Fusion Drive ist also nicht nur ein schneller Datenpuffer, sondern ein vollwertiger Teil des Laufwerks.

Offiziell wird ein Fusion Drive nur mit neuen Macs ausgeliefert, wer aber den Weg ins Terminal nicht scheut und einen Apple-Rechner hat, auf dem OS X 10.8 (Mountain Lion) läuft, der kann sich mit ein paar Befehlen selbst einen Fusion Drive einrichten (immer vorausgesetzt, eine SSD und eine mechanische Festplatte sind eingebaut – Fusion Drives lassen sich leider nicht aus externer und interner Festplatte zusammenbauen). Auf der Seite *MacTechNews.de* findet man eine Anleitung auf Deutsch mit dem Titel »Fusion Drive auf älteren Macs einrichten« (leicht zu finden über das Suchfeld der Seite). Darin wird das genaue Vorgehen mit allen Terminal-Befehlen detailliert erläutert und darauf hingewiesen, was man beachten muss.

Der Fusion Drive ist wieder einmal eine geniale Idee, die zeigt, wie Apple denkt und handelt. Man nimmt bestehende Technik, die man modifiziert und ihr so das gewisse Etwas gibt, für das Apple-Produkte berühmt sind. Dieses gewisse Etwas lässt sich Apple gut bezahlen. Aber die Verbindung aus SSD-Geschwindigkeit und dem riesigen Speicherplatz einer mechanischen Festplatte ist es wert.

49. GRUND

Weil Apple Flash gekillt hat

Es gab eine Zeit, da war Adobe Flash der Standard für Multimedia-Inhalte im Web. Kein Weg führte daran vorbei. Wenn eine Seite besonders eindrucksvoll war (und besonders lange zum Laden brauchte), dann war sie bestimmt in Flash gebaut.

Als Apple verkündete, dass auf seinen mobilen Geräten iPhone und iPad kein Flash laufen würde, war darum der Aufschrei groß. Und die Konkurrenz rieb sich die Hände. Wunderbar, jetzt konnte man damit argumentieren, dass iOS-Nutzer keine Flash-Seiten ansehen konnten. Ein quasi unbrauchbares Betriebssystem.

Überraschenderweise kamen die iOS-Nutzer mit ihren iPads und iPhones ganz prima auch ohne Flash zurecht. Zwar gab es einige nicht nutzbare Seiten, aber die wollte man sich meist sowieso nicht ansehen. Und schon gar nicht auf einem mobilen Gerät.

2010 veröffentlichte Steve Jobs einen offenen Brief auf der Seite von Apple, in dem er seine Entscheidung gegen Flash begründete. Seine *Gedanken zu Flash* (*Thoughts on Flash*) beinhalten fünf Punkte und eine Schlussfolgerung.

Punkt eins ist ausgerechnet die Tatsache, dass Flash kein offener Standard ist. Steve Jobs gibt zu, dass Apple viele eigene proprietäre Produkte besitzt, meint aber, dass alle Web-Standards offen sein sollten, und weist darauf hin, dass Apple in diesem Punkt auf HTML5, CSS und JavaScript setzt – alles offene Standards. Und mit dem WebKit habe man eine offene HTML-Rendering-Bibliothek entwickelt, die von vielen anderen Unternehmen genutzt werde.

Der zweite Punkt betrifft das »ganze Netz«. Jobs führt aus, dass zwar rund 75 Prozent der Filme im Netz in Flash angeboten würden, aber in der Vielzahl der Fälle gebe es auch alternative Formate, die auf iPad, iPhone und iPod touch wiedergegeben werden könnten. Und auf Flash-Spiele könne man angesichts von mehr als 50.000 Spielen und Unterhaltungsangeboten im Apple Store – viele davon kostenlos – gut verzichten. Heute sehen diese Zahlen noch ganz anders aus. Adobe hat die Entwicklung von Flash für mobile Geräte eingestellt. Es wird einfach nicht mehr gebraucht.

Der dritte Punkt, den Jobs anspricht, betrifft die Sicherheit. 2009 bescheinigte Symantec Flash eine der schlechtesten Bilanzen in Sachen Sicherheit. Und es sei die Nummer-eins-Ursache für Abstürze beim Mac. Und auch die Performance und Zuverlässigkeit auf Mobilgeräten sei katastrophal.

Punkt vier betrifft die Batterielaufzeit. Flash sei ein echter Akkukiller. Und wir alle wissen, dass der Akku sowieso nie lange genug reicht.

Punkt fünf bezieht sich auf die (damals neue) Touch-Technik. Wenn die Entwickler ihre Software sowieso daraufhin optimieren und neu schreiben müssten, könnten sie auch gleich vernünftige Standards verwenden wie HTML5, CSS und JavaScript.

Der sechste Punkt schließlich sei der wichtigste, so Jobs. Flash sei einfach eine zusätzliche Schicht, die es unmöglich mache, den Entwicklern für iOS die bestmögliche Plattform zur Entwicklung innovativer Apps zu bieten. Jobs gibt Adobe den Rat, sich doch lieber auf die Entwicklung von Tools für zukunftsträchtige Standards wie HTML5 zu konzentrieren, als Apple zu kritisieren.

Klare Worte, die sich schon heute als sehr wahr erweisen. Dass das Unternehmen durch seine Weigerung, Flash auf iPad, iPhone und iPod touch zuzulassen, dazu beigetragen hat, die Entwicklung von besser geeigneten Technologien voranzutreiben, ist ein guter Grund, Apple zu lieben.

50. GRUND

Weil man jeden Menüeintrag mit einem eigenen Tastaturkürzel versehen kann

Das hört sich erst einmal wenig spektakulär an, kann aber die Arbeit ungemein erleichtern. Wenn man konzentriert arbeiten möchte, ist die Maus ja eigentlich nur hinderlich. Warum sollte man die Finger von der Tastatur nehmen, um sich im Text zu bewegen, bestimmte Passagen zu markieren und zu formatieren oder zu drucken?

Natürlich denke ich hier etwas textzentrisch, Grafiker und Designer sind nach wie vor auf andere Eingabegeräte wie Tablet und Stift oder Maus angewiesen. Aber auch sie profitieren von den Tastaturkürzeln, die man – wie in der Überschrift angedeutet – sogar ganz nach eigenem Belieben gestalten kann.

Ich finde es zum Beispiel sehr praktisch, eine Datei mit zwei Tastenanschlägen als PDF speichern zu können. Praktischerweise kann man das auf dem Mac ja aus jedem Programm heraus. Normalerweise drückt man Command-P, um das Druckmenü aufzurufen, greift dann zur Maus, um das Ausklappmenü unten links zu öffnen, das mit »PDF« beschriftet ist, und »Als PDF sichern …« auszuwählen. Dann kann man dem PDF einen Namen geben und es speichern. Für mich zu umständlich. Ich spare mir den Griff zur Maus, indem ich einfach ein Tastaturkürzel für den Menüeintrag »Als PDF sichern …« definiere. Und zwar der Einfachheit halber auch Command-P. Ich muss also nur zweimal Command-P drücken, einen Namen für die Datei tippen und auf Return drücken, schon habe ich die Datei, an der ich gerade schreibe, als PDF gespeichert.

Und wie vergibt man ein eigenes Tastaturkürzel? Ganz einfach. In Systemeinstellungen/Tastatur/Kurzbefehle den Punkt »App Shortcuts« auswählen. (Fragen Sie mich nicht, warum Apple das beim System 10.9 nicht eingedeutscht hat.) Auf das Pluszeichen klicken und im aufploppenden Fenster kein spezielles Programm auswählen, sondern »Alle Programme« stehen lassen. Jetzt das Kürzel eingeben und den Menüeintrag, für den es gelten soll. In unserem Fall also »Als PDF sichern ...« (inklusive der drei Punkte, die man mit Alt-. eingibt) und als Kürzel Command-P. Fertig.

Ab jetzt kann man nicht nur wie gewohnt mit einem Command-P drucken, sondern mit einem zweiten die Datei als PDF sichern. Sehr praktisch.

Wenn Sie wollen, können Sie noch einen Schritt weitergehen und ein Kürzel definieren, mit dem Sie eine PDF-Datei ohne weitere Nachfrage direkt in der Dropbox ablegen. Das erfordert allerdings die Eingabe von zwei Terminal-Befehlen:

Öffnen Sie das Terminal, geben Sie `cd ~/Library/PDF\ Services/` ein und legen Sie danach einen Symlink auf den Ordner in der Dropbox an, in den Sie Ihre PDFs speichern möchten. Das geht mit dem Befehl `ln -s /PFAD/ZUM/ORDNER` (hier geben Sie natürlich den Pfad zu Ihrem Dropbox-Ordner an).

Man sollte darauf achten, dass der Ordner einen aussagekräftigen Namen trägt, denn dieser erscheint im oben erwähnten PDF-Ausklappmenü des Druckmenüs.

Wenn man dafür nun auch noch ein Tastaturkürzel anlegt (zum Beispiel Command-P), kann man eine PDF-Datei ohne weitere Nachfrage direkt in die eigene Dropbox speichern – und mit einem Klick den Link zum Teilen in die Zwischenablage kopieren. Dropbox ist schon praktisch.

51. GRUND

Weil Apple trotz Streit der größte Fan der Beatles ist

Im November 2010 kündigte Apple im Internet groß an: »Morgen ist ein ganz normaler Tag. Den du nie vergessen wirst. Komm morgen wieder vorbei und erlebe eine großartige Ankündigung von iTunes.«

Alle fragten sich, was für großartige Neuerungen diesen Tag wohl unvergesslich machen könnten. Die Auflösung dürfte für mehr als 90 Prozent aller, die einen Tag später gespannt auf die Seite klickten, eine Enttäuschung gewesen sein.

Denn die großartige Ankündigung war nichts weiter als die Nachricht, dass ab jetzt auch »die 13 legendären, remastered Studioalben als iTunes LPs, die Doppelalben-Compilation ›Past Masters‹ sowie die Klassiker das ›Rote‹ Album und das ›Blaue‹ Album, zum Kauf und Herunterladen als Alben oder Einzelsongs weltweit in iTunes bereit« stehen. (Zitat aus der Pressemitteilung). Gähn – das war die Reaktion der meisten Kommentare unter den entsprechenden Meldungen im Internet.

Man hätte es sich eigentlich denken können. Schließlich war bekannt, dass Steve Jobs ein Fan der Beatles war. Die vier Uhren, die die Webseite zeigte, bildeten Uhrzeiten in vier Zeitzonen der Erde ab, und zumindest die Zeigerstellung der dritten war identisch mit der Armhaltung Paul McCartneys auf dem Cover des Beatles-Albums *Help*.

Dass die Alben und Stücke der Beatles jetzt auch über iTunes bezogen werden konnten, war zwar ganz schön, aber nicht unbedingt eine Sensation – auch nicht für Fans der Beatles. Schließlich konnte man die Lieder der weltberühmten vier aus Liverpool schon immer überall kaufen – nur nicht über iTunes. Jahrelang trafen sich Plattenfirma EMI und Apple nur vor Gericht. Es ging um die Rechte am Markennamen Apple. Schließlich hatten die Beatles schon 1968 das Unternehmen Apple Corps Ltd., zu dem auch das Plattenlabel Apple Records gehört, gegründet. Dessen Logo zeigte einen Apfel der Sorte Granny Smith. Kein Wunder also, dass man gegen die Computerfirma Apple gerichtlich vorging. 1991 einigte man sich darauf, dass Apple den Namen für alle Bereiche außer dem der Musikindustrie verwenden könne.

Das war allerdings vor der Einführung von iPod und iTunes. Damit gingen die Streitigkeiten – verständlicherweise – wieder los. Erst 2007 einigte man sich erneut, und diesmal wohl endgültig. Apple ist jetzt Inhaber aller Namensrechte und lizenziert diese für bestimmte Bereiche an die Apple Corps Ltd. der Beatles.

Anlässlich des 50. Jahrestags des Auftritts der Beatles in der *Ed Sullivan Show* richtete Apple sogar einen eigenen Beatles-Kanal auf dem Apple TV ein. Hier konnte man den legendären Auftritt für eine kurze Zeit kostenlos verfolgen.

Ob der Name Apple nun Steve Jobs' Vorliebe für die Musik der Beatles geschuldet ist oder vielmehr einer Laune heraus entsprang – die anhaltende Verbindung des Computergiganten Apple zur Musik der Beatles zeugt schon von Treue, und die stolze Bekanntgabe, dass die Beatles jetzt endlich auch bei iTunes heruntergeladen werden können, hat etwas Rührendes – und Liebenswertes.

Ganz nebenbei hat Apple den Verkauf der Beatles-Stücke ordentlich angekurbelt. Innerhalb weniger Tage wurden rund zwei Millionen Beatles-Songs von iTunes heruntergeladen, dazu 450.000 komplette Alben. Ein schöner Erfolg und für die Beatles sicher ein Grund, Apple zu lieben.

52. GRUND

Weil Apple seine Office-Software iWork verschenkt

iWork ist der Sammelname für Apples Office-Programme Pages, Numbers und Keynote. Die Programme gibt es sowohl für iOS als auch für Mac OS X. Und selbst von einem Windows-Rechner aus kann man sie nutzen und auf seine Dateien zugreifen, wenn man sich über das Web bei seinem iCloud-Konto anmeldet.

Schon vor einigen Jahren waren die Programme sehr günstig zu haben, seit einiger Zeit jetzt kann sie jeder, der einen Mac kauft, kostenlos aus dem App Store herunterladen. Und das lohnt sich, denn Apples Konkurrenzprogramme zu Microsoft Word sind wirklich gut. Schauen wir uns doch mal genauer an, was die kostenlosen Programme so können.

Pages – Textverarbeitung für Mac OS X und iOS: Pages ist keine Textverarbeitung, wie man sie von Word her gewohnt ist. Das

Programm ist mehr ein Zwitter aus Gestaltungsprogramm und Textverarbeitung. Das wirkt zuerst etwas ungewohnt, bietet aber den Vorteil, dass man mit Pages sehr schnell Drucksachen jeder Art erstellen kann. Nicht nur Briefe und Berichte, sondern auch gut gestaltete Flugblätter, Broschüren, Plakate und so weiter. Apple liefert schon eine Menge Vorlagen mit, die sich gut auf die eigenen Bedürfnisse anpassen lassen.

Das Programm arbeitet viel mit Stilvorlagen, Bilder lassen sich ganz einfach maskieren und Objekte freistellen. Zudem kann man jede Datei durch die Anbindung an iCloud mit einem Link versehen, über den auch andere die Datei bearbeiten können.

Speichert man seine Dateien in der iCloud, kann man sie auch auf dem iPhone oder iPad weiterbearbeiten. Allerdings ist zumindest die iPhone-Version nicht unbedingt mein Programm der Wahl, wenn es um Texte geht. Auf dem kleinen Bildschirm schreibt man am besten reinen, ungestalteten Text im Markdown-Format, mit Programmen wie Byword, Nebulous Notes oder 1Writer. Pages für iOS wechselt zwar sehr geschickt die Zoomstufen automatisch, ist aber doch eher für einen etwas größeren Bildschirm gedacht.

Insgesamt aber ein rundum gelungenes Programm, das im Funktionsumfang langsam wieder an die Vorgängerversion herankommt. Denn bei der Anpassung der iWork-Software an die Cloud sind leider zunächst einige Funktionen verloren gegangen, die aber jetzt nach und nach wieder eingeführt werden.

Numbers – schöner als Excel: Ich bin nicht der größte Freund von Tabellenkalkulationen und kein Excel-Profi, bin jedoch manchmal dazu gezwungen, mit Excel zu arbeiten. Numbers macht auf jeden Fall mehr Spaß als Excel. Es mag etwas weniger Funktionen besitzen, aber diejenigen, die ich brauche, sind alle vorhanden. Es sieht besser aus, ist übersichtlicher und natürlich weitgehend kompatibel zu Microsoft Excel. Die Numbers-Version für iOS scheint in der aktuellen Version auf einigen Geräten Probleme zu bereiten und gerne mal abzustürzen. Und echte Excel-Könner werden wahrscheinlich nicht glücklich mit dem etwas geringeren Funktionsumfang und veränderten Arbeitsabläufen sein. Aber für mich ist Numbers auf dem Mac das Programm, das ich öffne, wenn ich eine Tabellenkalkulation erstellen muss.

Keynote – das bessere PowerPoint?: Für Keynote gilt im Prinzip dasselbe wie für Numbers: Das Programm ist eine sehr schöne Alternative zum Quasi-Standard von Microsoft. Die Vorlagen, die Apple mitliefert, sind bei Keynote allerdings deutlich umfangreicher und vielfältiger als bei Numbers. Mit Keynote erstellt man auf Anhieb Präsentationen, die auch Menschen mit einem gewissen ästhetischen Empfinden ansehen können. Falls man sie als PowerPoint-Dateien abspeichert, sollte man allerdings noch einmal überprüfen, ob auch alle Übergänge und Animationen so übernommen werden, wie man sich das vorstellt. Da hapert es leider noch manchmal etwas mit der Kompatibilität. Zur Not kann man die Präsentation aber auch als PDF, QuickTime-Film, HTML-Datei oder jede einzelne Folie als Bilddatei abspeichern.

Das Schöne an Apples Software-Suite ist natürlich, dass alle Programme für Mac OSX, iOS und als Web-Applikation vorhanden sind. An den Web-Programmen klebt zwar noch das »Beta«-Label, aber alles funktioniert schon sehr gut. Und via Safari auch nicht nur auf dem Mac. Wenn man dann noch bedenkt, dass die iWork-Suite beim Kauf eines Macs oder eines iOS-Gerätes für das jeweilige Betriebssystem auch noch kostenlos ist, kann man wirklich nicht meckern.

53. GRUND

Weil Apple das beste Betriebssystem der Welt entwickelt hat

Okay, wahrscheinlich hagelt es für diesen Grund Schläge von allen Seiten, und natürlich zu Recht. Schließlich kann man sich ein unvoreingenommenes Urteil nur erlauben, wenn man alle Betriebssysteme der Welt miteinander verglichen hat. Aber trotzdem: Zumindest unter den großen drei – Windows, Linux und OS X – ist Apples OS X meiner Meinung nach das beste.

Windows ist eigentlich eher eine Produktfamilie mit vielen unterschiedlichen Mitgliedern. Eigentlich ist ja schon Windows Vista mit seinen acht Varianten eine eigene Produktfamilie. Was mich daran stört, ist aber gar nicht mal die schier unübersichtliche Vielfalt, sondern die Gängelung des Verbrauchers (ja ja, ich weiß: Apple ist da auch nicht unbedingt ein Vorbild). Für mich haben die *Get a Mac*-Werbespots am besten das Besondere am Mac auf den Punkt gebracht. Die Schwachpunkte Windows', die in diesen Spots auf die Schippe genommen wurden, hatte ich mehr oder weniger alle so erlebt, wenn ich die Windows-Rechner der Töchter oder älterer Verwandter administrieren musste. Der Installationsprozess war deutlich aufwendiger als bei Apple, die Festplatte war bereits mit Demo-Programmen gefüllt, die nach Ablauf einer Frist gekauft werden mussten, Anti-Viren-Programme waren installiert, die mit ständigen Warnungen am Arbeiten hinderten. Es war nicht schön. Ich muss gestehen, dass ich die aktuellen Versionen nicht kenne, aber wenn bei Windows jetzt alles besser sein sollte, liegt es mit Sicherheit auch am Vorbild Mac.

Linux gefiel mir auf Anhieb besser, nur hat man da das Problem, dass es bei so gut wie jeder der etlichen Distributionen dann doch Gefrickel gibt. Irgendwelche Treiber funktionieren nicht so, wie sie sollen, man muss sich in Foren schlaumachen und aktualisierte oder für die jeweilige Hardware angepasste neue Treiberversionen herunterladen, Konfigurationsdateien wollen angepasst oder umgeschrieben werden – es ist ein Kreuz.

Webentwickler Gerrit van Aaken fasst in seinem Blog *praegnanz.de* die Betriebssysteme unter dem Stichwort »Basteleien« so zusammen:

»▷ Unter Linux *will* man basteln.

▷ Unter Windows *muss* man basteln.

▷ Unter Mac OS X *kann* man basteln.

Wahlweise kann man *basteln* auch ersetzen durch *rummöhren, rumnerden, schrauben, konfigurieren, problemlösen …*« [13]

Dass man bei Windows herumbasteln muss, kann ich so nicht nachvollziehen, aber auf jeden Fall ist Mac OS X – in welcher Form auch immer – nach meiner Erfahrung das Betriebssystem, das am rundesten läuft, am wenigsten Probleme und am meisten Spaß macht. Es sieht gut aus, es funktioniert gut und man kann sofort anfangen, damit zu arbeiten. Es gibt im App Store jede Menge fantastische Programme für wenig Geld, man kann auf seit zig Jahren bewährte UNIX-Programme im Terminal zurückgreifen und seit Neuestem zahlt man nicht einmal etwas für ein neues Betriebssystem, sondern kann es kostenlos im App Store herunterladen.

Das einzige Manko: Man kann es nur auf der zwar hochwertigen, aber auch teuren Apple-Hardware laufen lassen. Natürlich gibt es im Internet Anleitungen, wie man sich einen Hackintosh zusammenstellen und Mac OS X darauf zum Laufen bringen kann. Aber dann hat man wieder das Problem, dass es an allen Ecken ruckelt und hakt. Und damit ist einer der Vorteile des Mac OS X dann wieder weg. Das beste Betriebssystem der Welt gibt es nun mal nur auf einem Rechner mit dem Apfel-Logo. Aber dieses Betriebssystem ist für mich trotzdem nicht nur einer, sondern der Hauptgrund, Apple zu lieben.

54. GRUND

Weil Apple Podcasts gesellschaftsfähig gemacht hat

Das Konzept des »Audiobloggings« entstand um 2000 herum, der Internetreporter Ben Hammersley kreierte 2004 den Begriff »Podcasting« dafür, der sich von Apples iPod herleitete. Aber damit endete das Verdienst Apples nicht. Im Gegenteil, es ging erst los. 2005 integrierte das Unternehmen Podcasts in sein Programm iTunes und machte dadurch ein Massenpublikum auf das neue Medium aufmerksam.

Heute haben so gut wie alle Radio- und Fernsehsender Podcasts im Angebot. Mal reine Audio-Podcasts, mal Video-Podcasts. Sogar die *Bundeskanzlerin.de* wendet sich mit ihrem wöchentlichen Podcast »Angela Merkel – die Kanzlerin direkt« regelmäßig ans Volk, um ihre Botschaften zu verkünden. Auf ihrer Seite steht auch genau, was Podcasts sind, nämlich »Audio- oder Video-Beiträge [...], die in regelmäßigen Abständen über das Internet verbreitet werden«. Und es wird dazu geraten, die Podcasts über iTunes zu abonnieren, das eines der gängigsten Podcast-Programme und zudem kostenlos sei.[14]

Das Schöne an Podcasts ist aber gerade, dass man eben keine Kanzlerin sein muss, um einen Podcast zu starten. Jeder kann sein eigener Radiosender sein und über Themen sprechen, die ihn bewegen. Man braucht weder einen eigenen Server noch ein Aufnahmestudio. Ein Rechner und ein vernünftiges Mikrofon sind völlig ausreichend. Zur Not kann man sogar mit seinem Smartphone als Grundausstattung Podcasts produzieren.

Kein Wunder, dass es laut Apple Hunderttausende kostenloser Podcasts im iTunes Store gibt. Viele Podcast-Enthusiasten veröffentlichen gleich mehrere Podcasts, zu unterschiedlichen Themen. Zum Glück gibt es im iTunes Store auch in der Rubrik »Podcasts« Kategorien wie »Neu und beachtenswert«, die man schon aus der Rubrik »Apps« kennt. Außerdem »Technologie«, »Komödien«, »Bildung« und viele weitere. Und natürlich geben die Podcast-Charts im iTunes Store einen Hinweis darauf, welche Podcasts die meisten Abonnenten haben und welche Folgen am häufigsten heruntergeladen werden.

Auf der Suche nach kostenlosen hörbaren Podcasts wird man im iTunes Store auf jeden Fall fündig. Hier gibt es alles, von minutenlangen Lektionen in Business English oder unterhaltsamen Informationen der Duden-Sprachberatung bis hin zu stundenlangen monothematischen politischen Podcasts wie *Alternativlos* oder Gesprächsrunden über Gott und die Welt wie *Not Safe For Work*.

Um Neulingen den Einstig in die Welt der Podcasts so einfach wie möglich zu machen, hat Apple unter der URL *www.apple.com/de/itunes/podcasts/* jede Menge Informationen zusammengestellt. Wie man Podcasts findet, die einen interessieren, wie man seine Abonnements verwaltet und wie man iTunes am besten einstellt. Mein Tipp für Smartphone-Besitzer ist übrigens, auf iTunes zu verzichten, sich dadurch das Synchronisieren zu sparen und lieber eine eigene Podcast-App zu verwenden. Und zwar ausnahmsweise nicht unbedingt die kostenlose Apple-App, Podcast, (obwohl die ein ganz guter Einstieg ist), sondern lieber eine der vielen anderen, wie etwa Pocket Casts, Downcast oder Instacast.

Wer sich einmal auf dieses private Radio einlässt, das man hören kann, wann und wo man will, wird zum echten Podcast-Fan. Und falls man Lust bekommt, selbst mal einen Podcast zu starten, kann man selbstverständlich auch dabei auf Apples Unterstützung zählen. Nicht nur für Hörer von Podcasts, sondern auch für diejenigen, die planen, andere mit eigenen Inhalten zu unterhalten oder zu bilden, hat Apple unter der oben angegebenen URL viele Infos und Hinweise zusammengetragen.

55. GRUND

Weil Apple seinen Kunden jedes Jahr zwölf Tage lang Geschenke macht

Alle Jahre wieder feiern wir Weihnachten. Und alle Jahre wieder im Dezember aktualisiert Apple seine iOS-App »12 Tage Geschenke«. Diese App erinnert an den großen Geschenke-Marathon, den Apple ab dem 26. Dezember startet.

Jeden Tag für 24 Stunden gibt es dann etwas umsonst: Ein Film, ein Musikvideo, ein Buch, eine App, ein Song – was genau die Fans erwartet, wird nicht verraten. Mögen auch inzwischen die ganzen technischen Details der neuesten iPhone-Generation immer schon vor der nächsten Keynote bekannt sein, bei »12 Tage Geschenke« herrscht absolute Nachrichtensperre. Irgendwie schafft Apple es, seinen Fans bei dieser kleinen Aktion die Überraschung zu bewahren.

Darum ist die Spannung schon in der ersten Dezemberhälfte groß, wenn Apple seine App aktualisiert. Sie fungiert als Countdown Timer, der die Tage bis zum Beginn der Aktion verkündet: »15 Tage bis zum ersten Geschenk.« Wenn man der App erlaubt, Push-Nachrichten zu senden (was man tun sollte), erinnert sie den Nutzer eben dadurch täglich daran, sein Geschenk herunterzuladen, bevor es verfällt.

2013 gab es schon in der Woche vor dem 26. ein Überraschungsgeschenk: eine virtuelle Single mit zwei Liedern des aktuellen musikalischen Wunderkinds Lorde, von denen eines in Deutschland auf Platz zehn der Single-Charts stand. Daran zeigt sich schon, dass Apple nicht irgendwelche Oldies und Ladenhüter unter die Leute bringt, sondern mit seinen Geschenken durchaus um Aktualität und Attraktivität bemüht ist.

Wie es bei Wundertüten der Fall ist, kann man es natürlich nicht allen Leuten recht machen.

Als 2013 zum Beispiel vier Songs von Helene Fischer verschenkt wurden, gab es unter anderem Kommentare wie diese, die das Blog *appgefahren.de* zu den Top 5 der dümmsten zählt: »Liebes Apple-Team, da freuen sich sicher alle Menschen über 80 drüber, die ein Apple-Produkt besitzen, aber der 1. April ist schon vorbei.«

»Und das ist also eines der 12 Geschenke. Soll ich meine Kontonummer per E-Mail schicken, damit Apple mir die Millionen überweisen kann, die man mir geben müsste, damit ich mir den Schund anhöre?«

Dabei vergessen solche Nutzer, dass sich wahrscheinlich Millionen Menschen auch über solche Geschenke freuen. Apple ist eben ein Hersteller für die Massen und nicht nur für ein paar Hipster, die Musik nur dann cool finden, wenn sie nur ein paar Leute kennen.

Da kann ich schon eher diejenigen verstehen, die seufzend und neiderfüllt in die USA blicken. Denn die Unterschiede zwischen den einzelnen Ländern können schon Unmut bei den Nutzern aufkommen lassen.

Während sich die Apple-Fans in den USA 2013 zum Beispiel über Martin Scorseses *Hugo Cabret* von 2011 freuen konnten, gab es für die Nutzer in Deutschland den gut abgehangenen Oldie *Kevin – Allein zu Haus*, der seit seinem Erscheinen 1990 schon auf jedem Sender mehrfach zu sehen war. Zwei äußerst unterschiedliche Geschenke.

Aber einem geschenkten Gaul schaut man ja bekanntlich nicht ins Maul. Und auch die App selbst ist kostenlos. Kein Grund also, sich nicht von Apple nach Weihnachten zwölf Tage lang überraschen und beschenken zu lassen. Aber ein guter Grund, Apple zu lieben. Welches andere Unternehmen macht seinen Fans schließlich jedes Jahr zwölf Tage lang Geschenke?

56. GRUND

Weil es für jedes Problem die passende App gibt

Über eine Million Apps werden mittlerweile im App Store angeboten. Kein Wunder, dass sich da für wirklich jede Aufgabe und jedes Problem etwas findet. Steve Jobs' geflügeltes Wort »There's an app for that« hat heute mehr Berechtigung denn je.

Es gibt Spiele jeder Art, die man via Apple TV sogar auf seinem Fernseher spielen kann. Es gibt Abo-Apps für Zeitschriften und Zeitungen, Kochrezepte, Apps speziell für Kinder. Es gibt Apps zum Konsumieren von Musik, Filmen und Büchern, es gibt Apps zum Produzieren dieser Medien. Und natürlich gibt es auch jede Menge Kurioses und Nutzloses. Aber wie findet man unter einer Million

Apps die, die man sucht? Die genau das Problem lösen, von dem man bis zu dem Zeitpunkt gar nicht wusste, dass man es hat?

Zunächst mal hat Apple seinen App Store in Kategorien eingeteilt. Wer eine Foto-App sucht, kann schon mal alle Kategorien außer »Fotografie« und »Video« links liegen lassen. Dann gibt es eine Rubrik ständig wechselnden Inhalts, in der Apple die besten neuen Apps vorstellt, für die Jäger und Sammler, die jede App ausprobieren müssen, im Laufe der Jahre Hunderte herunterladen und schnell feststellen, dass 32 GB doch gar nicht so groß sind. (Glauben Sie mir, ich weiß, wovon ich rede.)

Außerdem versammelt Apple in der Rubrik »App-Sammlungen« die besten Apps für bestimmte Bereiche (zum Beispiel Reisen, Kochen, Dinge erledigen), unabhängig vom Erscheinungsdatum. Diese Sammlungen sind dann auch noch einmal thematisch unterteilt. Hier findet man in der Regel Apps, die sich wirklich bewährt haben. Auch für Neulinge im App Store gibt es eine eigene Kategorie mit Essentials.

Möchte man mehrere Informationsquellen heranziehen, so hat man schon wieder die Qual der Wahl. Im Internet existieren etliche Seiten, die sich auf die Empfehlung von Apps spezialisiert haben. Viele davon haben eine eigene App, die über Apps informiert. Zum Beispiel darüber, welche App gerade für einen kurzen Zeitraum im Preis gesenkt oder sogar kostenlos ist.

Hat man eine App gefunden, die einen reizt, lohnt sich in jedem Fall ein Blick auf die Bewertungen anderer Nutzer. Gut möglich, dass sich die vielversprechende kostenlose App nur nach In-App-Käufen wirklich nutzen lässt. Oder sie läuft vielleicht nur auf den Geräten der allerneuesten Generation richtig rund. Solche Kleinigkeiten erfährt man aus den Rezensionen.

Die warnen meist auch vor billigen Kopien erfolgreicher Apps, die versuchen, unaufmerksame Kunden einzufangen. Mit einem Icon, das dem des Originals ähnelt, oder einem ähnlichen Namen. Meist sind diese Apps nur kurz erhältlich, bevor Apple sie aus dem

Store schmeißt. Aber trotzdem sollte man die Augen offen halten. Als das erfolgreiche Spiel Flappy Birds von seinem Entwickler aus dem Store genommen wurde, gab es sofort eine Flut von Trittbrettfahrern, sodass Apple schließlich keine Apps mehr zuließ, die das Wort »Flappy« im Namen trugen.

Und natürlich gibt es immer wieder Apps, an denen man gar nicht vorbeikommt, weil alle Welt davon redet. Meist sind das Spiele, die sich lauffeuerartig verbreiten, wie Angry Birds, und nach einer Weile wieder uninteressant werden. Oder aber es handelt sich um essenzielle Programme wie WhatsApp, Facebook und Co., die sich deshalb auf jedem iPhone wiederfinden, weil sie die geräte- und systemübergreifende mobile Kommunikation mit sozialen Kontakten sicherstellen.

Viele Nutzer werden wahrscheinlich mit den Programmen gut zurechtkommen, die sich von Haus aus auf ihrem iPhone befinden oder kostenlos von Apple zum Herunterladen angeboten werden. Aber ein paar exotische Aufgaben lassen sich dann doch nur mit zusätzlichen Apps lösen. Hier ein paar Beispiele, ernst gemeinte und kuriose.

Tagebuch: Wenn Sie jemals daran gedacht haben, ein digitales Tagebuch zu führen, sollten Sie sich Day One ansehen. Das Programm sieht sehr gut aus, ist einfach und intuitiv zu handhaben und sowohl für Mac OS X als auch für iOS erhältlich. Nicht umsonst, aber jeden Cent wert.

Tanken: Gleich mehrere Apps versprechen, die günstigste Tankstelle im Umkreis oder an geplanten Strecken anzuzeigen. Viele sind kostenlos, wenn man die Werbung loswerden will, zahlt man ein paar Euro. Die hat man aber schnell wieder heraus, wenn man sich an die Empfehlungen hält. Mit TankenApp habe ich erst vor Kurzem bei einer Tankfüllung von 50 Litern Diesel 4,50 Euro gespart. Der Grund: Laut App sollten die Preise fallen, die Empfehlung lautete, das Tanken auf abends zu verschieben. Tatsächlich kostete der Liter abends neun Cent weniger. So schnell macht sich eine App bezahlt.

Fotografie: Apples Kamera und iPhoto machen schon einen guten Job. Aber natürlich schwören manche auf Foto-Apps mit Filtern und sozialen Funktionen wie Hipstamatic, Instagram und Co. Meine Empfehlung wäre, sich einmal Snapseed, VSCO Cam, 645 Pro oder Camera+ anzusehen.

Tonaufnahme: Wem Apples Sprachmemos nicht reichen und Apples GarageBand zu umfangreich ist, der kann auf eine Unmenge Apps zurückgreifen, mit deren Hilfe man Ton aufzeichnen kann. DropVox zum Beispiel startet bei entsprechender Einstellung die Aufnahme automatisch und lädt die Audiodatei ebenfalls automatisch in einen Ordner der eigenen Dropbox. TwistedWave Recorder dagegen ermöglicht qualitativ hochwertige Aufnahmen inklusive Effekten bei noch ziemlich einfacher Bedienung.

Das sind nur ein paar Beispiele nützlicher Apps, aber es gibt auch Apps, die ziemlich kurios sind. Zum Beispiel einen Toiletten-Finder, der alle öffentlichen Toiletten in der Nähe anzeigt. Oder die Blower-App, mit deren Hilfe man Kerzen ausblasen kann. Sie macht Krach wie ein Laubbläser, und hält man den Lautsprecher an eine Kerze, reicht der Luftdruck zum Ausblasen aus. Kurz – es gibt nichts, was es nicht gibt.

57. GRUND

Weil Yosemite nicht nur ein Nationalpark ist

Jaguar, Panther, Tiger, Löwe und Berglöwe sind nur einige der Namen der letzten Betriebssysteme. Klingt das nicht viel spannender als die kryptischen Zahlen und Buchstaben? XP, ME, 2000, 7, 8 – kann man zu solchen Betriebssystemen eine emotionale Bindung eingehen, täglich (und sogar nachts) Stunden mit ihnen verbringen und sie immer besser kennenlernen?

Statt sich mit einer der vielen Versionen von Windows 7 oder 8 herumzuärgern, lässt man als Apple-User den Löwen oder Berglöwen von der Leine. Natürlich nummeriert auch Apple seine Versionen durch, aber immerhin haben Nutzer die Wahl, ob sie von der Version 10.6 sprechen oder vom Snow Leopard. Da die Raubkatzennamen langsam knapp werden, ist Apple 2013 dazu übergegangen, bei der Namensgebung auf herausragende Orte in der Natur Kaliforniens zurückzugreifen. Mavericks, ein Surfspot mit atemberaubenden Wellen in Kalifornien, machte den Anfang. Das Bild der gewaltigen Wellen ist mindestens so beeindruckend wie ein Löwe. Und die Landschaft im Yosemite-Nationalpark, dem Namensgeber von OS X 10.10, ist noch faszinierender.

Aber nicht nur bei der Namenswahl, sondern auch beim Angebot an Varianten punktet Apples Philosophie durch Konsequenz und Nachvollziehbarkeit. Windows 7 erschien 2009 in den Versionen Starter, Home Basic, Home Premium, Professional, Enterprise und Ultimate. Beim Vorgänger Vista musste sich der Nutzer sogar zwischen noch mehr Versionen entscheiden. Zu ungefähr der gleichen Zeit brachte Apple sein System Mac OS X 10.6 heraus, den Snow Leopard – in einer Variante, die alles bot, was man benötigte. Niemand musste sich hier den Kopf über die Ausstattung zerbrechen.

Apple weiß schon, was der Nutzer wirklich braucht. Es gibt das Betriebssystem für den normalen Nutzer und gegen einen kleinen Aufpreis die Serverversion. Das war's auch schon mit den Varianten. Keine Verwirrung und alle sind zufrieden.

Dieser Gegensatz inspirierte die (zugegebenermaßen Macfreundliche) Seite *Joy of Tech* zu einem Comic, bei dem ein Käufer im Laden Windows Vista erstehen möchte und vom Verkäufer gefragt wird, welche Version. Nachdem er acht Versionen aufgezählt und den Käufer damit entsprechend verwirrt hat, fragt ihn dieser: »Welche empfehlen Sie?« Die Antwort des Verkäufers: »Mac OS X.«

Die Namensgebung und Beschränkung auf zwei Betriebssystem-Varianten sind nicht unbedingt Grund genug, Apple zu lieben. Aber sie stehen für vieles, was Apple von allen anderen Technologie-

Unternehmen unterscheidet: die Zielgerichtetheit, die Beschränkung auf das Wesentliche, die Konzentration auf den Nutzer.

Steve Jobs hat einmal sinngemäß gesagt, der Nutzer wisse nicht, was er wolle, bis man es ihm zeige. Dieser berühmte Spruch klingt mal wieder nach der typischen Arroganz, für die Jobs und sein Unternehmen immer wieder kritisiert wurden. Er hat sich aber oft genug als richtig erwiesen.

Und er ist schließlich auch mutig. Wenn man sich nämlich irrt und dem Verbraucher in seiner Arroganz etwas präsentiert, was er wirklich nicht will, wird er es auch nicht kaufen. Aber dieser Fehler ist Apple zumindest in den letzten Jahren nicht mehr unterlaufen.

58. GRUND

Weil Apple weiß, wo dein iPhone ist

Den Dienst und das dazugehörige Programm »Mein iPhone suchen« hat Apple im Juni 2009 eingeführt. Eine wirklich praktische Sache für all diejenigen, die dazu neigen, ihr iPhone zu verlegen, zu verlieren oder es sich sogar stehlen zu lassen.

Die Namensgebung ist dabei etwas irreführend. Denn der Ortungsdienst steht nicht (mehr) nur für iPhones zur Verfügung. Auch ein iPad, ein iPod touch oder Mac lässt sich so orten. Voraussetzung ist allerdings ein iCloud-Konto. Außerdem muss man sein Gerät dort anmelden. Aber wer würde das nicht machen? Schließlich läuft ja sowieso die Synchronisation für viele Programm über Apples Cloud-Dienst. Unter anderem eben auch »Mein iPhone suchen«. Aber was kann man denn mit dem Dienst jetzt genau anfangen?

Zum einen kann man sich auf einer Karte alle seine Geräte anzeigen lassen, die Verbindung zum Internet haben. Neben dem Namen und Standort erfährt man auch, wie voll der Akku noch ist. Per Mausklick kann man nun das Gerät einen Ton spielen lassen, um so zum Beispiel das im Club verloren geglaubte iPhone doch unter dem Sofakissen wiederzufinden.

Befindet es sich wirklich an einem Ort, an dem man es nicht vermutet hätte, kann man dem Gewissen des Finders auf die Sprünge helfen, indem man den Modus »Verloren« aktiviert. Dann wird der Bildschirm mit einem vierstelligen Code gesperrt und man kann seine Telefonnummer angeben, sowie eine Nachricht. Beides wird auf dem Bildschirm des gesperrten Gerätes angezeigt. Allerdings kann man ein gesperrtes Gerät nicht mehr aus der Ferne löschen.

Denn auch das ist möglich. Statt das Gerät zu sperren, kann man gleich auf Nummer sicher gehen und alle persönlichen Informationen darauf löschen. Leider kann man nicht beides haben, man muss sich schon entscheiden, ob man auf einen ehrlichen Finder hofft und das Gerät nur sperrt oder ob man gleich alle Daten löscht.

Der Dienst ist nicht perfekt und in früheren Versionen konnte ein Dieb oder unehrlicher Finder »Mein iPhone suchen« einfach deaktivieren, wenn er sich auskannte. Seit iOS 7 macht eine Aktivierungssperre das aber ohne Eingabe des Codes unmöglich.

Und es kursieren bereits einige Storys von iPhone-Besitzern im Netz, die dank dieser Funktion ihr iPhone wiederbekommen haben. Nikos Kakavoulis zum Beispiel hatte sein iPhone bei Starbucks am Waschbecken liegen gelassen. Niemand hatte es abgegeben, also aktivierte er den Signalton. Und siehe da: Der Finder saß noch bei Starbucks und musste das verräterische iPhone wieder herausgeben. Ein anderer Fall war noch etwas spektakulärer. Der Beamte Robert Garland vom New York City Police Department – ein echter Apple-Fan – konnte dank der Funktion innerhalb einer halben Stunde nach der Tat einen Dieb festnehmen, der das iPhone einer Kassiererin mit vorgehaltener Waffe gestohlen hatte. Die Kassiererin gab ihre Apple-ID und ihr Passwort ein, sodass Robert Garland den Täter orten und durch den Signalton unter den Passanten identifizieren konnte. Kein Wunder, dass das New York City Police Department Apple liebt. Und auch für die Kassiererin dürfte die

Funktion »Mein iPhone suchen« ein triftiger Grund sein, Apple zu lieben.

59. GRUND

Weil sogar das NYPD die Bürger dazu auffordert, iOS 7 zu installieren

Klingt komisch, ist aber so. Das New York City Police Department scheint voller Apple-Fans zu sein. Nach der Einführung des Betriebssystems iOS 7 im September 2013 forderten die Beamten auf Aushängen die Bürger dazu auf, von iOS 6 auf iOS 7 zu aktualisieren.

Und nicht nur das: Uniformierte verteilten Flugblätter und sprachen Passanten an U-Bahn-Stationen auf das Thema an. Die New Yorker Polizei versprach sich von dieser Aktion einen Zuwachs an Sicherheit. Und dieser Zuwachs sei bitter nötig. Bürgermeister Bloomberg machte nämlich im Dezember 2012 Apple für eine statistische Tatsache verantwortlich, die ihm gar nicht schmeckte. Damals stieg New Yorks Verbrechensrate zum ersten Mal seit 20 Jahren. Es wurden 3.484 Verbrechen mehr als im Vorjahr registriert, insgesamt 108.432. Aber wenn es nicht die ganzen iPads und iPhones gäbe, die zu Diebstählen verleiten würden, sähe die Sache ganz anders aus. Die Zahl der Diebstähle von Apple-Geräten steigt nämlich seit Jahren stärker als die Verbrechensrate insgesamt. Im betreffenden Jahr waren es 3.890. Würde man die herausrechnen, so der Pressesprecher Marc La Vorgna, könnte man sogar einen Verbrechensrückgang verzeichnen.[15] Kein Wunder also, dass die New Yorker Polizei sich über jedes Software-Update freut, das Diebe entmutigt. Schließlich vermiesen ihnen die ganzen Diebstähle ihre schöne Statistik.

Mit iOS 7 führte Apple die Aktivierungssperre ein – eine Eigenschaft, die es Dieben schwerer macht. Vor diesem Update konnte man ein gefundenes oder gestohlenes iPhone auf den Urzustand zurücksetzen und selbst nutzen oder verkaufen. Das funktioniert mit iOS 7 nicht mehr so ohne Weiteres. Um »Mein iPhone suchen« zu deaktivieren, das iPhone zu entsperren oder zurückzusetzen, ist jetzt die Eingabe der Apple-ID und des Passworts nötig. Das iPhone oder iPad wird also nutzlos für den Dieb, weil er das Gerät nicht weiterverkaufen kann. Wer kauft schließlich ein gesperrtes und deaktiviertes Gerät?

Die Flugblatt-Aktion der New Yorker Polizei war übrigens nicht der erste Versuch, Diebstähle von Apple-Geräten zu erschweren. So gibt es zum Beispiel ein Programm des NYPD, bei dem man sein Gerät inklusive Seriennummer registrieren kann. Im September 2012 musste man dazu nicht einmal auf einem Polizeirevier vorbeikommen, sondern konnte das direkt beim Kauf erledigen, weil Beamte direkt in den Verkaufsstellen die Registrierungen entgegennahmen.

Leider scheinen alle diese Bemühungen nicht viel gebracht zu haben. 2013 war wieder ein Anstieg der Diebstähle zu verzeichnen. Und natürlich waren wieder iPhone und iPad bei den New Yorker Dieben besonders begehrt. Mehr als 18 Prozent machte Apples Anteil bei Diebstählen mobiler Geräte aus. Genug, dass die New Yorker Polizei diese Diebstähle jetzt sogar gesondert behandelt.[16]

Als Apple-Nutzer sollte man also besonders auf sein Gerät aufpassen, wenn man zu Besuch im Big Apple ist. Denn obwohl Apple nach einem Sprecher des New York City Police Departments wegweisend in den Technologien ist, die helfen, Geräte wieder aufzuspüren, lassen sich die Diebe nicht abschrecken. Die Liebe zu Apple und den wertvollen Geräten ist eben auch bei den New Yorker Dieben stärker als die Vernunft.

60. GRUND

Weil man Windows (und andere Betriebssysteme) darauf installieren kann

Warum sollte man das tun, fragen Sie mich? Ich habe keine Ahnung. Schließlich ist Mac OS X das beste Betriebssystem der Welt. Aber man kann die tolle Hardware dazu missbrauchen, andere Betriebssysteme laufen zu lassen, wie Windows oder Linux-Distributionen.

Linux oder Windows in einem eigenen Fenster laufen lassen: Manchmal lässt es sich nicht vermeiden, man muss ein Programm laufen lassen, dass es wirklich nicht für OS X gibt. Also lädt man die kostenlose, quelloffene Software VirtualBox von *www.virtualbox.org* herunter und installiert ein Windows- oder Linux-Betriebssystem als virtuelle Maschine. Sogar Solaris oder FreeBSD lassen sich installieren. Das Gastsystem läuft dann in einem eigenen Fenster auf dem Mac.

Die Installation dauert zwar etwas länger, als diese paar Zeilen hier zu lesen, funktioniert aber in der Regel erstaunlich gut. Und ist eine gute Lösung, wenn man im Prinzip mit Mac OS X zufrieden ist (und warum sollte man das nicht sein?), aber trotzdem auf ein systemfremdes Programm angewiesen ist.

Windows 7 oder 8 neben OS X auf dem Mac verwenden: Boot Camp ist ein Dienstprogramm, das 2006 zum ersten Mal vorgestellt wurde. Seit Mac OS X 10.5 ist es Bestandteil des Betriebssystems und damit von Haus aus auf jedem Mac installiert. Mit seiner Hilfe können Menschen etwas tun, was ich persönlich nie verstehen werde: Windows auf Apple-Hardware installieren. Ich würde liebend gerne Mac OS X auch auf einem billigen, aber leistungsfähigen No-Name-Rechner installieren, wenn es bei diesen Hackintoshs nicht immer zu Komplikationen käme. Aber umgekehrt? Schauder. Nichtsdestotrotz: Es geht. Der Boot Camp Assistant teilt die Festplatte in eine Mac OS X- und eine Windows-Partition auf und installiert Windows 7 oder 8, wenn gewünscht und ein Installationsmedium vorhanden ist.

Linux vom USB-Stick starten: Mit dem Mac Linux USB-Loader kann man ausprobieren, wie sich ein Linux-System auf dem eigenen Mac machen würde, ohne ein Risiko einzugehen. Einfach das kleine Programm von *sevenbits.github.io/Mac-Linux-USB-Loader/* laden und starten. Es lädt auf Wunsch eine Linux-Distribution wie Ubuntu herunter und installiert diese startfähig auf einem USB-Stick mit ausreichend Kapazität. Mit diesem kann man dann seinen Mac starten, Linux ausprobieren und höchstwahrscheinlich feststellen, dass alles auf den ersten Blick zwar ganz nett aussieht, man aber noch ein bisschen frickeln muss, um zum Beispiel das WLAN-Modul zum Laufen zu bekommen oder eine andere Kleinigkeit. Dann fragt man sich, wozu das alles, startet wieder mit Mac OS X und macht den USB-Stick für andere Aufgaben frei.

Sie sehen: Die Zeiten, in denen man als Apple-Nutzer in einer Nische leben musste und nur spezielle Programme nutzen konnte, sind schon lange vorbei. Heute ist mit dem Mac alles möglich. Sogar die Installation von Windows. Mein Rat an Sie lautet aber trotzdem: Tun Sie es nicht. Lieben Sie Ihren Mac so, wie er ist.

61. GRUND

Weil Apples iOS das benutzerfreundlichste Betriebssystem ist

Hey, das sage nicht ich. Vielmehr ist das das Ergebnis einer Studie des IT-Consulting-Unternehmens Pfeiffer Consulting. In seinem *Pfeiffer Report* (*www.pfeifferreport.com*) vergleicht es die unterschiedlichen Betriebssysteme von Smartphones miteinander und kommt zum Schluss, dass iOS 7 die Ehre und der Titel gebühren, das nutzerfreundlichste Betriebssystem zu sein.

In die Beurteilung flossen unterschiedlichste Faktoren ein, zum Beispiel die kognitive Belastung – einer der Schlüsselaspekte für technisch nicht interessierte Nutzer beim Umgang mit einem Smartphone. Es geht darum, mit wie vielen Elementen man sich vertraut machen muss, bis man ein Betriebssystem intuitiv nutzen kann. iOS 7 schneidet hier zwar etwas schlechter ab als sein Vorgänger iOS 6, aber immer noch viel besser als Hauptkonkurrent Android.

Bei der Effizienz und Integration wichtiger Eigenschaften liegen Android und iOS 7 dann wieder gleichauf, während Windows Phone 8 und BlackBerry 10 ziemlich abgeschlagen sind. Allerdings liegt – Android-Fans haben es geahnt – Android vor iOS 7, wenn es darum geht, das Betriebssystem an die eigenen Vorlieben anzupassen. Aber Apple-Nutzer haben sich ja mehr oder weniger damit abgefunden, dass Apple sowieso besser weiß, was gut für sie ist, und sie nicht mit Konfigurationsmöglichkeiten behelligt, die sowieso nur von wenigen genutzt werden.

Dann gibt es da noch den UXF-Faktor. Die sogenannte User Experience Friction bezeichnet Eigenschaften des Systems, an denen sich der Nutzer reibt, die das Potenzial besitzen, ihn zu nerven oder sogar wahnsinnig zu machen. Als Beispiel führen die Autoren der Studie das Kontrollzentrum des iOS 7 an. Es fasst zwar viele nützliche Einstellungen zusammen, besitzt aber die nervende Eigenschaft, ungewollt aufzupoppen. Android (Samsung), Windows Phone 8 und BlackBerry 10 schneiden hier aber allesamt deutlich schlechter ab als iOS 7 und Spitzenreiter iOS 6.

Zählt man alle Ergebnisse und Faktoren zusammen, landet iOS 7 knapp vor iOS 6 an der Spitze. Der Abstand beider Betriebssysteme vor Android in der Samsung-Variante, BlackBerry 10 und Windows Phone 8 (in dieser Reihenfolge) ist deutlich.

Bevor jetzt ein Aufschrei der Nutzer erfolgt, die mit ihrem Nicht-iOS sehr zufrieden sind: Natürlich kann man so komplexe Dinge wie ein Betriebssystem mit all seinen Faktoren nicht objektiv und für alle verbindlich beurteilen. Das beste Betriebssystem, das für alle die optimale Lösung darstellt, wird es nie geben. Aber die Studie untersucht immerhin anhand nachprüfbarer und ziemlich plausibler Kriterien, welches mobile Betriebssystem dem Normalnutzer wahrscheinlich das angenehmste Erlebnis bietet. Und da unser aller (jedenfalls mein) liebstes iOS am besten abschneidet, kann ich nur zustimmen. Es mag schon sein, dass Android mehr Einstellungsmöglichkeiten bietet, aber es stellt sich die Frage, ob man die im täglichen Gebrauch wirklich benötigt. Für mich stellt jedenfalls iOS 7 nicht nur das nutzerfreundlichste, sondern das beste mobile Betriebssystem dar. Das gilt übrigens auch für das viel gescholtene iOS 7, das eine Menge Nutzer doch ziemlich verstört hat. Aber mittlerweile hat sich die Aufregung gelegt, die Nutzer haben sich an das neue Aussehen gewöhnt. Mit iOS 8 ändert sich kaum noch etwas am Design, nur das Nutzererlebnis soll sich noch einmal deutlich verbessern, besonders im Zusammenspiel mit OS X.

62. GRUND

Weil das iPhone jetzt auch im Mercedes-Benz, Ferrari und Volvo aufs Wort hört

Anfang März 2014 hatte Apple Premiere auf dem Internationalen Auto-Salon Genf. Ein eher ungewöhnlicher Ort für den Smartphone-Hersteller, auch wenn das iPhone schon in vielen Fahrzeugen zu finden ist. Meist wird dabei allerdings nur der Ton über die Fahrzeuganlage ausgegeben, man kann zum nächsten Song springen oder die Lautstärke ändern.

Aber mit Apples Update für iOS 7 soll die Integration viel tiefer gehen als bisher. Schon vor dem 3. März war klar, das Apple eine Art »iOS in the Car« plant, mit der Pressemitteilung wurde etwas klarer, was Apple in Sachen Fahrzeug-Integration als Nächstes vorhat. Die neue Schnittstelle nennt sich CarPlay und soll zunächst in Fahrzeugen von Mercedes-Benz, Ferrari und Volvo integriert werden, die 2014 herauskommen. Später werden auch andere Hersteller CarPlay übernehmen. Apple nennt ganz explizit BMW Group, Ford, General Motors, Honda, Hyundai Motor Company, Jaguar Land Rover, Kia Motors, Mitsubishi Motors, Nissan Motor Company, PSA Peugeot Citroën, Subaru, Suzuki und Toyota Motor Corp.[17]

Laut Apple kann sich der Fahrer vom iPhone holen, was er möchte, sobald sein Wagen über CarPlay mit dem iPhone verbunden ist. Er kann den Sprachsteuerungsknopf im Lenkrad drücken, um Siri zu aktivieren und auf Kontakte zugreifen, sich E-Mails und Nachrichten vorlesen lassen, Antworten diktieren oder einfach zurückrufen.

Auch die Routenplanung soll CarPlay intuitiver machen. Durch die Verzahnung mit Apples Karten können Ziele auf Basis kürzlich vorgenommener Fahrten über Kontakte, E-Mail und Nachrichten vorausgesagt werden. CarPlay stellt dann die optimale Streckenführung, Verkehrsinformationen und die voraussichtliche Ankunftszeit zur Verfügung. Oder man fragt einfach Siri und erhält gesprochene Turn-by-Turn-Anweisungen passend zur Route, die auf dem Display im Wagen angezeigt wird. Auch seine Musik kann man sich von Siri zusammenstellen lassen, wenn man nicht die Steuerungsmöglichkeiten nutzen will, die schon im Fahrzeug eingebaut sind. Dabei unterstützt CarPlay nicht nur Apples eigene Musik-App, sondern auch Drittanbieter wie Spotify und iHeartRadio.

CarPlay soll nach dem Update mit allen iPhones funktionieren, die einen Lightning-Anschluss besitzen. Gut möglich, dass in einigen Jahren CarPlay so zu vielen Fahrzeugen gehört wird wie heute das Autoradio. 2014 aber dürften die CarPlay-Nutzer einen recht exklusiven Klub bilden. Nur in ausgewählten Automodellen wird laut Apple CarPlay 2014 verfügbar sein. Und da, wie schon gesagt, Mercedes-Benz, Ferrari und Volvo den Anfang auf dem internationalen Auto-Salon in Genf machen, dürfte die Investition in ein CarPlay-fähiges Fahrzeug keine kleine sein. Ob das ein Grund ist,

Apple zu lieben? Wohl nur für die Autohersteller. Aber als autofahrender iPhone-Nutzer kann man sich jetzt schon auf die Zeit in ein paar Jahren freuen, wenn CarPlay iPhone und Fahrzeug zusammenbringt und dafür sorgt, dass man seine Augen auf der Straße lassen kann. Als jemand, der in jungen Jahren bei seinem ersten Fahrzeug (einem R4) nach einem Kassettenwechsel unfallbedingt auch den Kotflügel wechseln musste, kann ich nur jede Maßnahme begrüßen, die ablenkungsfreies Bedienen der Multimediakomponente beim Fahren ermöglicht.

4

Musik

»Apple hat mit seinem iTunes Store unsere Einkaufgewohnheiten, was Musik betrifft, grundlegend verändert. Früher stand man stundenlang im Plattenladen, um sich potenzielle Neuerwerbungen anzuhören. Heute öffnet man iTunes und hört sich das in Ruhe zu Hause vor dem Rechner an, bevor man die Stücke, die einen interessieren, mit einem Klick auf seine Festplatte oder seinen mobilen Audioplayer befördert.«

(aus Grund 65: »Weil Apple den Musikmarkt verändert hat«)

63. GRUND

Weil es iTunes gibt

Bei diesem Grund werden einige Nutzer zusammenzucken und die Nase rümpfen, denn iTunes wird nicht von allen geliebt. Gerade PC-Nutzer sind – so hört man – nicht besonders glücklich über die Zwangskoppelung ihrer iPads, iPhones und iPods an Apples Software. Aber auch einige Mac-Verwender würden gern auf iTunes verzichten, weil das Programm immer wieder mal dadurch aufgefallen ist, dass es Rechnerkapazitäten frisst, die Datenbank zerschossen war oder weil sie sich generell an der Abhängigkeit von diesem Funktionsmoloch störten.

Im Laufe der Zeit hat iTunes so viele Funktionen übernommen, dass es weit mehr geworden ist als der Medienplayer aus der Anfangszeit 2001. Damals ähnelte iTunes noch sehr dem Medienplayer SoundJam, der von Apple mitsamt dem ganzen Unternehmen Casady & Greene aufgekauft wurde. An einen iTunes Store dachte damals (außer Steve Jobs vielleicht) noch niemand.

Zunächst konnte man damit vor allem Musik hören, Playlisten erstellen und verwalten, dann seine CDs rippen, also von AIFF ins Platz sparende MP3-Format umwandeln.

2003 wurde dann eine neue Version von iTunes vorgestellt, die erstmals auch für Windows XP verfügbar war. Außerdem eröffnete Apple den iTunes Music Store, in dem man Musik über das Internet kaufen konnte, nicht nur mit dem Mac, sondern auch mit Windows XP. Eine echte Revolution, denn bis dahin hatte es niemand geschafft, den Kauf von Musik über das Internet so einfach zu machen, dass die Menschen das Angebot auch nutzten, statt Musik kostenlos über Tauschbörsen zu teilen. Mit dem iTunes Music Store änderte sich das. Jetzt war es ganz einfach, aus einer Riesenauswahl an Musik auszuwählen, die Songs legal zu kaufen und direkt herunterzuladen. Und die Menschen nutzten das Angebot.

Inzwischen hat Apple das »Music« im Namen gestrichen, schließlich kann man auch Hörbücher, Filme, TV-Serien, Musikvideos, E-Books und Apps für iOS im iTunes Store kaufen und direkt herunterladen. Und iTunes verwaltet all diese Inhalte.

Gerade weil im Laufe der Zeit der Funktionsumfang enorm gewachsen ist, suchen viele Nutzer nach Alternativen, die schlanker sind und weniger System-Ressourcen verbrauchen. Wer zum Beispiel nur sein iOS-Gerät synchronisieren möchte, nur Musik hören will oder ansonsten nur einen Bruchteil der Funktionalität nutzt, der will nicht unbedingt den Funktionsriesen iTunes nutzen. Bei Windows-Anwendern sind darum Programme wie die von CopyTrans sehr beliebt, die nur ein paar Euro kosten und eine Alternative zu iTunes bieten.

Die meisten sind allerdings mit iTunes sehr gut bedient. Der leidige Kopierschutz durch Digital Rights Management (DRM) bei Titeln, die im iTunes Store gekauft wurden, gehört mittlerweile auch der Vergangenheit an. Man kann alle Songs ohne DRM kaufen und auf beliebig vielen Geräten verwenden. Man kann intelligente Playlisten erstellen, sich durch die Genius-Funktion automatisch Playlisten auf der Grundlage eines bestimmten Songs zusammenstellen lassen, iOS-Apps, Filme und TV-Serien kaufen.

Hat man ein Apple TV an seinen Fernseher angeschlossen, kann man zudem Songs, Filme und Serien von iTunes aus direkt an sein TV-Gerät schicken. Aber das ist ein eigenes Kapitel.

Festzuhalten bleibt: iTunes hat im Laufe der Zeit immer wieder Nutzergewohnheiten und -verhalten umgekrempelt. Es hat dazu geführt, dass Menschen Musik im Internet kauften, statt sie illegal auf Tauschbörsen herunterzuladen. Danach kamen Apps, Filme und Serien. Heute ist iTunes *das* Programm, um seine gesamten Medien (Filme, Serien, Musikvideos, Lieder und Alben) zu kaufen, zu verwalten, zu betrachten und anzuhören. (Zum reinen Verwalten und Konsumieren kann man allerdings auch sehr gut die freien Programme XBMC oder Plex nutzen.)

Über iTunes U kann man sich sogar weiterbilden und Videokurse von Universitäten der ganzen Welt ansehen – auch von deutschen Hochschulen.

Insgesamt also ein unglaublich umfangreiches und vielseitiges Programm, dazu noch kostenlos für PC und Mac. Unter *www.apple.com/de/itunes/download/* herunterladbar.

64. GRUND

Weil Apple Musikgeschmack beweist und Songs in die Charts bringt

Apple hat nicht nur mit iTunes den Musikmarkt revolutioniert, sondern beweist auch bei der Musikauswahl für seine Werbespots ein gutes Händchen – oder vielmehr Öhrchen. Regelmäßig schaffen es Songs, die Werbespots für Apple-Produkte untermalen, in die Charts.

Von der in Frankreich geborenen Yael Naïm zum Beispiel hatte in Deutschland kaum jemand etwas gehört, obwohl sie in Frankreich, Belgien und der Schweiz schon einmal in den Charts vertreten war. Aber so richtig international ging es erst mit Apple los. Ihr Song *New Soul* wurde 2008 als Musik für den TV-Spot zum damals neuen MacBook Air bekannt. Und zwar schlagartig. In den USA stieg er direkt in die Top 10 der Hot 100 des Billboard-Magazins ein, die als die wichtigsten US-amerikanischen Singlecharts gelten.

Auch im Vereinigten Königreich, in Frankreich, der Schweiz, Österreich und Deutschland kamen Single und Album in die Charts. Alles nur, weil die federleicht gehauchte Melodie das MacBook Air dabei begleitete, wie es aus dem Umschlag schwebte.

Yael Naïm war aber weder die erste noch die einzige Künstlerin, die in den Charts durchstartete, weil ein Lied von ihr als Untermalung eines Apple-Werbespots diente. Die englische Version der Wikipedia (leider nicht die deutsche) listete fast 550 Songs auf, die zwischen 1984 und 2013 von Apple verwendet wurden. Allerdings nicht nur für TV-Spots, sondern auch für Keynotes, die Präsentationen, auf denen Apple jedes Jahr neue Hard- oder Software vorstellt.

Leider gibt es den Artikel nicht mehr, er wurde im Februar 2014 von einem Wikipedia-Autoren gelöscht. Auf der Suche nach Ersatz bin ich zum Glück auf *AppleMusic.info* gestoßen. Auch hier sieht man: Die Bandbreite der von Apple verwendeten Musik ist erstaunlich groß. Nicht nur relativ unbekannte Künstler wie Yael Naïm oder heiße Newcomer wie die schottische Band The Fratellis, die mit ihrem Song *Flathead* 2007 den Spot für iTunes und iPod untermalten, sind dabei, sondern auch Klassiker wie Bob Dylan (mit *Someday Baby* 2006) und Chartgrößen wie Coldplay (2008 mit *Viva la Vida*).

Insgesamt ist die Liste der Künstler ziemlich beeindruckend. Und viel zu umfangreich, um sie hier alle aufzuzählen. Deshalb nur stellvertretend ein paar Namen, die auftauchen, um zu zeigen, dass sich Apple nicht nur auf Rock und (potenzielle) Chart-Hits beschränkt, sondern einfach immer die Musik wählt, die am passendsten scheint.

Maria Callas ist vertreten, Bruno Mars, Lady Gaga, Foo Fighters, Big Joe Turner, Lily Allen, Adele, und, und, und. Die komplette Liste findet man inzwischen – wie gesagt – auf *AppleMusic.info*.

Wenn man sieht, welche große Rolle Musik für Apple offensichtlich schon immer gespielt hat, wundert es einen nicht mehr so sehr, dass ein ehemals reines Computerunternehmen die Musikindustrie so verändert hat. Die Art, wie wir Musik hören und kaufen, hat sich seit iTunes doch radikal gewandelt.

65. GRUND

Weil Apple den Musikmarkt verändert hat

Können Sie sich noch an die Zeit erinnern, als die Langspielplatte das führende Musikmedium war? Das dürfte so in den Achtzigerjahren des letzten Jahrhunderts gewesen sein. Ich kann mich daran erinnern, meine letzte Schallplatte (heute sagt man »Vinyl«) 1991 gekauft zu haben. Es handelte sich um *Nevermind* von Nirvana, und die LP kostete satte zehn DM weniger als die CD. In den folgenden Jahren wurde es immer schwieriger, Plattenläden aufzutreiben. Die meisten verkauften fast nur noch CDs. Und heute? Heute ist selbst die CD schon oldschool.

Apple hat mit seinem iTunes Store unsere Einkaufgewohnheiten, was Musik betrifft, grundlegend verändert. Früher stand man stundenlang im Plattenladen, um sich potenzielle Neuerwerbungen anzuhören. Zwischen den Vorlesungen, in der Mittagspause – so viel Zeit musste sein. Heute öffnet man iTunes (oder mittlerweile auch Amazon) und hört sich das in Ruhe zu Hause vor dem Rechner an, bevor man die Stücke, die einen interessieren, mit einem Klick auf seine Festplatte oder seinen mobilen Audioplayer befördert.

Man muss auch kein ganzes Album mehr kaufen, weil einem zwei oder drei Stücke darauf gefallen. Während zu Vinyl-Zeiten die Hit-Single noch ein Drittel des Albums kostete, klickt man sich heute den interessanten Song für 99 Cent.

Jetzt mögen manche den alten Zeiten hinterhertrauern, aber ich erinnere mich noch genau, wie ich mir als Kind vorstellte, wie toll es doch wäre, wenn man seine Lieblingslieder auch unterwegs hören könnte. Einfach immer, wann man wollte.

Der Walkman war eine ziemliche Offenbarung, mit dem kam man diesem Ziel schon relativ nah. Aber erst der MP3-Player und vor allem der iPod machten den Traum wahr. Heute zeigt meine iPod-Bibliothek rund 52 GB und eine ununterbrochene Spieldauer von 23 Tagen an. Und diese Mediathek kann ich immer bei mir führen und hören, was ich gerade möchte.

Spotify und Co. bringen viele dazu, Musik nicht mehr zu kaufen, sondern vielmehr zu mieten oder zu abonnieren. Allerdings macht man sich damit von einem Anbieter abhängig. Ich persönlich zahle lieber die 25 Euro im Jahr für iTunes Match, um auf allen Rechnern und Geräten auf meine komplette Musikbibliothek zugreifen zu können. Egal, an welchem Rechner ich gerade eine CD gerippt habe. Falls ich mein Spotify-Abo kündige, weil mir der Dienst zu teuer wird, habe ich nichts. Beende ich mein iTunes-Match-Abo, habe ich immer noch meine gesammelte Musikbibliothek.

Dabei müsste ich noch nicht einmal mehr eine CD kaufen und diese dann in eine digitale Datei umwandeln, um sie auf meinen Audioplayer zu spielen, ich könnte sie ja direkt als digitale Version laden. Oder, wenn ich so altmodisch bin und die CD in der Hand halten oder ins Regal stellen möchte, ich bestelle bei Amazon ein AutoRip-Album, bei dem ich die MP3-Version des Albums sofort herunterladen und anhören kann, während die CD ein paar Tage später bei mir im Briefkasten liegt.

All diese Veränderungen sind nicht allein das Verdienst von Apple, aber ohne Apple und seinen iTunes Music Store, der 2003 an den Start ging, hätte diese Entwicklung mit Sicherheit um einiges länger gedauert und wir wären noch längst nicht so weit wie heute.

66. GRUND

Weil es iTunes Match gibt

Wenn es sonst keinen guten Grund gäbe, iTunes zu nutzen – iTunes Match ist einer. Bei iTunes Match handelt es sich um einen Service von Apple, der 24,99 Euro im Jahr kostet, die sich bezahlt machen. Denn durch diese vergleichsweise geringe Summe hat man auf bis zu zehn Geräten (Rechner, iPod, iPad, iPhone) Zugriff auf seine gesamte Musiksammlung, solange darin nicht mehr als 25.000 Titel gespeichert sind. Das dürfte für die meisten allerdings locker ausreichen. Meine eigene Sammlung umfasst bisher weniger als 8.000 Titel, ist 52 GB groß und reicht für 23 Tage ununterbrochenen Hörens. Auch wenn noch nicht alle CDs digitalisiert sind, bleibt noch einiges an Luft.

Denn das ist das Besondere an iTunes Match. Nicht nur Titel, die man im iTunes Store kauft, werden integriert, sondern selbst CDs, die man schon vor langer Zeit digitalisiert hat. Um eine CD auf seinem iPhone oder iPod zu hören, reicht es, sie an einem der Rechner zu rippen, die man für iTunes Match registriert hat. Das neue Album wird dann an Apples Server gesendet und mit der vorhandenen Musik abgeglichen. Bei Mainstream-Titeln ist es mit ziemlicher Sicherheit schon auf Apples Servern vorhanden, bei exotischen Aufnahmen muss das Album erst hochgeladen werden.

Hat man viele solcher Titel, sollte man den Rechner beim ersten Aktivieren für iTunes Match ruhig über Nacht anlassen, das Abgleichen kann dann schon mal ein paar Stunden dauern – aber nur beim ersten Mal. Ein neu digitalisiertes Album erscheint in jedem Fall kurz danach auf dem iPhone und kann angehört werden.

Besonders schön für Nutzer mit großen Mediatheken und wenig Speicherplatz auf dem mobilen Gerät: Man muss die Titel nicht herunterladen, sondern kann sie auch streamen, hat also beispielsweise auch mit einem 16-GB-iPhone Zugriff auf 60 GB Musik. Seine Lieblingssongs kann man aber auch herunterladen, um sie jederzeit auch ohne Internetverbindung anhören zu können. Bei Spotify und ähnlichen Streaming-Diensten kostet das rund zehn Euro im Monat. Bei iTunes Match ein Fünftel. Und es ist die eigene Musik. Heruntergeladene Titel kann man auch nach Ablauf des Abos weiterhören.

Ein weiterer Vorteil von iTunes Match ist die Qualität der Titel. In den Anfangszeiten hieß es, ein Rip mit 128 kbit/s würde völlig ausreichen. Hat man das mit einer CD gemacht, die in der Zwischenzeit verschüttgegangen ist, ärgert man sich jetzt über die mangelnde Qualität. iTunes Match aber tauscht solche minderwertigen Dateien online gegen AAC-Dateien mit 256 kbit/s aus.

Vorteil Nr. 3: Auch Dateien, die von geliehenen CDs stammen, werden so zu eigenen Titeln. Diese sollte man allerdings nicht weiterverteilen. Denn Dateien, die einmal via iTunes Match in die

Cloud herauf- und danach wieder heruntergeladen wurden, enthalten einen Hinweis darauf, mit welcher Apple-ID sie verknüpft sind. Man sollte also darauf achten, dass solche Dateien mit der eigenen Apple-ID nicht in irgendwelchen Tauschbörsen landen.

Insgesamt gesehen ist iTunes Match eine tolle Möglichkeit, seine komplette Auswahl an eigenen Alben jederzeit auf bis zu zehn Geräten anhören zu können. Allerdings nur auf Rechnern mit iTunes und auf iOS-Geräten. Aber andere kommen für Liebhaber von Apple ja auch gar nicht infrage.

67. GRUND

Weil mit Apples GarageBand jeder Musik und Podcasts produzieren kann

Als Werbetexter habe ich den Siegeszug des Macs bei der Audioproduktion von Werbespots am Rande mitbekommen. Musste man bei meinem ersten Besuch im Tonstudio noch Magnetbandstreifen auf »Bobbys« genannte Kerne wickeln, standen kurz danach Atari-Rechner in den Produktionsräumen – wahrscheinlich Atari ST mit MIDI-Interface. Vielleicht war das erste Tonstudio, das ich besuchte, auch nur etwas altmodisch und die anderen auf der Höhe der Zeit. Jedenfalls dauerte die Atari-Phase in meiner Erinnerung nicht sehr lange. Bald standen überall nur noch Apple-Rechner in den verschiedenen Tonstudios, die ich eine Zeit lang regelmäßig zur Funkspot-Produktion besuchte. Der Mac entwickelte sich vom Grafik- zum Multimediarechner weiter.

2002 kaufte Apple die deutsche Firma Emagic, die die Musiksoftware Logic für Mac und Atari ST, später auch für Windows entwickelt hatte. Atari gab es zu dem Zeitpunkt nicht mehr, und die Windows-Version der Software stellte Apple nach dem Kauf ein. Pech für die Windows-Nutzer, Glück für Apple-Fans. 2004 stellte Apple GarageBand vor, eine umfassende Anwendung zur Musikproduktion, die auf den Technologien Emagics basiert. GarageBand ist zwar weniger für den Profi als vielmehr für den Heimanwender gedacht. Aber der kann dafür wirklich umfangreiche Audioprojekte damit stemmen.

Aufnehmen, mixen, mastern: GarageBand ist ein komplettes Studio in einem Programm. Bis zu 255 Audiospuren lassen sich mit der Mac-Version erzeugen, bearbeiten und abmischen. Auch für iOS ist GarageBand verfügbar, immerhin mit bis zu 32 Spuren. Man kann über ein USB-Mikro oder über zusätzliche MIDI-Hardware Stimme und Instrumente aufnehmen, bearbeiten und mit Effekten versehen. Es gibt Loops, Gitarren- und Bass-Verstärker inklusive Effektgeräten, virtuelle Schlagzeuger bei der Mac- sowie Drum Machines bei der iOS-Version geben den Rhythmus vor. Dabei ist das rund 750 MB große Programmpaket in der Grundversion kostenlos. Will man alle Sounds, Loops und Drummer freischalten, zahlt man einmalig 4,49 Euro – auch nicht gerade die Welt.

Falls es mit den eigenen Instrumentenkünsten noch etwas hapert, kann man im GarageBand-Store außerdem Künstlerübungen buchen.

Projekte, die man mit GarageBand für iOS begonnen hat, lassen sich in der iCloud speichern und mit GarageBand für Mac fortsetzen. Und natürlich kann man seine Songs auch in die iTunes-Mediathek exportieren oder per SoundCloud mit anderen teilen. Insgesamt ist GarageBand für Mac und iOS eine gelungene Kombination für alle, die ihre musikalischen Ideen unterwegs festhalten und ihnen später den letzten Schliff geben wollen.

Und für diejenigen, denen das dann doch alles zu viel ist, oder die keine musikalischen Ambitionen besitzen, hat Apple noch die einfache Möglichkeit eingebaut, Klingeltöne zu erstellen. Man kann sich einfach aus den vorhandenen Loops und Sounds einen unverwechselbaren Klingelton zusammenstellen oder aber die besten Stellen aus Lieblingsstücken heraus- und zurechtschneiden. Die Einzigen, die sich nicht über die neueste Version freuen werden, sind Podcaster. Denn die Möglichkeit, Podcasts mit Kapitelmarken, eingebetteten Bildern und bestimmten Effekten zu versehen, ist in der Version für Mavericks weggefallen. Zum Glück überschreibt diese Version die alte auf dem Mac aber nicht, sodass man beide nebeneinander betreiben kann, um die Vorteile beider Versionen mitzunehmen. Für Musiker ist das neue GarageBand auf jeden Fall ein Grund, Apple zu lieben.

5

Kurioses

»Apple legt im Softwarelizenzvertrag einige Bedingungen zur Nutzung von iTunes fest, mit denen wohl kaum einer gerechnet hätte. Wörtlich: ›… erklären Sie, dass Sie die Apple-Software nicht für Zwecke jeglicher Art verwenden werden, die nach US-amerikanischen Gesetzen verboten sind, einschließlich insbesondere Entwicklung, Planung, Fertigung und Produktion von Raketen, nuklearen, chemischen oder biologischen Waffen.‹ Wie bitte? Jetzt darf man als Superschurke beim Bau seiner unglaublich hinterhältigen und tödlichen Massenvernichtungswaffe nicht einmal seine Lieblingssongs auf iTunes hören? So einfach ist es, die Welt zu retten. Apple denkt eben an alles.«

(aus Grund 71: »Weil Apple Superschurken laut Nutzungsbedingungen verbietet, seine Produkte für unerlaubte Zwecke zu nutzen«)

68. GRUND

Weil alte Apple-Rechner noch tolle Aquarien, Briefkästen und Katzenkörbchen abgeben

Was macht man mit alten PCs? Man bringt sie zum Elektroschrott und ist froh, wenn man nicht noch Geld dafür bezahlen muss, sie loszuwerden. Was macht man mit alten Apple-Rechnern? Man baut sie detailverliebt und in vielen Arbeitsstunden um. Zu Aquarien, iPad-Haltern, Briefkästen, Katzenkörbchen und mehr. So erfreuen die lieb gewonnenen Design-Ikonen in ihrem zweiten Leben ihren alten Besitzer – oder einen neuen – noch, nachdem sie als Rechner längst nicht mehr auf dem neuesten Stand der Technik sind.

Jake Harms zum Beispiel verkauft Aquarien für rund 300 US-Dollar, die er aus alten iMac-Gehäusen bastelt und iMacAquarien nennt. Wer noch einen alten iMac G3 im Keller stehen hat und selbst Hand anlegen will – schließlich sagt man Apple-Fans ja überdurchschnittliche Kreativität nach –, kann bei ihm auch einen iMacAquarium-Bausatz für rund 190 US-Dollar bestellen, mit dem man seinen iMac in ein Aquarium verwandeln kann, das mit Sicherheit ein Hingucker ist.

Aber man muss gar nicht in die USA, um Fans zu finden, die alten Macs neues Leben einhauchen. In Deutschland kann man sich bei Klaus Diebel einen iMac RMS (Real Media Server) bestellen. Dabei handelt es sich um einen iMac G3, der zum Briefkasten umgebaut wurde. Er fasst Pakete bis 28x21x20 Zentimeter und ist aufwendig umgebaut, um Wind und Wetter trotzen zu können. Die oberen Lüftungsöffnungen sind mit Kunstharz ausgegossen, alle Spalten mit Silikon abgedichtet. Bringt man den eigenen Mac mit, zahlt man knapp 300 Euro, ansonsten muss man je nach Farbe noch zwischen 30 und 150 Euro drauflegen.

Der Rechner wird komplett demontiert, dann reinigt Klaus Diebel die Gehäuseteile und passt eine Bodenplatte aus Acrylglas ein sowie eine Frontklappe mit Magnetverschluss, die die ursprüngliche Glasscheibe ersetzt. Die wird noch mit einem Schreibtisch-Bild bedruckt und mit einer schützenden Laminatfolie versehen, damit der iMac auch aussieht, wie man es erwartet. Auch eine iMac Coffee Edition hat der Bastler im Programm, bei der er eine 1-Tassen-Kaffeemaschine in einen iMac G3 eingebaut hat.

Andere Apple-Fans verwandeln die Gehäuse der iMac-G3-Rechner in Katzenkörbchen, die sie zu Preisen zwischen 129 und 229 US-Dollar auf der Online-Plattform Etsy verkaufen. Für einen Apple findet sich eben immer ein Abnehmer. Auch ein alter Mac Classic (der mit dem schwarz-weißen Neun-Zoll-Bildschirm) oder ein ausrangiertes iBook lässt sich modifizieren. Im Internet findet man Bilder von ebendiesen Rechnern, die mittlerweile als iPad-Halter dienen. Wo früher der Bildschirm der Rechner war, ist jetzt Platz für das iPad.

Die Beispiele zeigen, dass die Kreativität der Apple-Fans keine Grenzen kennt, wenn es darum geht, die ausgedienten Rechner, die über Jahre treue Dienste geleistet haben, einer neuen Daseinsberechtigung zuzuführen.

69. GRUND

Weil Apple die Farbe Weiß cool gemacht hat

Die Farbe Weiß war noch bis vor einigen Jahren eine reine Funktionsfarbe, die nichts mit Image oder Coolness zu tun hatte.

Man sah sie eigentlich nur bei Raufasertapeten, auf Hochzeiten oder im Werbefernsehen beim berühmten Experten im weißen Kittel. Maler, Bäcker und Ärzte im Fernsehen trugen Weiß.

Ein weißes Auto? Natürlich ein Lieferwagen. Jedenfalls war das bis vor wenigen Jahren noch der Fall. Heute sieht man weiße Autos vom Oberklasse-SUV bis zum Sportwagen.

Meine These: Das liegt vor allem an Apple. Bis 2002 setzte Apple mit seinem iMac G3 vor allem auf knallige Farben. Unter den 13

Versionen gab es zwar auch schon einen weißen iMac, aber der fiel kaum auf. Dann kamen in kurzem Abstand der iMac G4 und der eMac (education Mac, für Schulen und Universitäten) auf den Markt – beide ganz in Weiß. Der iMac G4 war der erste iMac mit Flachbildschirm. Laufwerk, Festplatte und Motherboard waren im halbkugelförmigen Fuß untergebracht. Das außergewöhnliche Design brachte diesem iMac der zweiten Generation auch den Namen »Nachttischlampe« oder »Germknödel« ein. Das auffällige Design verdeckte die Tatsache, dass dieser iMac nicht mehr in etlichen Farbvarianten zu haben war.

Das Design überlebte nur zwei Jahre, bis zur dritten iMac-Generation, aber die Konzentration auf die Farbe Weiß blieb erhalten. Erst mit der fünften iMac-Generation 2007 wurde der weiße Kunststoff durch Aluminium an der Frontseite und eine schwarze Rückseite ersetzt.

Schwarz sollten auch eigentlich die inzwischen berühmten weißen iPod-Kopfhörer sein, jedenfalls, wenn es nach fast jedem aus dem Entwicklerteam gegangen wäre. Kein Wunder. Schließlich wird Schwarz schon immer mit Coolness assoziiert. Nur Steve Jobs und Apples Chefdesigner Jony Ive bestanden auf weißen Kopfhörern, wie man in der Steve-Jobs-Biografie von Walter Isaacson nachlesen kann.

Jony Ive hatte die Idee eines reinweißen iPods, inklusive Kopfhörern und Kabel. Und Steve Jobs verstand sofort, was er meinte. Nur durch die Farbe Weiß konnte sich der iPod auf den ersten Blick von den bereits existierenden MP3-Playern abheben und zu der Ikone werden, die er heute ist.

In Walter Isaacsons Buch wird Jony Ive zitiert, der erklärt, warum er die Farbe Weiß so liebt. Weiß sei nicht nur eine neutrale Farbe. Es sei rein und still, gleichzeitig unauffällig und sehr hervorstechend.

Die vergangenen Jahre haben ihm recht gegeben. Der weiße iPod mit seinen weißen Kopfhörern ist extrem cool geworden, und seine Coolness hat auf die Farbe Weiß abgefärbt.

Deswegen sehen wir jetzt nicht nur viele andere Kopfhörer und elektronische Gadgets in der reinen Farbe Weiß, sondern seit Ende 2006 auch zunehmend Neuwagen. Im Jahr 2011 hat Weiß weltweit Schwarz als beliebteste Autofarbe abgelöst.

Und woran liegt's? An Apple, dem ehemaligen Computerunternehmen, das in den letzten Jahren gleich mehrere Industrien revolutioniert hat. Den Markt der MP3-Player wie der Smartphones, die Art, wie wir Musik hören und kaufen, und um einige Ecken auch den Automarkt, auf dem Weiß auf einmal ziemlich cool ist – und keine Farbe mehr für Lieferwagen.

70. GRUND

Weil Apple selbst Kieferorthopäden cool macht

Der Beruf des Kieferorthopäden erfordert mit Sicherheit Fachwissen und birgt hohe Verdienstmöglichkeiten in sich. Aber die Nennung dieses Berufs wird wohl nur selten ein bewunderndes »Kieferorthopäde? Cool!« auf die Lippen des Gegenübers beim Party-Small-Talk zaubern. Selbst geknechtete Web-Designer oder Daily-Soap-Autoren haben da bessere Chancen.

Auf den ersten Blick ist ja auch nichts Glamouröses daran, in den weit aufgerissenen Mündern von Halbwüchsigen herumzufuhrwerken, um deren Zahnfehlstellungen durch Draht und Brackets zu korrigieren.

Aber als Kieferorthopäde mit eigener Praxis kann man auf eine Geheimwaffe zurückgreifen, die nie versagt: Apple! Beim ausnehmend gut gestylten Kieferorthopäden meiner vier Töchter zum Beispiel sind ausschließlich schlanke iMacs der neuesten Bauart mit 27 Zoll Bildschirmdiagonale zu sehen.

Nichts anderes würde auch in die Praxis passen, vor deren Eingang ein eigens angefertigtes Kunstwerk steht, das als Logo auch den Newsletter der Praxis schmückt. Hier atmet alles Stil und

Geschmack, hier werden keine kariesschwarzen Löcher grob ausgebohrt und mit Ersatzmaterial gefüllt, hier werden diffizile ästhetische Korrekturen vorgenommen. Natürlich muss so eine Praxis mit Apple-Rechnern ausgestattet sein, alles andere wäre uncool, rein zweckgebunden.

Apple hat es geschafft, dass Rechner nicht (allein) wegen ihrer Leistungsfähigkeit gekauft werden, sondern weil sie toll aussehen und den Coolness-Faktor einer Einrichtung heben.

Ein Apple-Rechner ist ein Stück gehobenes Interieur, kein schnödes Werkzeug. Apple baut eben Geräte, die nicht nur funktionieren, sondern die man auch gerne betrachtet. Und weil sich Apple-Rechner dank Intel-Prozessoren und der Software Boot Camp auch mit Windows starten lassen, haben sie den Sprung geschafft. Heraus aus den Werbeagenturen in die Arbeitsräume von anderen Berufsgruppen, die Wert auf Design und eine ordentliche Portion Coolness legen. Wie zum Beispiel die Praxen von Kieferorthopäden.

71. GRUND

Weil Apple Superschurken laut Nutzungsbedingungen verbietet, seine Produkte für unerlaubte Zwecke zu nutzen

Bei jeder Neuinstallation und jedem Update von iTunes dasselbe: Es öffnet sich ein Fenster mit dem Softwarelizenzvertrag für iTunes, den man natürlich nicht liest. Schließlich will man ja direkt loslegen und alle neuen Features testen. Beziehungsweise will man ja gerade nicht lesen, sondern einen Film sehen oder Musik hören. Also klickt man auf »akzeptieren« (weil man iTunes sonst nicht nutzen könnte) und hofft, keine allzu schroffen Bedingungen hingenommen zu haben.

Vielleicht sollte man sich aber doch mal die Mühe machen, genauer hinzuschauen, denn Apple legt im Softwarelizenzvertrag einige Bedingungen zur Nutzung von iTunes fest, mit denen wohl kaum einer gerechnet hätte. Wörtlich schreibt Apple in seinen iTunes-Nutzungsbedingungen:

»... erklären Sie, dass Sie die Apple-Software nicht für Zwecke jeglicher Art verwenden werden, die nach US-amerikanischen Gesetzen verboten sind, einschließlich insbesondere Entwicklung, Planung, Fertigung und Produktion von Raketen, nuklearen, chemischen oder biologischen Waffen.«

Aääh, wie bitte? Jetzt darf man als Superschurke, der die Weltherrschaft an sich reißen will, beim Bau seiner unglaublich hinterhältigen und tödlichen Massenvernichtungswaffe nicht einmal seine Lieblingssongs auf iTunes hören oder sich bei einem der aus Kino und TV bekannten Superschurken Anregungen holen? Wie soll man denn eine ordentliche Nuklearrakete zusammenbasteln oder ein tödliches Killervirus züchten, wenn man nicht einmal seine böse Kreativität mit Easy Listening oder norwegischem Death Metal als Hintergrundmusik ankurbeln kann? So einfach ist es, die Welt zu retten. Apple denkt eben an alles. Während Google sich nur selbst »Don't be evil« auf die Fahnen geschrieben hat, sorgt Apple auch dafür, dass andere nicht böse sind. Jedenfalls nicht, wenn sie iTunes nutzen wollen.

Natürlich muss man sich die Frage stellen, inwieweit jemand, der gesetzeswidrig Waffen entwickelt, plant oder produziert, sich an die Vorgaben von Apple zu halten bereit ist. Die Chancen, dass solche Leute ihr Tun dann aufgeben, sind wohl eher gering einzuschätzen. Trotzdem nett, dass Apple es wenigstens versucht.

Falls Sie es nicht fassen können und sich lieber selbst vom Wortlaut überzeugen wollen: Man kann diese und alle anderen Bedingungen ganz einfach nachlesen, indem man iTunes im Finder auswählt, die rechte Maustaste drückt und im aufklappenden Kontextmenü den Punkt »Paketinhalt zeigen« anklickt. Daraufhin öffnet sich ein Fenster mit dem Ordner »Contents«. In dessen Unterunterordner Resources/German.lproj liegt die RTF-Datei »License.rtf« mit dem deutschen Softwarelizenzvertrag für iTunes. Ein

Doppelklick darauf genügt, und es öffnet sich Apples hauseigene Textverarbeitung TextEdit.

72. GRUND

Weil es die Datingseite Cupidtino.com gab

Ohne Witz: Es gab wirklich einen Online-Datingservice nur für Apple-Nutzer. Der Titel der Seite sagte alles: »Meet an Apple fanboy or girl.« 4,79 US-Dollar kostete die Mitgliedschaft monatlich, festgemacht am Preis eines Venti Mocha Light im Starbucks in Cupertino.

Das Schreiben von Nachrichten war dabei kostenlos, nur zum Lesen musste man zahlendes Mitglied sein. Antwortete man aber auf eine Nachricht, konnte der Angeschriebene die bestehende Konversation auch lesen, ohne selbst noch einmal in die Tasche greifen zu müssen.

Auch der Name nahm Bezug auf Apples Hauptquartier. »Cupidtino« ist ein Kofferwort, zusammengesetzt aus dem Namen des Liebesgottes Cupido und Apples Hauptsitz Cupertino.

Es gab eine kostenlose App für iOS, weil man als echter Apple-Fan sein iPhone oder iPad natürlich immer dabeihat. Und auf der Website wurden die Neuzugänge unter dem Titel »Newest Machearts« vorgestellt, wobei man ohne Anmeldung nicht mehr zu sehen bekam als das Profilfoto und die Auskunft, ob der Neuzugang an Männern oder Frauen interessiert war.

Die Seite sah sogar aus, als könnte sie von Apple selbst stammen, weshalb die Macher denn auch sicherheitshalber in einer kleingedruckten Fußzeile darauf hinwiesen, dass Cupidtino in keiner Weise mit Apple verbunden sei oder von Apple unterstützt werde.

Und was sollte das Ganze jetzt? Ist die Nutzung von Hard- und Software eines bestimmten Herstellers tatsächlich ein so wichtiges verbindendes Element, dass Beziehungen darauf aufgebaut werden können?

Cupidtino selbst wies darauf hin, dass iTunes integriert sei und man seinen Geschmack in so wichtigen Dingen wie Musik und Filmen zeigen könne. Außerdem habe man als Apple-Fan in der Regel viele Dinge gemeinsam, nicht nur die Liebe zu den Rechnern, Smartphones und Tablets aus Cupertino.

»We're packed with designers, photographers, musicians, and tons of creative types.« Auf Cupidtino träfen sich also Fotografen, Musiker und ein ganzer Haufen kreativer Leute. Diese Argumentation erinnert ein bisschen an »Akademiker und Singles mit Niveau«, die eine andere Dating-Seite als ihre Klientel hervorhebt.

Das galt vielleicht einmal in den Neunzigerjahren des letzten Jahrhunderts, als Macs außerhalb von Tonstudios, Werbe- und Designagenturen kaum anzutreffen waren. Aber heutzutage? iPads, iPhones und auch die Rechner haben sich weit über die ursprüngliche Kernzielgruppe »Kreative« hinaus verbreitet. Apple-Gadgets werden heute schließlich nicht nur von hippen Mitgliedern der Werbe- und Musikszene benutzt, sondern auch gerne von Senioren, die einfach keine Lust darauf haben, sich zuerst umfangreiches Technikwissen aneignen zu müssen.

Angesichts dieser Tatsache schon erstaunlich, dass eine Seite wie *Cupidtino.com* über Jahre hinweg existieren konnte. Offensichtlich gab es doch genug Apple-Nutzer, die das Klischee des Kreativen gerne erfüllten. Oder die ihre übergroße Liebe zu Apple-Produkten auch bei der Partnerwahl über andere Kriterien stellten. Allerdings ist die Seite in der Zeit zwischen dem Verfassen dieses Grundes und dem Druck des Buches offline gegangen, die Domain steht zum Verkauf. Anscheinend reicht die übergroße Liebe zu Apple-Produkten auf Dauer doch nicht als Existenzberechtigung für eine Dating-Seite aus.

73. GRUND

Weil iOS 7 iPhones wasserdicht macht

Glauben Sie nicht? Sie zweifeln ernsthaft daran, dass Apple es schafft, durch ein Softwareupdate ein iPhone vor Wasserschaden zu schützen? Sie haben natürlich recht. Auch Apple kann nicht alle Naturgesetze aushebeln.

Der Glaube einiger Fans an die Entwickler bei Apple allerdings war größer als ihre Physik-Kenntnisse. Sie haben ihr volles Vertrauen in die Fähigkeiten des Unternehmens gesetzt und sind leider auf eine fingierte Anzeige hereingefallen, die ein boshafter Nutzer der Seite *4chan* ins Netz gestellt hatte, als 2013 das neue iOS 7 herauskam.

Die erste Reaktion auf so eine Ankündigung müsste natürlich »Quatsch« lauten, aber die Abbildung des iPhones, das äußerst fotogen ins Wasser klatschte, war sehr professionell, und auch die Begründung hörte sich halbwegs plausibel an.

Angeblich sollte das neue Betriebssystem in der Lage sein, das iPhone blitzschnell abzuschalten, sobald Wasser ins Gehäuse drang. Dadurch sollte verhindert werden, dass die empfindlichen Schaltkreise durch Wasser Schaden nehmen. Natürlich würde die neue Eigenschaft durch Apples Garantiebedingungen abgedeckt.

Alle Aktivitäten, die potenziell zum vorzeitigen Ableben eines elektronischen Geräts führen könnten, sollte man sich sehr gut überlegen. Leider scheint sich aber bei einigen Apple-Nutzern der rationale Teil der Persönlichkeit zur Ruhe zu begeben, sobald es um das geliebte Gadget mit dem Apfel-Logo geht. So gab es offensichtlich doch tatsächlich einige wenige leichtgläubige Apple-Gläubige, die dieses neue coole Feature sofort ausprobieren mussten.

Diese allerdings wurden bitter enttäuscht. Hätten sie doch besser vorher noch einmal auf der offiziellen Apple-Seite nachgeschaut, nur zur Sicherheit. Auf Twitter machten einige von ihnen ihrer Verbitterung unverblümt Luft. Allerdings schimpften sie nicht auf

Apple, sondern auf diejenigen, die ihnen weisgemacht hatten, durch iOS 7 würde ihr iPhone wasserdicht.

Was lernen wir daraus? Der Glaube einiger Fans an die Fähigkeiten der Apple-Entwickler ist grenzenlos, ihre Liebe unverbrüchlich. Und wie singt Nena schon: Liebe fragt nicht. Oder, um zur Religion zu wechseln: Credo, quia absurdum est: Ich glaube, weil es unvernünftig ist.

Dieses Kapitel zeigt vor allem, dass man über aller begründeten Liebe nicht vergessen sollte: Auch Apple baut nur ganz normale elektronische Geräte. Die Komponenten kommen dazu noch von anderen Herstellern wie Samsung, Qualcomm, Texas Instruments oder SanDisk. Lauter bekannte Unternehmen, die zwar nicht die Liebe hervorrufen können wie Apple, die aber ihren Teil dazu beitragen, dass iPhone, iPad und Co. existieren.

Apple schafft es zwar immer wieder, diese Komponenten so zu planen und zusammenzustellen, dass das Ganze mehr ergibt als die Summe seiner Teile, aber per Softwareupdate Hardware wasserdicht zu machen, ist selbst unserem Lieblingsunternehmen bisher nicht gelungen.

74. GRUND

Weil Apple sogar Diebe inspiriert

Klingt ein bisschen komisch, ist aber wirklich so. Dabei meinen wir nicht die Diebe, die 2009 in New Jersey einen rekordverdächtigen Einbruch im Apple Store hingelegt haben, der auf der Überwachungskamera festgehalten wurde. Diese Einbrecher waren zwar nicht kreativ, aber dafür rasend schnell. In nur 31 Sekunden sackten sie 23 MacBooks Pro, 14 iPhones und neun iPods touche ein.

Wir reden natürlich auch nicht von den Dummköpfen, die in Kalifornien mit einem Geländewagen die Verglasung eines Apple

Stores durchbrachen. Dabei ging nämlich zwei der vier Reifen die Luft aus, und das Nummernschild blieb auch zurück.

Aber der Diebstahl, den eine Bande im Januar 2014 in Hessen durchgezogen hat, nötigt auch gesetzestreuen Bürgern so etwas wie Respekt ab. Die filmreife Aktion muss nach Schätzungen der Polizei abgelaufen sein wie in einem Hollywood-Streifen.

Die Diebe knackten einen Lkw während der Fahrt auf der Autobahn, ohne dass der Fahrer etwas davon mitbekam. Die Beute: Von sieben geladenen Paletten mit Elektronik-Artikeln nahmen sie 125 iPads, vier iPads mini, vermutlich 30 iPhones und zwei Apple-Tastaturen mit.

Der Sattelzug einer tschechischen Spedition war von den Niederlanden nach Tschechien unterwegs. Bei einer Pause in Kassel bemerkte der Fahrer, dass Diebe Teile seiner Ladung geplündert hatten, und rief die Polizei.

Die Beamten der Ermittlungsgruppe des Polizeireviers Kassel-Ost vermuten, dass die Diebe sich mit einem SUV mitten in der Nacht so hinter den Sattelzug hängten, dass sie im Rückspiegel des Lkws nicht zu sehen waren. Dann müssen mehrere Täter aus dem Seitenfenster oder durch das Schiebedach auf die Motorhaube des fahrenden SUVs geklettert sein, um an die Rückfront des Lkws zu kommen und die Tür zum Laderaum aufzubrechen bzw. das Planenschloss zu knacken oder die Plane aufzuschneiden.

Wahrscheinlich innerhalb von wenigen Minuten wurden dann laut Pressestelle der Polizei die begehrten Apple-Geräte von Hand zu Hand nach hinten über die Motorhaube in den SUV weitergegeben. Das Ganze bei voller Fahrt nachts auf der Autobahn, direkt hinter dem Lkw.

Bei dieser waghalsigen Aktion haben die Diebe Ware im Wert von rund 70.000 Euro erbeutet.[18] Eine Menge Geld, aber sicher nicht den Einsatz des eigenen Lebens wert. Aber man sieht, was die Liebe zu Apple mit manchen Menschen anrichtet. Wobei es in diesem Fall wahrscheinlich doch eher die Liebe zu schnell (wenn auch nicht leicht) verdientem Geld gewesen sein dürfte.

Ein echter Apple-Fan geht lieber in den Apple Store seines Vertrauens und erwirbt sein Lieblingsgerät rechtmäßig. Dann läuft er auch nicht Gefahr, mit einem Ermittlungsverfahren wegen Verdachts der Hehlerei konfrontiert zu werden. Das droht nämlich all jenen Fans, die ein Schnäppchen machen wollen und zu besonders günstigen Preisen Geräte kaufen, die sich später als »vom Laster gefallen« entpuppen.

Falls Ihnen also mal ein nagelneues iPad zu verdächtig günstigen Konditionen angeboten wird, widerstehen Sie der Versuchung und denken Sie daran, dass es womöglich nachts bei 80 Stundenkilometern über eine Motorhaube in einen SUV weitergereicht wurde. Von ziemlich kreativen Dieben zwar, aber eben doch von Dieben.

75. GRUND

Weil man auch einen 27 Jahre alten Mac noch ins Internet bringen kann

Ja, das muss wohl Liebe sein. Der amerikanische Entwickler Jeff Keacher wollte es einfach wissen und seinem ersten »richtigen« Rechner, einem 27 Jahre alten Mac Plus, das Internet zeigen.

Das war nicht so einfach, schließlich besaß der Rechner nicht einmal einen Netzwerkanschluss. Die rein technischen Daten lesen sich aus heutiger Sicht wie ein Witz: 8 MHz CPU, 4 MB RAM, 50 MB Festplatte und ein Schwarz-Weiß-Bildschirm mit 512 x 342 Pixeln. Sein aktueller Rechner, so rechnet Keacher vor, sei ungefähr 200.000 Mal schneller.[19] Außerdem gab es von Apple für das System 7 weder einen Browser noch Unterstützung für das TCP/IP-Protokoll.

Aber zum Glück konnte Keacher auf einem halb vergessenen FTP-Server in irgendeiner Ecke des Internets noch den Browser MacWeb 2.0 auftreiben: alt genug, um auf dem Macintosh Plus zu laufen, und neu genug, um http zu sprechen und HTML-Seiten anzeigen zu können.

Ein größeres Problem war es, überhaupt Anschluss ans Internet zu finden. Der Mac Plus hatte keine Ethernet-Schnittstelle, nur SCSI. Vor 15 Jahren gab es noch Hersteller, die SCSI-to-Ethernet-Adapter im Angebot hatten, aber die waren schon damals selten und teuer. An so exotische Dinge wie WLAN war schon gar nicht zu denken. Also experimentierte Keacher mit seinem Raspberry Pi und verschiedenen Adaptern, bis er schließlich eine Konstruktion zusammengebastelt hatte, die den Mac Plus physikalisch mit dem Internet verband.

Allerdings konnte MacWeb 2.0 mit den meisten modernen Webstandards wie zum Beispiel namensbasierten virtuellen Hosts nichts anfangen. Und Cookies, CSS oder HTTPS? Lauter Fremdwörter für den Browser. Keacher schilderte das Problem resigniert seinem Freund Tyler, einem befreundeten Entwickler, der in nur 20 Minuten aus Python, Requests, Flask und Beautiful Soup eine Proxy-Lösung zusammenbastelte, die das moderne Web für den antiken Browser übersetzte.

Der Lohn all dieser Mühe: Wikipedia-Seiten in Schwarz-Weiß und auf 512 x 342 Pixeln. Gut lesbar, die Links ließen sich sogar anklicken. Insgesamt, so Keacher, wirkte alles ein bisschen wie auf einem mobilen Browser. Allerdings vergingen schon mal so runde zwei Minuten, bis eine Seite komplett geladen war. Geschwindigkeitsrekorde ließen sich mit dem Mac Plus nicht aufstellen. Man brauchte eine Menge Geduld. Aber darum ging es ja auch gar nicht. Keacher wollte sich nur bei dem Rechner, der ihm die Welt des Computers gezeigt hatte, bedanken, indem er ihn mit dem Internet bekannt machte. Und das Vorhaben kann man durchaus als geglückt bezeichnen.

Mit welchem anderen Rechner ist so etwas möglich? Oder anders gefragt: Welche Nutzer empfinden so viel Liebe zu ihrem Rechner, dass sie all diese Mühen auf sich nehmen? Das machen nur Fans, die Apple und ihren Rechner wirklich lieben. Ob man sie dafür bewundert oder belächelt, hängt wahrscheinlich vom Standpunkt ab. Ich persönlich finde es sehr liebenswert, auch wenn ich mich von meinem alten Mac Classic schon lange getrennt habe.

6

Soziale Verantwortung

»Apple regt zum Nachdenken an. Durch die große Aufmerksamkeit, die das Unternehmen genießt, rückt es – gewollt oder ungewollt – Themen in den Mittelpunkt des Interesses, für die sich sonst kaum jemand interessieren würde. Die Bekanntheit und Allgegenwart der Marke Apple schärft den Blick, regt die Diskussion an und sorgt für Veränderung. Vor allem bei Apple selbst.«

(aus Grund 82: »Weil Apple zum Nachdenken anregt«)

76. GRUND

Weil sogar Greenpeace Apple (manchmal) lobt

Gut, das war nicht immer so. Über viele Jahre hinweg war die Umweltorganisation Greenpeace mit Apples Umweltpolitik alles andere als einverstanden. Zwar hat Apple schon 1990 damit begonnen, seine Richtlinien zum Umweltschutz zu veröffentlichen und umzusetzen, aber für die Umweltschützer von Greenpeace ging das alles viel zu langsam.

2006 starteten die Umweltschützer eine Webseite, um Apple über seine Fans zu mehr Umweltschutz zu bewegen. Die ersten Worte waren »Wir lieben Apple«. Die *Green my Apple*-Kampagne wurde ausgezeichnet und bewegte Steve Jobs tatsächlich dazu, den Umweltschutz zur Chefsache zu machen und stärker voranzutreiben.

Heute kann sich jeder unter *www.apple.com/de/environment/* darüber informieren, was Apple für den Schutz der Umwelt unternimmt. Und das ist nicht wenig.

Schon seit 2011 (Mac OS X 10.7, Lion) vertreibt Apple sein Betriebssystem als Download, was deutlich umweltschonender ist. Keine DVDs müssen gebrannt und ausgeliefert werden, keine Verpackung wird benötigt.

Inzwischen produziert Apple auch Gehäuse, die aus Rapssaat für die industrielle Nutzung und aus recyceltem PC-ABS-Kunststoff gewonnen werden. Und der Standfuß des iMacs von 2013 besteht zu 30 Prozent aus recyceltem Aluminium.

Apples erklärtes Ziel ist es, alle »Apple Standorte vollständig mit Strom aus erneuerbaren Ressourcen wie Sonnenenergie, Windkraft, Wasserkraft und Geothermie zu versorgen«. Schon jetzt (November 2013) nutzen alle Apple-Firmenstandorte zu 75 Prozent erneuerbare Energie. Apple rechnet vor, dass das seit 2010 ein Zuwachs um 114 Prozent ist.[20]

Mittlerweile betreibt Apple zum Beispiel seine Internet-Dienste komplett mit erneuerbarer Energie. Im US-Bundesstaat North

Carolina hat Apple eine eigene Solar- und Brennstoffzellenanlage gebaut, um mit dem daraus gewonnenen Strom seit März 2013 ein Datenzentrum zu versorgen.

Die amerikanische Umweltschutzbehörde Environmental Protection Agency (EPA) zeichnete das Unternehmen für dieses Vorgehen im September 2013 aus. Und Greenpeace sprach von einer positiven Wirkung auf Stromkonzerne und Politiker, die Apples Nutzung erneuerbarer Energien in der Region habe. Apple veröffentlicht Berichte zur CO_2-Umweltbilanz, und auf der oben genannten Seite kann man sich den Bericht zur Umweltverträglichkeit jedes einzelnen Produktes als mehrseitiges PDF herunterladen.

Das Unternehmen hat ein internationales Recyclingprogramm gestartet, bei dem man alte, funktionsunfähige iPods und iPhones im nächsten Apple Store abgeben oder kostenlos einsenden kann, damit sie umweltgerecht entsorgt werden. Bei Abgabe im Apple Retail Store erhält man sogar einen 10-Prozent-Rabatt für seinen nächsten Einkauf. Und für iPhone, iPad, Mac oder PC und Displays anderer Hersteller gibt es je nach Zustand sogar noch etwas Geld, wenn Apple nach Prüfung der Meinung ist, dass sich das Gerät oder dessen Komponenten zur Wiederverwendung eignen und einen Geldwert darstellen.

Natürlich ist noch längst nicht alles perfekt in Sachen Umweltschutz, und auch bis zum ersten Fairphone von Apple ist es noch ein weiter Weg. Aber zumindest ist Apple auf dem richtigen Weg, während Microsoft noch Klimazertifikate kauft, statt komplett auf erneuerbare Energien umzurüsten.

Erst im Februar 2014 erwähnte Greenpeace Apple wieder lobend als Reaktion auf die Veröffentlichung eines Reports über die Werte, die Apple von seinen Lieferanten fordert. Es geht dabei zum Beispiel um Menschen- und Arbeitsrechte, Nachhaltigkeit und Umweltschutz. Greenpeace lobt die wachsende Transparenz Apples und den Einsatz seiner Marktmacht gegenüber Lieferanten, um den Einsatz von Konfliktrohstoffen zu reduzieren. Zu deren

Gewinnung werden systematische Menschenrechts- und Völkerrechtsverletzungen in Kauf genommen.

Laut Greenpeace sollten sich Samsung und andere Hersteller ein Beispiel an Apple nehmen, um Geräte zu bauen, die besser für die Menschen und den Planeten sind.

77. GRUND

Weil Apple Nutzern mit Behinderungen das Leben leichter macht

Blinde und Sehbehinderte brauchen Handys mit Tasten. Mit Touchscreens können sie nicht vernünftig arbeiten, weil sie die Buttons nicht erfühlen können. Das war jedenfalls die allgemeine Meinung bis 2009. Dann kam das iPhone und änderte auch dieses scheinbar unumstößliche Gesetz.

Denn Apple hat sein iPhone mit einer Funktion ausgestattet, die selbst Blinden die Benutzung des iPhones ermöglicht. Durch VoiceOver können sie die einzelnen Knöpfe ertasten und sogar auf der Software-Tastatur schreiben.

Spiegel Online berichtet in einem Artikel, wie begeistert der von Geburt an blinde Experte für Barrierefreiheit beim Browser-Hersteller Mozilla war, als er das erste Mal ein iPhone ausprobieren konnte. Apple hatte mal alle bisher gültigen Regeln über den Haufen geworfen und das iPhone 3GS mit der VoiceOver-Funktion ausgestattet. Diese kostenlose Ergänzung des iOS-Betriebssystems war ist Blinde und Sehbehinderte unbezahlbar. Der besondere Modus ermöglicht es, den Bildschirm abzutasten und Tasten erst mit einem Doppelklick zu starten. Ein einfacher Klick liest den Inhalt des jeweiligen Feldes vor. Bislang kosteten spezielle Programme für Blinde und Sehbehinderte Hunderte von Euro.

Apple dagegen erweiterte sein Betriebssystem ohne großes Aufhebens und ohne einen Aufschlag. Mit einem Mal waren Touchscreens für Sehbehinderte nicht mehr unmöglich zu bedienen, sondern im Gegenteil das Beste, was ihnen passieren konnte. Eigene Gesten zur VoiceOver-Steuerung machten die Bedienung von iPhone, iPod touch und auch eines Macs mit Trackpad einfacher als je zuvor.

Dazu kommen die anderen Fähigkeiten des iPhones. Man kann damit Bilder schießen und zum Beispiel Freunde schnell nach dem Inhalt einer Dose oder dem Verfallsdatum auf einer Packung fragen. Man kann per FaceTime Freunde darüber informieren, wo man sich befindet, und ihnen Fragen nach der Beschaffenheit einer unbekannten Umgebung stellen. Und natürlich kann man mit einem iPhone hervorragend Nachrichten und Texte diktieren.

Apple bietet aber nicht nur Bedienungshilfen für Sehbehinderte. Auch Nutzer mit Beeinträchtigungen des Hörvermögens oder der Motorik können in den Systemeinstellungen ihren Mac oder iPod touch, ihr iPad und iPhone an ihre speziellen Bedürfnisse anpassen. Statt Klingeln oder Signalton kann das iPhone per Lichtblitz auf sich aufmerksam machen oder vibrieren – sogar nach einem vom Nutzer individuell eingestellten Muster. Über FaceTime kann man auch als Gehörloser mit seinem Gegenüber via Gebärdensprache kommunizieren.

Und mit den AssistiveTouch-Einstellungen können Nutzer, die motorisch gehandicapt sind, Klickgeschwindigkeiten einstellen oder eigene Gesten für die Bedienung erstellen.

Kurz: Apple ist das Unternehmen, das wirklich etwas für Menschen mit Behinderungen tut. Indem man innovative Geräte und Software entwickelt, die eben auch für Menschen gemacht sind, die durch unterschiedliche Beeinträchtigungen sonst nicht in der Lage wären, diese Geräte zu bedienen. Dank der Entwicklungen von Apple können sie nicht nur diese Technik bedienen, sie können sie auch nutzen, um ihre Einschränkungen mit Hilfe der Technik weiter zu überwinden.

78. GRUND

Weil Apple Mitarbeitern einfach mal Sonderurlaub spendiert

Wenn das nicht großzügig ist. 2011 überraschte Apple-Chef Tim Cook seine Mitarbeiter das erste Mal mit drei zusätzlichen Tagen bezahlten Urlaubs. Solche Gesten kennt man ansonsten vielleicht mal von inhabergeführten mittelständischen Unternehmen, aber nicht von internationalen börsennotierten. Als Anerkennung für die guten Leistungen und die harte Arbeit machte Apple über Thanksgiving drei Tage dicht. Die Kundenbetreuung und die Apple Shops blieben zwar geöffnet, aber die Mitarbeiter durften später frei nehmen. Und außerhalb der USA konnten die Apple-Filialen einen eigenen Termin festlegen.

Diese drei Tage gab es seitdem jedes Jahr, sowohl 2012 als auch 2013. Wenn man weiß, dass es in den USA mit dem Urlaub längst nicht so rosig aussieht, weiß man diese Geste umso mehr zu würdigen. Rund 25 Prozent der US-amerikanischen Arbeitnehmer erhalten beispielsweise überhaupt keinen bezahlten Urlaub, die anderen in der Regel deutlich weniger als hierzulande.[21]

Mit den drei Tagen Sonderurlaub zeigt sich Apple da ziemlich großzügig. Und das Unternehmen beweist, dass es ihm tatsächlich ernst ist mit der Berücksichtigung vieler sozialer Aspekte. Nicht nur bei seinen Lieferanten, sondern auch bei den eigenen Mitarbeitern.

79. GRUND

Weil Apple mit den Daten seiner Kunden zurückhaltend umgeht

Im Februar 2014 zeigte sich das Fachblatt *Ad Age* empört. Die Werbeindustrie war nicht erfreut darüber, wie wenig Apple (und Amazon) aus dem riesigen Vorrat an Kundendaten macht. Einen

Tag später meldeten alle Nachrichtenkanäle die Übernahme des Messenger-Dienstes WhatsApp durch Facebook. Mal war von 16 Milliarden die Rede, mal von 19 Milliarden. Was haben diese beiden Nachrichten miteinander zu tun? Sie zeigen, wie wichtig die Kundendaten für die Werbeindustrie geworden sind, welche immensen Summen allein mit Werbung verdient werden, und wie wichtig es ist, seine Daten Unternehmen anzuvertrauen, die damit möglichst sorgfältig umgehen.

»Wenn du nichts bezahlst, bist du selbst das Produkt.« Dieser Spruch gilt heutzutage immer mehr. Google, Facebook und andere Anbieter scheinbar kostenloser Dienste sind keine barmherzigen Samariter, sie bekommen Milliarden von ihren Kunden. Aber ihre Kunden sind nicht die Nutzer. Die Nutzer sind das Produkt, das an die eigentlichen Kunden, die Werbetreibenden, verkauft wird. Oder zumindest werden ihre Interessen verkauft, ihre Vorlieben und Abneigungen. Das klappt nicht immer gut, aber immer öfter ist man erstaunt darüber.

Jetzt noch mal zu Apple. Das Unternehmen verdient sein Geld mit dem Verkauf von Produkten und Dienstleistungen, dafür lässt es sich von seinen Kunden bezahlen. Kostenlose Dienste wie die iCloud sind keine Einnahmequelle, sondern sollen das Produkterlebnis optimieren, quasi als Zugabe zu iMac und iPhone. Darum kann es sich Apple auch leisten, sein Betriebssystem kostenlos abzugeben. Schließlich läuft es sowieso nur auf der hauseigenen Hardware. Und mit der verdient es sein Geld. Man kann sich also leisten, auf die Werbegelder zu verzichten. Laut *Ad Age* soll Apple-Mitgründer Steve Jobs bei der Einführung der iAds gemeint haben, die meisten mobilen Werbeformen seien mies (und das ist noch sehr nett übersetzt). Bevor man seine Kunden verärgert, indem man ihre Daten an die Werbeindustrie verkauft oder sie mit Werbung belästigt, die sie nervt, verzichtet man lieber darauf.

Laut *Ad Age* kennt Apple zwar Namen und Adressen seiner Nutzer, den Ort, an dem sie sich aufhalten, und den Verlauf ihrer

App- und Musikkäufe. Aber die Erfassung der Daten basiert nicht auf Cookies, sodass die Werbeindustrie nicht automatisiert Daten aus verschiedenen Quellen zusammentragen kann. Man muss sich schon an Apple wenden, um eine bestimmte Zielgruppe zu erreichen. Dan Grigorovici wird zitiert, der bis 2012 bei Apple für die Analyse der Daten aus iAd zuständig war und nun selbst eine Firma für mobile Werbung gegründet hat. Er sagt, dass Apples Daten in Sachen Qualität und Genauigkeit zu den besten gehören, aber dass Google etwas offener sei, was das Teilen der Daten mit den Werbefirmen betrifft.[22]

Natürlich ist das frustrierend für Werbeunternehmen, die liebend gern die Erkenntnisse nutzen würden, die Apple über seine Kunden gewinnt. Für Nutzer von Apple-Geräten hingegen ist es beruhigend zu wissen, dass Apple mit diesen Daten nicht so freigiebig ist, wie sich das die Werbeindustrie wünscht.

80. GRUND

Weil Apple Kunststoff durch Aluminium ersetzt

Als Apple die ersten Rechner mit Aluminiumgehäuse auf den Markt brachte, wirkten sie wie aus einer anderen Welt. Bisher waren Rechner immer aus Kunststoff gewesen. Aluminium war solch ein exotischer, edler und teurer Rohstoff, dass man überhaupt nicht daran dachte, Rechner daraus zu fertigen. Die waren in aller Regel aus Kunststoff.

Auch die von Apple. Vielleicht waren sie bunter, nicht mehr in diesem schrecklichen Beige der Anfangszeit. Sie waren etwas netter designt, der Kunststoff war hochwertig, aber das änderte nichts daran, dass PVC und schädliche Stoffe wie bromierte Flammschutzmittel enthalten waren (wie in allen Rechnern). Aber besonders Apple wurde lange von Greenpeace dafür kritisiert und angegriffen. Und schließlich zeigte die Kampagne Wirkung. 2009 war Apple der erste Hersteller, der bei seinen neuen Rechnern, dem MacBook und dem iMac, PVC und bromierte Flammschutzmittel komplett eliminieren konnte. Dadurch wurden die Rechner noch einmal ein ganzes Stück umweltfreundlicher und leichter zu recyceln.

Auch die Tatsache, dass MacBooks, Mac Pros und iMacs aus Aluminium bestehen, macht sie viel besser wiederverwertbar. Zwar ist auch Aluminium nicht gerade einfach und umweltfreundlich zu gewinnen, aber immerhin lässt es sich wunderbar zu neuen Rechnern weiterverarbeiten. Das klappt mit Rechnern, die ein Gehäuse aus Kunststoff besitzen, eher nicht.

Ein guter Grund also, Aluminium zu verwenden. Ein anderer ist natürlich das Design. Kunststoff kann noch so hochwertig sein, letztendlich wird er nie die Ausstrahlung von Qualität besitzen wie Metall. Und das sagt jemand, der das weiße Plastik-MacBook immer schöner fand als das Titanium-MacBook Pro. Aber mittlerweile bin ich eines Besseren belehrt worden. Das Gehäuse der aktuellen Unibody-MacBooks ist einfach hervorragend verarbeitet, verzieht sich nicht, bekommt bei sorgfältiger Behandlung keine Kratzer – und falls das MacBook doch mal vom Sofa rutscht, hat es vielleicht eine kleine Delle, aber jedenfalls keinen Riss im Gehäuse.

Besonders bei Apples Laptops macht sich das Aluminiumgehäuse für den Nutzer täglich positiv bemerkbar. Wenn man vor einem iMac sitzt, sieht man meist nur den Bildschirm, vom Gehäuse bekommt man nicht viel mit. Auch auf Mac Pro und Mac mini starrt man nicht die ganze Zeit beim Arbeiten, so schön sie auch sein mögen. Aber bei den MacBooks ist man in ständigem Kontakt und Blickkontakt mit dem Aluminium-Gehäuse. Man legt die Handballen beim Tippen darauf ab oder lässt den Blick beim Suchen nach einer Sondertaste darübergleiten. Das Aluminium ist immer präsent und strahlt Qualität aus. Der ganze Rechner macht einfach einen solideren und hochwertigeren Eindruck als ein Rechner mit einem Kunststoffgehäuse.

Natürlich ist das nur ein subjektiver Eindruck, aber einer, der wohl von der Mehrzahl der Nutzer geteilt werden dürfte. Und verglichen mit der Vielzahl anderer Gründe, Apple zu lieben, ist die Idee, Kunststoffgehäuse durch solche aus Aluminium zu ersetzen, einer der weniger wichtigen. Aber wenn man einmal längere Zeit an einem Rechner aus Aluminium gearbeitet hat, wird man nur ungern zu einem Kunststoff-Rechner zurückkehren.

81. GRUND

Weil Apple sich gegen Diskriminierung stark macht

Eigentlich sollte die Gleichbehandlung aller Menschen ja eine Selbstverständlichkeit sein. Unabhängig von Hautfarbe, Religionszugehörigkeit oder sexueller Orientierung. Ist sie aber leider nicht.

Noch immer werden sogar Gesetze eingebracht, die sich gegen Menschen richten, die nicht der traditionellen sexuellen Orientierung oder Geschlechteridentität entsprechen.

Erst im Februar 2014 forderte Tim Cook die republikanische Gouverneurin des US-Bundesstaates Arizona Jan Brewer auf, ihr Veto gegen die Senate Bill 1062 einzulegen. Das geplante Gesetz soll religiös eingestellten Unternehmen künftig erlauben, Schwulen und Lesben Dienstleistungen zu verweigern, wenn dies ihrem Glauben entspricht.

Die Einstellung Apples zu diesem Thema dürfte in Arizona Gewicht haben. Schließlich will das Unternehmen zusammen mit seinem Partner GT Advanced Technologies in der Nähe von Phoenix ein großes Werk zur Saphirglasproduktion betreiben, in dem 700 Menschen arbeiten sollen. Das sind eine Menge Arbeitsplätze und ein bedeutender Wirtschaftsfaktor.

Apples CEO Tim Cook setzt sich schon seit Längerem für die Gleichbehandlung aller Mitarbeiter ein. Für das *Wall Street Journal* schrieb er im November 2013 einen Artikel, in dem er begründete, warum der Kongress seiner Meinung nach den Employment Non-Discrimination Act (ENDA) verabschieden sollte. Dieses Gesetz soll die Diskriminierung von Arbeitnehmern auf Grund ihrer sexuellen Orientierung oder Geschlechtszugehörigkeit verbieten. Tim Cook argumentiert, dass ein Mitarbeiter nicht sein volles Potenzial entfalten könne, wenn er nicht er selbst sein könne. Und er sagt, dass es sich bei der Gleichstellung aller Menschen um ein grundlegendes Prinzip der Menschenwürde handle. Apple habe eigene Antidiskriminierungs-Vorgaben, aber es sei nötig, dass die Arbeitsrechte schwuler und lesbischer Amerikaner auch gesetzlich festgelegt würden.

Und schon im Februar 2013 protestierte Apple zusammen mit anderen IT-Unternehmen gegen den kalifornischen Defense of Marriage Act (DOMA), ein Gesetz, das es Homosexuellen verbietet, einander zu heiraten.

Der jährliche Bericht der Human Rights Campaign Foundation (nachzulesen unter *www.hrc.org/the-hrc-story/annual-reports*) zeigt, dass das Engagement Apples nicht nur ein Lippenbekenntnis ist.

Die HRC beurteilt amerikanische Arbeitgeber danach, wie sie mit Arbeitnehmern umgehen, die schwul, lesbisch, bi oder transsexuell sind. Tim Cook freut sich auf Twitter darüber, dass Apple als Arbeitgeber seit zwölf Jahren die volle Punktzahl erhält.

In einer öffentlichen Rede im Dezember 2013 erklärte der sonst eher medienscheue Chef von Apple, warum er sich so gegen Diskriminierung einsetzt. In seiner Jugend in Alabama habe er in den Sechzigerjahren selbst ein brennendes Kreuz gesehen. Das Ereignis habe einen tiefen Eindruck auf ihn gemacht. Er habe seitdem viele Beispiele von Diskriminierung erlebt – alle hätten ihre Ursache in der Angst vor Menschen gehabt, die anders sind als die Mehrheit.

Ein Vorstandsvorsitzender, der sich öffentlich immer wieder gegen Diskriminierung äußert und versucht, die Menschen zum Umdenken zu bewegen – ich denke, dass ist ein klarer Grund, Apple zu lieben.

82. GRUND

Weil Apple zum Nachdenken anregt

Und damit meine ich nicht nur mich. Aber fangen wir doch damit an. Als ich gefragt wurde, ob mir 111 Gründe einfallen würden, Apple zu lieben, hätte ich das nicht aus dem Stand bejaht. Eine Menge Gründe, ja, das schon. Aber 111? Da muss man schon nachdenken. Und je mehr ich nachdachte, desto mehr fielen mir ein.

Aber Apple regt auch andere Menschen zum Nachdenken an. Durch die große Aufmerksamkeit, die das Unternehmen genießt, rückt es – gewollt oder ungewollt – Themen in den Mittelpunkt des Interesses, für die sich sonst kaum jemand interessieren würde. Wer zum Beispiel interessierte sich wirklich für die Arbeitsbedingungen der Arbeiter in China, die für die westliche Welt Smartphones zusammensetzen? So richtig aufmerksam wurden die Medien, und damit die Öffentlichkeit, erst darauf, als Apple ins Spiel kam. Dabei fertigt der Zulieferer Foxconn nicht nur für Apple, sondern für so gut wie alle großen Elektronikhersteller, von Hewlett-Packard über Dell und Microsoft bis hin zu Nintendo und Sony. Auch rund 75 Prozent der Hauptplatinen, die unter dem Namen Intel in den Handel kommen, werden bei Foxconn gefertigt. Aber was liest man in den Schlagzeilen, zum Beispiel der FAZ? »Selbstmordserie in der iPad-Fabrik«. Man diskutiert über die »menschlichen Kosten« von iPhone und iPad – und das zu Recht. Die Bekanntheit und Allgegenwart der Marke Apple schärft den Blick, regt die Diskussion an und sorgt für Veränderung. Vor allem bei Apple selbst.

Das Unternehmen trat als erstes der Elektronikbranche der Organisation FLA (Fair Labor Association) bei. Diese Organisation führt eigene Kontrollen durch und setzt sich weltweit für Mindeststandards ein. Und Apple setzte Verbesserungen für die Arbeiter bei Foxconn durch. Zudem nimmt Apple seine Zulieferer in die Pflicht. Unter *www.apple.com/de/supplierresponsibility/* kann jeder nachlesen, wie es um die Verantwortung der Zulieferer bei Apple bestellt ist. Was Apple tut, um die Arbeiter zu stärken und ihre Rechte zu schützen. Was das Unternehmen für Gesundheit und Wohl der Arbeiter tut, und was, um seine Ökobilanz zu verbessern. So viel Transparenz und Engagement ist vorbildlich. Apple löst nach eigenen Angaben Probleme und beseitigt Missstände, mit denen die gesamte Branche konfrontiert ist, zum Beispiel überlange Arbeitszeiten und Kinderarbeit. Das Unternehmen befasst sich eingehender mit der Lieferkette und berichtet detaillierter als jedes andere der Branche. Und gibt damit (hoffentlich) die Richtung für die gesamte Branche vor.

Ein anderes Beispiel: Baut Apple ein Smartphone mit Fingerabdruckscanner, wird auf einmal über Sinn und Unsinn biometrischer Verschlüsselung diskutiert. Ein Thema, das bis dahin nur ein paar Spezialisten interessiert hatte. Apples Marktmacht und weite Verbreitung macht auf einmal Themen für eine breite Masse interessant, die vorher nur ein Nischendasein geführt haben. Weil jeder Besitzer eines iPhones, iPods oder iPads das Thema zu seinem eigenen macht, sich davon betroffen fühlt. Eine gute Sache, wenn es um so wichtige Themen wie Datenschutz, Arbeiterrechte, Umweltschutz und Nachhaltigkeit geht.

83. GRUND

Weil Apple das Profitdenken nicht über alles stellt

Anfang März 2014 gab es einen kleinen Zwischenfall bei der Hauptversammlung der Aktionäre in Cupertino, der zeigt, dass Apple wirklich anders denkt als andere Unternehmen dieser Größenordnung.

Ein Vertreter des konservativen National Center for Public Policy Research (NCPPR) stellte Tim Cook eine Frage, die diesen sonst sehr ruhigen und zurückhaltenden Mann sichtlich in Rage und sogar zum Fluchen brachte.

Das NCPPR ist eine konservative Denkfabrik, die sich nicht nur gegen Barack Obamas Reform des Gesundheitssystems wendet, sondern auch den durch Menschen verursachten Klimawandel leugnet.

Bei der Apple-Hauptversammlung wollte Justin Danhof, der Vertreter des NCPPR, von Tim Cook wissen, ob auch alle Investitionen, zum Beispiel in grüne Technologien, letztlich Geld bringen würden. Danhof machte klar, dass ihm der Return on Investment (ROI), die Kapitalrendite, über alles ging. Das kam allerdings beim Apple-CEO nicht besonders gut an. Laut Presseberichten antwortete Tim Cook für seine Verhältnisse ungewöhnlich scharf: »Wenn wir daran arbeiten, unsere Geräte für Blinde nutzbar zu machen, denke ich nicht an die verdammte (bloody) Rendite.« Er erteilte dem reinen Profitdenken eine Abfuhr und gab dem Fragesteller einen Rat, der diesem nicht besonders gefiel: »Wenn Sie wollen, dass ich Dinge nur für die Rendite mache, sollten Sie Ihre Aktien verkaufen.« Eine Pressemitteilung der NCPPR trug dann auch die etwas übertriebene und offensichtlich beleidigte Schlagzeile »Tim Cook zu Apple-Aktionären: Fallt tot um«. Aber was soll man erwarten von einer Vereinigung, die Klimawandel nur in Verbindung mit dem Adjektiv »sogenannter« oder in Anführungszeichen verwendet.[23]

Zumal es wirklich albern ist, sich Gedanken darüber zu machen, ob Apples soziale Verantwortung der Rendite schadet. Tim Cook sprach zwar davon, dass Apple viele Dinge tue, weil sie aus moralischer Sicht richtig seien, nicht wegen der Rendite. Aber wenn man sich die Zahlen mal ansieht, dann sind die einzigen Unternehmen, die so gewaltige Gewinne wie Apple machen, Öl- und Gaskonzerne. Und das Blog *TUAW* führt aus, dass Apple das einzige Unternehmen außer Gazprom sei, das in den letzten fünf Jahren einen Quartalsgewinn von mehr als zwölf Milliarden Dollar ausgewiesen habe. Allein in den Jahren 2012 und 2013 habe Apple vier solcher Quartale vorweisen können.

Angesichts solcher Zahlen kann man die Forderung nach mehr Profitdenken wirklich nicht nachvollziehen. Was man aber nachvollziehen kann, ist die emotionale Reaktion des sonst so nüchternen und beherrschten Tim Cook. Sie zeigt, dass der Nachfolger von Steve Jobs an der Spitze von Apple ein Mann ist, der zu seinen Überzeugungen steht und der Apple nicht dem reinen Profitdenken unterwirft. Der daran denkt, dass man Produkte entwickelt, die das Leben möglichst vieler Menschen angenehmer machen sollen.

Geeks

»Seit der Version 10.4 gehört Automator zum Inventar von OS X. Das Icon des Programms ist ein kleiner Roboter, der eine Art Rohr in den Händen hält. Beim Anblick des Icons könnte man Automator für ein Spielzeug halten, dabei ist er ein mächtiges Werkzeug, das es ziemlich einfach macht, kleine Programme zu erstellen, mit denen man regelmäßige Aufgaben automatisieren kann.«

(aus Grund 89: »Weil mit Automator fast jeder programmieren kann«)

84. GRUND

Weil Markdown auf dem Mac entstanden ist

Aus ökonomischer Sicht kann man alle Textverarbeitungen in die Tonne treten. Sie blähen die Dateien unnötig auf und verführen dazu, mit verschiedenen Formatierungen und Schriften herumzuspielen, statt einfach nur zu schreiben. Außerdem weiß man nie, ob das Dateiformat der speziellen Textverarbeitung in zehn, 15 Jahren noch lesbar sein wird. Reiner, unformatierter Text ist das einzig Wahre für den Schreibenden. Er ist als kleinster gemeinsamer Nenner kompakt und auf allen Betriebssystemen und Geräten lesbar. Zukunftssicher und nachhaltig.

Will man aber in reinem Text etwas hervorheben, ein Wort verlinken oder gleich den ganzen Text automatisch in ein anderes Format umwandeln, kommt Markdown ins Spiel.

Markdown ist zweierlei: Erstens eine Auszeichnungssprache für reinen Text, die so einfach ist, dass sie jeder kapiert und teilweise sowieso ganz intuitiv anwendet. Zweitens eine Software, die Markdown-Text in HTML umwandelt – die universelle Sprache des Internets. Drittens (ja, ich weiß, ein Punkt zu viel. Aber trotzdem), drittens ist Markdown, zusammen mit den vielen Schreibprogrammen, die es unterstützen, ein unschätzbares Geschenk an alle, die Texte (nicht nur für das Internet) verfassen. Dieses ganze Buch wurde zum Beispiel als Markdown-Text auf MacBook und iPhone verfasst.

Überschriften erzeugt man, indem man ein Doppelkreuz vor die Zeile setzt, also so: # Überschrift erste Ebene ## Überschrift zweite Ebene ### Überschrift dritte Ebene Und so weiter. Möchte man etwas **fett** oder *kursiv* auszeichnen, setzt man es zwischen Sternchen, also **fett** und *kursiv*. Auch Links und Bilder kann man einfügen, nummerierte und unnummerierte Listen.

Die Syntax ist intuitiv und einfach, der Text bleibt hervorragend lesbar. Und in Sekundenschnelle hat man ihn in HTML konvertiert, ein Format, das jeder Browser lesen kann.

Das ursprüngliche kleine Perl-Programm, das Markdown-formatierten Text in HTML umwandelt, kann man kostenlos auf *DaringFireball.com*, der Seite des Entwicklers John Gruber, herunterladen. Aber eigentlich ist das gar nicht mehr nötig.

Inzwischen gib es jede Menge Textverarbeitungen für den Mac und iOS-Geräte, die Markdown sozusagen eingebaut haben und auf Knopfdruck von der reinen Textansicht auf die formatierte Ansicht umschalten können. Und die den Markdown-Text als formatierte PDF-Datei speichern oder in alle möglichen Formate konvertieren können. Nicht nur in HTML, sondern auch in RTF, DOCX oder andere.

Auch Online-Editoren, Plug-ins für WordPress und andere Content-Management-Systeme sowie Browser-Erweiterungen ermöglichen das Schreiben in Markdown. Andere Entwickler haben das Format aufgegriffen und als MultiMarkdown oder Markdown Extra um zusätzliche Fähigkeiten erweitert.

In den letzten Jahren hat sich das Format zum Standard entwickelt, der Alternativen wie Textile, txt2tags, reST und andere verdrängt. Markdown-Dateien erkennen Sie übrigens an einer der folgenden Endungen: .md, .mmd, .markdown, .mkdwn und so weiter. Wenn Ihnen also demnächst mal eine solche Datei begegnet, keine Angst. Es handelt sich um eine reine Textdatei, die Sie mit jedem beliebigen Editor auf jedem Rechner, Tablet oder Smartphone lesen und bearbeiten können. Deshalb kann eine Markdown-Datei auch einfach die Endung .txt tragen.

Dank Markdown können Sie und ich Texte jeder Art – bis hin zu ganzen Büchern – in universell verwendbarem, platzsparendem reinen Text schreiben, ohne auf Struktur und Formatierung verzichten zu müssen. Eine tolle Sache, die tolle Programme hervorgebracht hat, die meisten natürlich für OS X und iOS. Hier eine kleine Auswahl:

- OS X
- nvALT (kostenloses Schreibprogramm)

- Marked (zur Vorschau und Konvertierung)
- Byword (Textverarbeitung)
- Day One (Tagebuch-App)
- iOS
- Notebooks (Textverarbeitung)
- Trunk Notes (Wiki)
- Nebulous Notes (Textverarbeitung)
- Drafts (Entwerfen und Exportieren)

85. GRUND

Weil es NerdTool und GeekTool gibt

Der Name deutet es schon an. Die beiden Programme sind vor allem etwas für Nerds und Geeks. Beziehungsweise für Menschen, die den Schreibtisch ihres Macs gerne mit zusätzlichen Informationen verschönern und individualisieren.

GeekTool ist das ältere der beiden Programme, NerdTool ist etwas später dazugekommen. Angeblich verbraucht NerdTool eine Winzigkeit weniger Ressourcen, während es im Hintergrund läuft, aber das kann sich auch in kommenden Versionen wieder ändern. Im Prinzip sind die beiden Programme mehr oder weniger identisch. Und welches man bevorzugt, ist reine Geschmacksache.

Auf jeden Fall kann man mit beiden jede Menge Informationen auf dem Schreibtisch anzeigen lassen und ihn so ganz nach Geschmack personalisieren. Für jede Information erstellt man ein sogenanntes Geeklet, wobei man die Wahl hat, einen Shell-Befehl ausführen zu lassen, ein Bild oder eine Datei anzeigen zu lassen. Um zum Beispiel die aktuelle Uhrzeit auf dem Schreibtisch darzustellen, gibt man den Befehl `date '+%n%H:%M Uhr'` ein. Die verwendete Schrift, Größe, Farbe und Platzierung kann man dabei ganz frei wählen.

Auch die Programme, die gerade am meisten Speicher und Prozessorleistung verbrauchen, kann man sich anzeigen lassen, die Zeit seit dem letzten Neustart des Rechners, den freien Platz auf der integrierten Festplatte, von USB-Sticks oder externen Festplatten und vieles mehr. Ich lasse mir auch die Telefonliste anzeigen, die ich als .txt-Datei in meiner Dropbox liegen habe. Dazu nutze ich den cat-Befehl cat /Users/<NUTZERNAME>/Dropbox/_notizen/Telefonliste.txt. Sucht man im Internet nach dem Begriff »Geeklet«, findet man noch viele weitere, deutlich fortgeschrittenere Beispiele, die man auf seine eigenen Ansprüche adaptieren kann. In der Regel handelt es sich dabei um kleine Skripte, die man mit dem Texteditor anpassen kann. So ist es möglich, sich eine Wettervorhersage für die eigene Postleitzahl mit Symbolen auf den Bildschirm zu zaubern, sich anzeigen zu lassen, wie lange der Rechner seit dem letzten Start schon an ist, und vieles mehr.

Diese Informationen kann man nach Wunsch platzieren und formatieren. Es gibt Nutzer, die eine Comic-Seite als Bildschirmhintergrund verwenden und den Text in den Sprechblasen durch diese Daten ersetzen lassen. Andere bauen sich (aus welchem Grund auch immer) einen Schreibtisch auf dem Monitor, der aussieht wie Windows 8 mit seinen Infokacheln. Gibt man bei Flickr den Begriff GeekTool ins Suchfeld ein, erhält man haufenweise Bilder inspirierender Mac-Schreibtische, die mit GeekTool oder NerdTool erstellt wurden.

Und wenn Sie zwar die ganzen Bildschirme der NerdTool- und GeekTool-Nutzer toll finden, aber den Aufwand scheuen, dann sollten Sie mal auf *www.ticke-tack.com* gehen. Das Programm der App-Schmiede Augenzucker, das im App Store unter »Ticke-Tack Free« und »Ticke-Tack« zu finden ist, kostet in der Vollversion gerade mal 1,79 Euro. Es besteht aus einer Uhr, die die Zeit in Worten anzeigt (zum Beispiel »Es ist gleich fünf vor halb drei«) und jeder Menge faszinierender Bilder für Ihren Schreibtischhintergrund.

NerdTool können Sie übrigens bei *mutablecode.com/apps/nerdtool.html* herunterladen, GeekTool finden Sie unter *projects.tynsoe.org/en/geektool/*.

Das sind nur einige der Programme, die Mac-Nutzer dabei unterstützen, ihren Bildschirm mit möglichst wenig Aufwand genau so zu gestalten, wie sie wollen. Die Gemeinde der Apple-Entwickler liebt ihren Mac eben und schreibt manchmal einfach Programme, die auch Nicht-Programmierern helfen, ihren Macs zu individualisieren. So wie NerdTool, GeekTool und Ticke-Tack.

86. GRUND

Weil Apple ein System für Terminal-Geeks ist

Sie wissen nicht, was ein Terminal ist? Da befinden Sie sich in guter Gesellschaft. Wer sich nicht mehr an die Prä-Windows-Zeiten erinnern kann, als ein blinkendes C:> alles war, was man nach dem Start auf dem Bernsteinmonitor sah, vermisst auch kein Terminal. Dabei ist dieses als Schnittstelle zu den UNIX-Befehlen unter der Haube von OS X ungemein praktisch. Zum Thema UNIX gibt es übrigens ein eigenes Kapitel. Hier wollen wir erst einmal ein paar Terminal-Befehle vorstellen, die hoffentlich Lust auf mehr machen.

Versteckte Einstellungen ändern mit »defaults write«: Will man Einstellungen ändern, beispielsweise das Format, in dem OS X Bildschirmschüsse ablegt, muss man zu speziellen Programmen greifen wie dem kostenlosen OnyX von Titanium Software. Alternativ öffnet man schnell das Terminal und tippt einen Befehl wie defaults write com.apple.screencapture type jpg.

Mit diesem defaults write-Befehl kann man viele versteckte Einstellungen des Systems und auch von Programmen ändern. Auf der Seite *www.defaults-write.com* findet man Befehle dieser Art für alle möglichen Anwendungsfälle, leider nur auf englisch.

Sich orientieren und bewegen mit »pwd«, »ls«, »cd«, »open«: Hat man das Terminal-Fenster geöffnet, kann man zunächst pwd eingeben, das steht für print working directory, also etwa »drucke Arbeitsverzeichnis«. Das Terminal gibt dann das aktuelle Verzeichnis auf dem Bildschirm aus, meist ist es das Stammverzeichnis des aktuellen Nutzers, auch *Home* genannt und mit einer Tilde ~ abgekürzt. Man kann also /Users/<NUTZERNAME>/Documents/ schreiben oder ~/Documents/.

Gibt man ls ein, erhält man eine Liste aller Dateien in diesem Verzeichnis. Und ls -al zeigt auch die verborgenen Dateien, dazu Informationen wie Größe und Änderungsdatum.

Will man das Verzeichnis, in dem man sich gerade befindet, wechseln, tippt man cd (für change directory) und dazu den Namen des neuen Verzeichnisses, also zum Beispiel cd ~/Music/. Man kann es auch einfach im Finder öffnen, indem man open <VERZEICHNIS> tippt.

Dateien auflisten mit »grep«: Das Terminal kann auch sehr hilfreich sein, wenn man Dateien mit bestimmtem Inhalt finden will. Zieht man beispielsweise seine Mails zur Sicherung auf eine externe Festplatte, tragen alle Dateien dasselbe Datum. Wie findet man jetzt noch die Mail, in der es um die Einladung zur Geburtstagsfeier ging?

Ganz einfach: im Terminal mit dem UNIX-Tool grep. Die Syntax ist folgende: grep -rli 'Geburtstagsfeier' /<PFAD/ZU/DATEIEN>. -r sorgt dafür, dass der komplette Ordner mit Unterordnern durchsucht wird, -l heißt, nur eine Liste der Dateinamen wird ausgegeben (lässt man diese Option weg, erhält man zusätzlich noch die betreffende Stelle, an der der Suchbegriff erscheint), -i bedeutet, Groß-/Kleinschreibung wird ignoriert.

Ausgabe umleiten mit > und >>: Die Liste der Dateien, die grep auswirft, kann man auch gleich in eine Datei umleiten, indem man an den Befehl Folgendes anhängt: > ~/Desktop/GrepListe.txt. Der einfache Pfeil > erzeugt eine neue Datei oder überschreibt eine vorhandene, der doppelte >> erzeugt eine Datei oder hängt die Ausgabe des Befehls ans Ende einer bestehenden Datei. Und mit dem Pipe-Symbol | kann man Befehle durch andere filtern.

Ein Beispiel: Möchte man sich die Man-Page, also das eingebaute Handbuch (Manual), eines UNIX-Befehls ansehen, tippt man normalerweise man und den Namen des Befehls. Dann erscheint das Handbuch. Allerdings kann man die Ausgabe auch in Apples Programm Vorschau ansehen, wenn man die Ausgabe filtert: man -t <UNIX_BEFEHL> | open -f -a preview.

Dateien erstellen mit »touch«: Mit dem Befehl touch erstellen Sie eine oder mehrere beliebige leere Dateien unterschiedlichster Art, abhängig davon, welchen Namen Sie der jeweiligen Datei geben. Einige Beispiele gefällig?

- touch ~/Documents/Artikel.txt erstellt die Textdatei Artikel.txt im Ordner Dokumente.
- touch Artikel.{txt,doc,psd} erstellt die Textdatei Artikel.txt, die Word-Datei Artikel.doc und die Photoshop-Datei Artikel.psd im aktuellen Verzeichnis.
- touch Einleitung.txt Kapitel_1.txt Kapitel_2.txt erstellt die drei Dateien Einleitung.txt, Kapitel_1.txt und Kapitel_2.txt im aktuellen Verzeichnis.
- touch Kapitel_{1..9}.txt erstellt neun Dateien von Kapitel_1.txt bis Kapitel_9.txt im aktuellen Verzeichnis.

Dateien mit Text füllen mit »emacs«, »vim«, »cat«: Eben mal eine Textdatei erstellen, ohne einen Editor zu öffnen. Geht auch mit dem Befehl cat >> ~/Desktop/Test.txt <<ENDE. Damit erzeugt man eine Textdatei (in unserem Beispiel Test.txt auf dem Schreibtisch), in der man gleich schreiben kann wie in einem Texteditor. Ist man fertig, tippt man einfach ENDE (oder EOF, SCHLUSS, FERTIG, was man eben zu Beginn hinter die beiden << geschrieben hat). Man kann auch mächtige Editoren wie Vim und Emacs im Terminal aufrufen, aber das würde hier zu weit führen.

Dateien kopieren, bewegen und sichern mit »rsync«, »ditto«, »mv«: Beim Kopieren großer Dateimengen (zum Beispiel beim Sichern meiner iTunes-Mediathek auf einer externen Festplatte) verzichte ich gerne auf den Finder und benutze rsync. Das Programm sichert sogar netzwerkübergreifend und arbeitet ruhig und zuverlässig im Hintergrund. Meist verwende ich den Befehl rsync -auvhP /<PFAD/

VOM/ORDNER>/* /<PFAD/ZUM/BACKUP/ORDNER>. Die Option -a steht für archive, ich sichere Dateien also nur von A nach B, -u bedeutet update – nur veränderte oder neue Dateien werden kopiert. -v heißt verbose, das Programm zeigt mir also genau, was es gerade wohin kopiert. -h steht für human readable, die Ausgabe wird also so aufbereitet, dass man sie gut lesen kann. Und -P steht für partial progress. Falls der Kopiervorgang überraschend unterbrochen wird, macht rsync beim nächsten Mal einfach an der Stelle weiter. Außer rsync kann man auch andere Befehle wie das einfachere ditto oder noch simpler mv (move) oder cp (copy) verwenden.

Haben Sie erst einmal angefangen, sich mit dem Terminal zu beschäftigen und es im Laufe des Tages mehrfach zu nutzen, ist ein kostenloses Tool wie TotalTerminal sehr praktisch, das Sie unter *totalterminal.binaryage.com* laden können. Haben Sie diese Erweiterung installiert und gestartet, öffnet und schließt sich ein Terminalfenster ganz einfach auf Tastendruck. Sie bestimmen, ob es eine bestimmte Hälfte des Bildschirms einnimmt oder den ganzen Bildschirm, und viele andere Einstellungen.

Über die eingebauten Handbücher, die man mit man <BEFEHL> aufrufen kann, habe ich oben schon geschrieben. Noch schöner ist die Internetseite *explainshell.com*, die (allerdings auf Englisch) genau auflistet, was welcher Optionsschalter eines Befehls bewirkt.

Falls das jetzt alles ein bisschen viel auf einmal war – keine Sorge. Die Fülle der UNIX-Kommandos beherrschen nur die wenigsten. Zunächst ist es nur wichtig, zu wissen, dass es sie gibt. Und dass man als Apple-Nutzer seinen Mac auch ohne diese schöne grafische Benutzeroberfläche bedienen kann. Für mich ist das ein sehr wichtiger Grund, Apple zu lieben.

Übrigens schützen grundlegende Terminal-Kenntnisse auch davor, auf üble Scherze hereinzufallen und seinen Rechner selbst unbrauchbar zu machen. Im Dezember 2013 tauchte auf der englischen Website *4chan* (die mit dem Gerücht, dass iOS 7 wasserdicht macht) ein Bild auf, das ein angebliches Geheimnis von OS X verriet. Im System sei eine Software versteckt, mit deren Hilfe man selbst die virtuelle Währung Bitcoins an seinem Rechner erzeugen könne. Man solle einfach sudo rm -fr /* im Terminal eingeben, um diese Software freizuschalten.

Ein ziemlich böser Scherz, denn wie Terminal-Verwender wissen, löscht dieser Befehl die Festplatte komplett. sudo sorgt dafür, dass der Befehl als Super User ausgeführt wird, damit auch ja kein Verzeichnis verschont wird. rm steht für remove, die Option -f bewirkt eine Forcierung ohne Nachfragen und -r ein rekursives Löschen, also ein Löschen aller Verzeichnisse und Unterverzeichnisse, ausgehend vom Stammverzeichnis / und allem, was darin ist *. Ein weiteres Beispiel dafür, wie mächtig die Befehle des Terminals sind, und wie sorgfältig man damit umgehen sollte.

87. GRUND

Weil die meisten Nutzer nicht einmal wissen, dass Apple ein Terminal hat

Eben habe ich das große Loblied des Terminals gesungen, jetzt soll einmal die grafische Benutzeroberfläche dran sein. Viele, viele Nutzer haben keine Ahnung, dass Apple überhaupt ein Terminal besitzt und auf einem System aufsetzt, das über 40 Jahre alt ist.

Das liegt vor allem daran, dass Terminal-Kenntnisse zwar praktisch sind, man aber auch wunderbar ohne sie auskommt. Anders als bei vielen Linux-Systemen ist nämlich kein Gefrickel notwendig, um das System zum Laufen zu bekommen. Es funktioniert schon von Haus aus wunderbar. Und die Benutzeroberfläche, das Graphic User Interface (GUI), macht einfach Spaß. Denn Apple ist einfach detailverliebter und viel ästhetischer orientiert als seine Konkurrenten. Anderen Systemen merkt man an, dass eine Benutzeroberfläche nur etwas ist, was dem eigentlichen System übergestülpt wird. Man misst dieser Schnittstelle zwischen Rechner und

Benutzer einfach weniger Bedeutung zu, als es bei Apple der Fall ist.

Apple dagegen ist noch ganz von seinem Gründer Steve Jobs geprägt, der selbst das kleinste Design-Detail zur Chefsache machte. Vic Gundotra, ein Google-Angestellter, der für Googles mobile Apps zuständig war und viel mit Steve Jobs zu tun hatte, berichtet auf seinem Google+-Account unter dem Titel »Icon Ambulance« eine Begebenheit, die bezeichnend dafür ist. Am Sonntag, dem 6. Januar 2008 erhielt Gundotra während des Gottesdienstes einen Anruf, den er ignorierte. Später fand er eine Voicemail-Nachricht von Steve Jobs, der wegen einer dringenden Sache um Rückruf bat. Wie sich herausstellte, hatte Jobs das Icon der Google-App auf seinem iPhone genauer angesehen und herausgefunden, dass der Verlauf des zweiten »o«s in Google nicht das richtige Gelb hatte. Eine Sache, die sofort behoben werden musste. Wenige Minuten nach dem Telefonat mit Jobs trudelte eine Mail mit weiteren Details in Gundotras Postfach ein, die den Betreff »Icon Ambulance« trug.[24] Wohl kein anderer Vorstandsvorsitzender hätte diese winzige Farbabweichung in einem Icon überhaupt bemerkt, geschweige denn sie für so wichtig gehalten, um noch sofort, am Sonntag, Maßnahmen zu ergreifen.

Dieses Beispiel ist vielleicht übertrieben, erklärt aber, warum sich iOS und OS X so viel besser anfühlen als Windows und Linux. Bei Apple wird darauf geachtet, ob die Menüleiste transparent oder opak ist, mit welchem Effekt Fenster im Dock minimiert werden und weitere Kleinigkeiten.

Kein Wunder, dass die meisten Nutzer gar nicht wissen, dass OS X eigentlich auch nur ein normales Unix-System ist. Es fühlt sich einfach so viel besser an als die anderen. Ich bin zwar ein großer Fan des Terminals, aber natürlich braucht man es nicht wirklich.

Die durchdachte und einfach schöne Benutzeroberfläche von OS X ist in der Regel völlig ausreichend und macht das Arbeiten am Mac zu einem Vergnügen.

88. GRUND

Weil Apple Sinn für Typografie weckt

Schon auf dem College interessierte Steve Jobs sich für Kalligrafie und Typografie, und diese Liebe ließ er auch in seine Arbeit bei Apple einfließen. Immer wieder wurden mit den Betriebssystemen berühmte Schriften ausgeliefert, die man sonst teuer bezahlen musste. Aber in diesem Grund reden wir mal nicht von der Gill Sans oder der Hoefler, sondern von einer Schrift, die wirklich jeder auf Anhieb erkennt, und die sich extrem verbreitet hat, nachdem Apple sie als Systemschrift mit jedem Rechner und jedem System-Update ausgeliefert hat.

Die Rede ist von der Zapfino, die der berühmte Schriftgestalter Hermann Zapf (auch bekannt für seine Schriften Palatino und Optima) für Linotype entworfen hatte. Die Zapfino ist keine Schrift für den normalen Briefwechsel oder die E-Mail. Es handelt sich vielmehr um eine ausgefallene Schreibschrift mit vielen künstlerischen Schnörkeln und Schwüngen, die oft die normale Zeilenhöhe sprengen. Eine auffällige Schrift, die so ungewöhnlich ist, dass sie auch Laien sofort ins Auge springt.

1999, ein Jahr nach der Vorstellung, wurde die Zapfino mit dem Designpreis des Type Directors Club ausgezeichnet. Aber so richtig Verbreitung fand sie erst durch Apple, als sie zusammen mit dem Betriebssystem 10.3 (Panther) ausgeliefert wurde. Auf einmal sah man die Zapfino auf jedem Bistroschild, jeder Speisekarte und allen Drucksachen, die sich zumindest den Anschein des Künstlerischen geben wollten. Man wusste sofort: Der Designer hatte die neueste Ausgabe des Betriebssystems auf seinem Mac installiert. Jedenfalls sah man es, wenn man selbst schon längere Zeit mit Macs arbeitete und einen Sinn für Typografie entwickelt hatte. Bei mir war das der Fall.

Der erste Ausdruck in Times Roman (heute als allgegenwärtig verpönt) begeisterte mich. Das sah ja aus wie gedruckt. Wie ein Buch, und gar nicht, wie bei Courier, wie mit der Schreibmaschine geschrieben. Und dann waren da noch mehr. Ich begann, Bücher über Typografie zu lesen, und pflegte freundschaftliche Beziehungen zu Lieblingsschriften. Zu denen gehörten neben Syntax oder Futura auch Gill Sans und Avenir. Diese beiden werden inzwischen mit jedem Mac ausgeliefert, aber am Anfang war das noch nicht der Fall. Da musste man das Glück haben, in einer Agentur zu arbeiten, die Schriften für viel Geld gekauft hatte.

Heute sieht die Sache mit den Schriften schon ganz anders aus. Von den Qualitätsfonts, die Apple mit seinem OS X ausliefert, mal abgesehen, findet man auch im Internet jede Menge schöne, gut ausgebaute Schriften, bei denen auch die merkwürdigen Zeichen vorhanden sind, die wir in Deutschland immer wieder mal brauchen: öäüÖÄÜß.

Eine gute Quelle ist die URL *www.google.com/fonts*. Das Unternehmen hat hier über 600 Schriftfamilien versammelt, die kostenlos genutzt werden können. Auch das Schrift-Eichhörnchen ist eine gute Adresse. Unter *www.fontsquirrel.com* findet man ebenfalls Hunderte von Schriften, die kostenlos und legal heruntergeladen und verwendet werden dürfen. Dazu eine ganze Menge von Angeboten mit teilweise um 90 Prozent reduzierten Schriften.

Aber Vorsicht: Wenn die Liebe zur Typografie erst einmal geweckt ist, entwickelt man sich selbst leicht zum Schriften sammelnden Eichhörnchen. Und man leidet angesichts der Verstümmelung und unzumutbaren Behandlung, die manche Schriften in Anzeigen, auf Plakaten und Flugblättern erfahren. Da wird gestaucht und gequetscht, schräg gestellt, anstatt die echten Kursive zu verwenden, oder Massen von Schriften, die sich nicht vertragen, werden auf kleinstem Raum zusammengepfercht.

Dann sind da wieder die schönen Momente, wenn man in einem Café in Amsterdam sitzt, eine schön gesetzte Speisekarte mit der Scala Sans betrachtet und sich darüber freuen darf. In diesen Momenten dankt man Apple dafür, dass das Unternehmen den eigenen Sinn für Typografie geweckt hat.

Wenn Sie selbst mal einen Blick auf die 100 besten Schriften aller Zeiten werfen wollen, klicken Sie doch auf *www.100besteschriften.de*.

Der Schriftanbieter FontShop hat diese Hitparade der Schriften in Zusammenarbeit mit einer internationalen Jury erstellt und veröffentlicht. Gewichtet werden Kriterien wie Verkaufszahlen (40 Prozent), historische Bedeutung (30 Prozent) und ästhetische Qualität (30 Prozent). Sicher wird nicht jeder damit einverstanden sein, dass die Helvetica auf Platz 1 gelandet ist. Aber es ist ein Anfang, wenn man sich für Typografie interessiert. Es muss ja nicht immer Apple sein. Aber bei mir war es eben dieses Unternehmen, das mein Interesse für Schriften geweckt hat.

89. GRUND

Weil mit Automator fast jeder programmieren kann

Seit der Version 10.4 gehört Automator zum Inventar von OS X. Das Icon des Programms ist ein kleiner Roboter, der eine Art Rohr in den Händen hält. Beim Anblick des Icons könnte man Automator für ein Spielzeug halten, dabei ist er ein mächtiges Werkzeug, das es ziemlich einfach macht, kleine Programme zu erstellen, mit denen man regelmäßige Aufgaben automatisieren kann. Ich habe absichtlich »erstellen« geschrieben, denn Programmierkenntnisse braucht man für Automator nicht. Er stellt eine Art Baukasten aus vielen Modulen zur Verfügung, die man nach Bedarf aussuchen und zusammenstellen kann. Man klickt sich hier sein Programm aus einer Menge Vorlagen mehr zusammen, als dass man es schreibt.

Ein ganz einfaches Beispiel: Man hat einen Ordner voller Bilder und möchte einen Kontaktbogen von einer Auswahl oder von all diesen Bildern erstellen. Entweder man öffnet jedes Bild per Hand, kopiert es und fügt es verkleinert mit den anderen in eine große Bilddatei ein, die man als PDF speichert, oder man klickt sich schnell einen Automator-Ablauf.

Öffnet man Automator das erste Mal, muss man sich entscheiden, welche Art von Automator-Dokument man erstellen möchte. Wir wählen in unserem Beispiel einen Systemdienst. Laut der kleinen Erklärung in Automator sind das »Arbeitsabläufe, die überall in OSX verfügbar sind. Sie akzeptieren Text oder Dateien vom aktuellen Programm oder dem Finder. Dienste werden im Menü ›Dienste‹ angezeigt.«

Das Dokument kann man übrigens später immer noch in einen Arbeitsablauf, ein Programm, ein Plug-in etc. konvertieren.

Jetzt zieht man einfach die Funktion »Neuen Kontaktbogen erstellen« aus der Modulbibliothek in das Arbeitsfenster, wählt einen Speicherort und Namen für den neuen Kontaktbogen, legt Papiergröße und Anzahl der Spalten fest. In Auswahlmenüs kann man angeben, welche Art von Dateien (Bilder) aus welchen Programmen (Finder) der Kontaktbogen-Service verarbeiten soll. Dann einfach speichern und Automator schließen.

Markiert man jetzt einige Bild-Dateien im Finder und klickt dann mit der rechten Maustaste, kann man im Kontextmenü »Dienste« den Dienst »Kontaktbogen« auswählen. Der erstellt dann aus den angewählten Bildern automatisch einen Kontaktbogen im PDF-Format. Äußerst praktisch und zeitsparend.

Aber man kann nicht nur Bilder manipulieren. Automator kann auch Skripte aller möglichen Programmiersprachen in Programme verwandeln oder Dienste daraus machen, die sich mit einem Klick auf die rechte Maustaste aufrufen lassen. Zum Beispiel kann man mit Automator Dateinamen von vielen Dateien gleichzeitig ändern, entweder, um das Erstellungsdatum in den Namen aufzunehmen oder um die Namen so zu verändern, dass auch der Nicht-Apple-Server problemlos damit klarkommt. Ich habe unter anderem einen Automator-Dienst, mit dem ich deutsche Sonderzeichen in Dateinamen umwandle, zum Beispiel ä in ae, und Leerzeichen durch Unterstriche ersetze. Warum? Weil ich dann in einer Mail den Weg zur Datei auf dem Server als klickbaren Link an meine Kollegen schicken kann, statt das Mail-Postfach mit Dateien aufzublähen.

Mit Automator können solche kleinen Aufgaben auch Menschen erleben, die von Programmiersprachen keine Ahnung haben.

90. GRUND

Weil man sein iPhone auch jailbreaken kann

Ich bekenne, auch ich habe ein iGerät schon einmal aus seinem Apple-Gefängnis befreit. Allerdings ist das schon ein paar Jahre her, und ich war neugierig.

Jailbreak (in etwa: Gefängnisausbruch) heißt, iOS so zu verändern, dass die Beschränkungen aufgehoben werden, die Apple eingebaut hat.

So erlaubt Apple nur die Installation von Programmen aus dem App Store. Die eingereichten Apps werden von Apple vor der Veröffentlichung überprüft, sodass die Chance, Schadsoftware einzuschmuggeln, sehr gering ist. Die Nutzer profitieren also von mehr Sicherheit durch diese Beschränkung. Aber warum sollte man sein Gerät dann einem Jailbreak unterziehen?

Bei einem Jailbreak wird die Beschränkung auf den App Store aufgehoben, sodass man auch auf einen alternativen App Store zugreifen kann, der nicht von Apple autorisiert ist. In diesem Cydia Store werden Programme angeboten, die Apple nicht erlauben würde, weil sie aus irgendeinem Grund den Nutzungsbedingungen widersprechen. So kann man die Systemschrift ändern, die Farbe der iOS-Nachrichten oder den ganzen Look des Systems.

Mit einem Jailbreak lassen sich Programme und Funktionen nachrüsten, die manche Nutzer beim originalen System vermissen. Ich persönlich habe im Cydia Store vor einigen Jahren nicht viel gefunden, was ich unbedingt benötigt hätte. Und als das nächste Systemupdate kam, habe ich es ohne Bedauern aufgespielt und auf den Jailbreak verzichtet. Denn das ist auch so eine Sache. Ein Jailbreak hält in der Regel nur bis zu Apples nächstem Update von iOS 7, dann wird die Lücke gestopft, die die Jailbreak-Entwickler ausgenutzt haben. Möchte man also nicht auf seine Programme aus dem Cydia Store verzichten, darf man ein Systemupdate erst dann aufspielen, wenn es auch einen Jailbreak dafür gibt. Mit einem Jailbreak-Gerät hinkt man der aktuellen Systemversion also immer einen Schritt hinterher. Zudem wird mit jeder neuen Version von iOS ein Jailbreak unnötiger (jedenfalls aus meiner Sicht). Denn natürlich erweitert Apple die Möglichkeiten des Systems und baut weitere Funktionen ein (die es vielleicht vorher nur als Jailbreak gab). Die Apps im Cydia Store bleiben Apple hier allerdings einen Schritt voraus, denn wenn sie nicht mehr nützliche Funktionen bieten als Apple selbst, besitzen sie keine Existenzberechtigung. Aber Vorsicht: Es gibt inzwischen auch eine ganze Menge sogenannter Fake Jailbreaks, die Schadcodes installieren können oder gegen Geld angeboten werden. Echte Programme für einen Jailbreak kosten nichts. Man sollte also darauf achten, die Programme, mit denen es möglich ist, sein iOS-Gerät zu jailbreaken, nur von den Seiten der bekannten Entwicklerteams herunterzuladen. Vor einem Jailbreak sollte man auch bedenken, dass Programme aus dem Cydia Store die Stabilität des Systems beeinträchtigen und das Gerät verlangsamen können.

Apple selbst sieht im Jailbreak einen Bruch der Nutzungsbedingungen und ist der Meinung, dass dadurch die Garantie erlischt. Bei Problemen kann man zwar über iTunes immer den ursprünglichen Zustand seines iGeräts herstellen.

Sicherer ist es aber auf jeden Fall, innerhalb der Gitterstäbe von Apples goldenem Käfig zu bleiben und darauf zu vertrauen, dass Apple mal wieder besser als der Nutzer weiß, was nötig ist. Falls man jedoch ein bisschen wagemutiger ist und den Jailbreak riskiert, kann man danach im Cydia Store stöbern. Meine Erfahrung: Ganz nett, der Aufwand lohnt sich aber nicht wirklich. Apple liefert eigentlich alles, was man wirklich braucht. Wenn noch nicht jetzt, dann wahrscheinlich mit dem nächsten Update für iOS.

8

Geschichte

»Der Film *Star Trek IV: Zurück in die Gegenwart* enthält eine Szene, in der Scotty einen Rechner bedienen will. Er probiert es, indem er den Computer direkt anspricht. Dann hält ihm Pille die Maus hin, die beide für ein Mikrofon halten. Schließlich begreift er, dass er tatsächlich die Tastatur benutzen muss, und setzt sich vor den klar erkennbaren Macintosh Plus. Die Internet Movie Database weist darauf hin, dass es ursprünglich ein Atari hätte sein sollen (der Film ist 1986 erschienen), aber Atari wollte den Rechner verkaufen, während Apple ihn gerne ausgeliehen hat.«

(aus Grund 100: »Weil man an den Apple-Rechnern in Filmen und Serien erkennt, wie alt diese sind«)

91. GRUND

Weil Apple die Maus populär gemacht hat

Zugegeben, Apple hat die Computermaus nicht erfunden, auch wenn das gerne mal behauptet wird.

Das erste Unternehmen, das so etwas Ähnliches wie eine Maus tatsächlich kommerziell einsetzte, war erstaunlicherweise Telefunken, das diese Art der Eingabe im Jahre 1968 vorstellte. Zwar wurde das Eingabeinstrument nicht »Maus«, sondern »Rollkugel« genannt, die Funktion war jedoch die gleiche wie die der Maus, die Douglas Engelbart vom Stanford Research Institute einige Wochen später demonstrierte. Zu der Zeit gab es noch keine grafische Benutzeroberfläche, und die Begeisterung der Öffentlichkeit hielt sich in Grenzen. Man gab einfach wie gewohnt seine Kurzbefehle über die Tastatur ein (keine schlechte Art übrigens, um mit seinem Rechner zu kommunizieren).

William English aus dem Team um Douglas Engelbart wechselte 1971 zum Xerox Palo Alto Research Center (PARC) und entwickelte die Maus weiter. 1973 wurde sie am Xerox Alto eingesetzt, dem ersten Rechner mit einer grafischen Benutzeroberfläche. Der wurde jedoch nur für die Forschung eingesetzt. Der erste kommerzielle Rechner mit einer Maus als zweitem Eingabeinstrument neben der Tastatur war der Xerox Star (offiziell: Xerox 8010 Information System), eine Workstation mit grafischer Benutzeroberfläche. Allerdings kostete die Maus 400 US-Dollar, die dazugehörige Schnittstelle im Rechner noch einmal 300 US-Dollar. Die meisten Anwender verzichteten dankend auf die Maus.

Erst mit Apple kam der Durchbruch. Das Unternehmen erwarb eine Lizenz der Technik und beauftragte ein Designbüro mit der Entwicklung einer Maus, die sich industriell für 25 US-Dollar herstellen ließ. Apples erster Rechner mit Maus, die Lisa, kam 1983 heraus. Der Rechner war jedoch mit rund 10.000 US-Dollar etwas teuer und verkaufte sich nicht besonders. Etwas besser sah es schon mit dem Nachfolger Macintosh aus, der 1984 herauskam und »nur« noch ein Viertel kostete.

Unter PC-Nutzern galt die Maus allerdings noch lange als verzichtbares Spielzeug. Als ich 1989 das erste Mal am Rechner arbeitete, galt der Norton Commander als Nonplusultra der Benutzerschnittstelle. Er bestand im Prinzip aus zwei Fenstern, in denen die Dateien je eines Verzeichnisses dargestellt wurden. Man konnte alle sehen und sie per Tastaturbefehl bearbeiten, kopieren und so weiter. Das war schon ein toller Fortschritt. Aber eine Maus? Brauchte man dafür nicht. Das war Kinderkram.

Heutzutage dagegen glauben die meisten PC-Nutzer, ohne Maus nicht mehr auskommen zu können. Sogar an einem Laptop mit Trackpad wird oft noch eine Maus angeschlossen, so sehr haben sich die Menschen an dieses Eingabegerät gewöhnt, das zu Beginn eher als unnützes Spielzeug abgetan wurde.

Zu verdanken haben wir das, wie gesagt, Apple und vor allem Steve Jobs. Der sorgte 1984 dafür, dass der Macintosh mit einer Tastatur ohne Pfeiltasten auf den Markt kam, um die Verwender zur Benutzung der Maus zu zwingen. Er drohte sogar, Apple-Angestellte zu feuern, die auf ihrer Meinung bestanden, dass zu einem Rechner eine Tastatur mit Pfeiltasten gehöre.

Das war mal wieder etwas über das Ziel hinausgeschossen, aber vielleicht ein typisches Beispiel für die Strategie Jobs', Produkte durch das Weglassen von gewohnten Einheiten zu verbessern. Wie erfolgreich diese Strategie war, zeigt nicht nur die Tatsache, dass wir heute alle eine Maus benutzen, sondern auch der Erfolg des iPhones. Schließlich entstand das iPhone durch Weglassen, in diesem Fall durch das Weglassen der Tastatur.

92. GRUND

Weil Apple das Diskettenlaufwerk abgeschafft hat

Was gab es für ein Geschrei, als 1998 die ersten iMacs herauskamen – ohne Diskettenlaufwerk. Wie sollte man denn jetzt Daten austauschen? Typisch Apple, selbstherrlich, ohne an die Nutzer zu denken.

Das war die Zeit, als Disketten für PC und Mac unterschiedlich formatiert werden mussten. PCs konnten keine Mac-formatierten Disketten lesen und Macs PC-Disketten nur mit einem Zusatzprogramm. Ein umständliches und langsames Speichermedium also, und mit einer Kapazität von nur 1,4 MB. Trotzdem glaubte man, auf Disketten nie im Leben verzichten zu können. Und dann kam Apple ganz frech daher, strich das Diskettenlaufwerk, und man stellte plötzlich fest, dass man es tatsächlich nicht vermisste.

Steve Jobs war seiner Zeit einfach wieder mal etwas voraus. Er hatte erkannt, dass Datenträger mit 1,4 MB Speicherkapazität einfach nicht mehr ausreichend und zeitgemäß waren. Also weg damit. Das senkte die Kosten und sparte Platz. Der iMac wurde 1998 entgegen jeder Konvention ohne integriertes Diskettenlaufwerk ausgeliefert. Wenn man unbedingt noch Disketten brauchte, konnte man ein externes Laufwerk über USB anschließen. Das war aber überraschenderweise fast nie nötig.

Denn trotz meiner eigenen Bedenken merkte ich schnell: Daten kann man viel besser weitergeben als per Diskette. Über LAN oder E-Mail, via USB-Stick oder Wechselspeicher von SyQuest oder Iomega wie ZIP-Disk (100 MB). Ich selbst hatte zwei Laufwerke von SyQuest mit dem Namen EZ 135 Drive, die über SCSI angeschlossen wurden und unfassbare 135 MB speichern konnten. Natürlich dauerte das Lesen und Beschreiben bei diesen Magnetspeichern eine Weile. Verglichen mit einer Diskette ging das trotzdem alles rasend schnell.

Aus irgendeinem Grund bewahre ich immer noch ein USB-Diskettenlaufwerk und zwei Schubladen voller Disketten im Keller auf, aber gebraucht habe ich beides nie mehr. Sony stellte 2011 offiziell die Produktion von Computerdisketten mit 1,4 MB Kapazität ein. Apple (in Gestalt von Steve Jobs) hat das Ende wie so oft schon Jahre vorher kommen sehen.

Heute findet man im Netz noch Bauanleitungen für Lampenschirme aus alten Disketten, man kann sie auch wunderbar als Glasuntersetzer verwenden, wenn man einen Tisch mit empfindlicher Platte besitzt. Aber zum Datenspeichern braucht sie wirklich kaum noch jemand. Nur ein Anbieter setzt noch auf das Medium Diskette: Verbatim mit Sitz in Eschborn produziert weiterhin, die Packung mit zehn Disketten kostet knapp sieben Euro. Ganz schön teuer, wenn man das mal auf Euro pro MB umrechnet und mit anderen Speichermedien vergleicht.

Für ältere Synthesizer oder programmgesteuerte Maschinen soll die Diskette immer noch ihre Berechtigung haben, wenn man der Wikipedia glaubt. Aber das war es dann auch schon. Am Rechner haben wir inzwischen weitaus bessere Speichermöglichkeiten. Apple hat diese Entwicklung nicht verursacht, aber eventuell ein bisschen beschleunigt. 1998 hat man vielleicht über das fehlende Diskettenlaufwerk geschimpft, aber rückblickend ist man doch dankbar, dass das Unternehmen mitgeholfen hat, uns von den Beschränkungen der Diskette zu befreien.

93. GRUND

Weil Apple die Maus überflüssig gemacht hat

Klingt paradox, ist aber so. Apple hat zwar 1984 damit begonnen, die Maus populär zu machen, aber am Mac ist man überhaupt nicht darauf angewiesen. Wieso sollte man auch beim Schreiben die fleißig tippenden Finger vom zentralen Eingabegerät – der

Tastatur – nehmen, nur um einen Menüeintrag zu markieren oder eine Formatierung vorzunehmen? Eben. Wenn man sich ein paar Tastaturkommandos merkt, kommt man viel schneller zum Ziel.

Zum Beispiel muss man nicht zur Maus greifen, um bei Dialogfeldern verschiedene Schaltflächen zu betätigen. Will man die Vorauswahl bestätigen (die man am Pulsieren der farbigen Schaltfläche erkennt), drückt man einfach Enter. Viel schneller, als zur Maus zu greifen, den Zeiger auf die Schaltfläche zu bewegen und zu klicken.

Das wussten Sie? Aber wussten Sie auch, dass sie mit der Tabulatortaste zwischen den Flächen hin- und herspringen können? Dazu müssen Sie allerdings unter »Systemeinstellungen/Tastatur/Tastaturkurzbefehle« das Feld »Alle Steuerungen« markiert haben. Dann funktioniert das prima. Sie erkennen das ausgewählte Feld in den Dialogen an einem blau schimmernden Rand. Aber wie bestätigt man nun die Auswahl? Enter bestätigt nur die Standard-Auswahl. Merkwürdigerweise muss man die mit dem Tabulator getroffene Auswahl mit der Leertaste bestätigen. Es hat lange gedauert, bis ich das zufällig herausgefunden habe. Aber wenn man sich erst einmal daran gewöhnt hat, greift man nicht mehr freiwillig zur Maus.

Zwischen den einzelnen offenen Programmen wechselt man mit der Tastaturkombination Command-Tab, und wenn mal nichts mehr geht, ruft man mit Command-Alt-Esc ein Fenster auf, mit dessen Hilfe man alle offenen Programme beenden kann.

Die Kommandos für das Ausschneiden, Kopieren und Einfügen markierter Textteile unterscheiden sich bei Windows und Mac nur durch die Zusatztaste. Während man bei Windows die Steuerungstaste gedrückt halten muss, sind es am Mac Command-X, Command-C und Command-V. Und auch zum Markieren des Textes braucht man keine Maus. Man hält einfach die Umschalttaste gedrückt, während man die Auswahl mit den Pfeiltasten erweitert.

Man muss sich nicht unbedingt alle Tastaturkommandos merken, aber die oben genannten plus einige weitere sind eigentlich

Pflicht, wenn man effizient arbeiten will. Command-S für »Speichern« ist genauso unverzichtbar wie Command-P für den Befehl »Drucken« (oder auf englisch: »Print«).

In so gut wie allen Textverarbeitungsprogrammen bedeutet Command-B fette Schrift (Bold), Command-I ist der Befehl für Kursivstellung (Italic), und Command-U für Unterstreichung. Auch die Absatzformate links- und rechtsbündig lassen sich über Command-L und Command-R schneller einstellen als durch einen Griff zur Maus. Apple selbst hat eine ausführliche Übersicht ins Netz gestellt, die man erreicht, wenn man *support.apple.com/kb/HT1343?viewlocale=de_DE* in seinen Browser eingibt.

Der echte Profi lässt die Maus links liegen (oder rechts), lernt die wichtigsten Tastaturkürzel auswendig und legt sich neue an, wenn die ihm nicht ausreichen. Denn auch das geht mit OS X. Aber das ist ein anderes Kapitel.

94. GRUND

Weil Apples Designphilosophie von Dieter Rams inspiriert ist

Dieter Rams ist ein deutscher Industriedesigner des Jahrgangs 1932, der mit seinen Ideen zum Design Apple maßgeblich beeinflusste. Steve Jobs war ein Fan der Geräte, die Rams von 1961 bis 1995 als Leiter der Formgebung für das deutsche Unternehmen Braun entworfen hatte.

Auch Apples aktueller Design-Chef Jony Ive bewundert Rams und seine Philosophie, die im Grunde vorwegnahm, was Apple später so erfolgreich machte. Bereits Mitte der Siebzigerjahre hatte Rams damit begonnen, eine Art »Zehn Gebote für gutes Design« zu erstellen.

Diese Zehn Gebote kann man auf der Seite des Möbelherstellers Vitsoe nachlesen, für den Dieter Rams seit 1959 parallel zu Braun arbeitete – und bis heute arbeitet: »Gutes Design ist innovativ. Gutes Design macht ein Produkt brauchbar. Gutes Design ist ästhetisch. Gutes Design macht ein Produkt verständlich. Gutes Design ist unaufdringlich. Gutes Design ist ehrlich. Gutes Design ist langlebig. Gutes Design ist konsequent bis ins letzte Detail. Gutes Design ist umweltfreundlich. Gutes Design ist so wenig Design wie möglich.«[25]

Schaut man sich die Thesen an, merkt man, dass sie im Großen und Ganzen auch für Apple-Produkte gelten. Getreu Rams' Grundsatz des »Weniger ist mehr« mühten sich Jobs und Ive bei jedem neuen Produkt, es so weit wie möglich zu vereinfachen. Dabei ging es ihnen, wie in Walter Isaacsons Jobs-Biografie nachzulesen, nicht allein um das Aussehen und die Oberfläche. Bei Apple geht das Design bis in den Kern des Produkts, ist integraler Bestandteil. Darum arbeitet die Design-Abteilung eng mit den Ingenieuren und der Produktionsabteilung zusammen. Nur so kann sichergestellt werden, dass sich die Vorstellungen der Designer auch verwirklichen lassen. Insbesondere, wenn es darum geht, Dinge wegzulassen oder Teile zu entwickeln, die die Funktion mehrerer anderer Teile übernehmen können.

Jobs und Ive waren Seelenverwandte, die beide dem gleichen Vorbild folgten. Dabei war Rams eigentlich gar kein gelernter Industriedesigner. Er hatte Architektur studiert, sollte, als er 1955 bei Braun anfing, eigentlich nur die Gestaltung der Innenräume übernehmen. Doch schon 1956 arbeitete er auch für die Designabteilung und war an der Entwicklung der Radio-Plattenspieler-Kombination Phonosuper SK4 beteiligt, die noch heute unter der liebevollen Bezeichnung »Schneewittchensarg« bekannt ist.

Immer wieder werfen Tech-Blogs die Frage auf, ob Apple sich von Braun-Geräten der Sechzigerjahre hat inspirieren lassen oder einfach das Design weitgehend übernommen hat. Eigentlich beantwortet sich die Frage schon selbst. Ein Design der Sechzigerjahre kann nach 2000 gar nicht so frisch und innovativ wirken, wie es Apples iPod und andere Produkte taten.

Aber die Inspiration ist unverkennbar, und Jony Ive hat bei verschiedenen Gelegenheiten darüber gesprochen und sich bei Dieter Rams dafür bedankt. In einem Interview mit dem *stern* 2008 erzählt Rams, dass Jony Ive ihm außerdem einen iPod und ein iPhone geschickt habe. »Eine nette Geste«, findet Rams. Und betont, dass es für ihn ein Kompliment sei, dass der frühe iPod seinem eigenen Entwurf des Taschenradios T3 sehr ähnlich sah.[26]

Dieter Rams hielt sich an die Vorgaben seines Arbeitgebers Erwin Braun, der meinte, ein Gerät müsse sich wie ein englischer Butler im Hintergrund halten und nur zu Diensten sein, wenn man es benötige. Darum achtete er vor allem darauf, dass die Geräte leicht zu bedienen waren, und verzichtete auf allen Firlefanz, den der Benutzer nicht brauchte. Das klingt sehr nach der Philosophie, die auch Apple vertritt.

95. GRUND

Weil für das Startkapital ein VW Bulli und ein Taschenrechner verkauft wurden

Mal ehrlich, das sind doch die Geschichten, die zu Herzen gehen. Das wertvollste Unternehmen der Welt besteht nicht schon in der vierten oder fünften Generation, es wurde nicht von internationalen Finanzkonsortien aus verschiedenen mittelständischen Firmen zusammenfusioniert. Nein, zwei Freunde gründeten das Unternehmen vor nicht einmal 40 Jahren mit rund 1.300 US-Dollar Startkapital.

Eigentlich waren es drei Gründer, aber das ist eine andere Geschichte. Der dritte Mann, Ronald Wayne, hielt seine zehn Prozent an der Firma nur elf Tage. Aus Angst vor eventuellen Haftungsansprüchen gab er seine Anteile für 800 Dollar an die beiden Steves zurück und arbeitet wieder bei Atari. Später bekam er noch einmal 1.500 US-Dollar. Schon 1982 wären laut Wikipedia Waynes Anteile an Apple 1,5 Milliarden US-Dollar wert gewesen, heute wären es zig Milliarden. Aber er selbst sagt, er bereue den Verkauf nicht. Er habe mit dem Tempo der beiden Steves nicht mithalten können.

Doch zurück zur Gründung von Apple. Steve Jobs überredete Steve Wozniak nicht mit dem Versprechen, schnell reich zu werden. Vielmehr ging es darum, ein Abenteuer zu erleben. Zwei Freunde, die eine eigene Firma gründen. Selbst wenn diese den Bach runtergehen würde, hätten sie immer noch die Erinnerung an dieses Abenteuer. Damit bekam er Wozniak dazu, mitzumachen.

Das nötige Startkapital besorgten sie sich, indem sie jeweils lieb gewonnene Dinge verkauften. Steve Wozniak trennte sich von seinem Taschenrechner HP-65, für den er 500 US-Dollar erhielt, Steve Jobs verkaufte seinen Volkswagen Bulli für 1.500 US-Dollar. Allerdings gab der Motor zwei Wochen später seinen Geist auf, und Jobs übernahm die Hälfte der Reparaturkosten. So kamen die beiden Gründer auf ein Startkapital von rund 1.300 US-Dollar.

Das reichte aber längst nicht, um den ersten Auftrag erfüllen zu können. Nachdem sie die Firma gegründet hatten, stellten sie den rudimentären Rechner, den sie im Sinn hatten, beim Homebrew Computer Club vor. Dadurch wurde Paul Terrell auf sie aufmerksam, der Besitzer mehrerer Computerläden. Er gab den beiden jungen Firmengründern den ersten Auftrag und bestellte 50 Rechner zum Preis von je 500 US-Dollar. Das wären 25.000 US-Dollar, aber um den Auftrag erfüllen zu können, brauchten die beiden Jungunternehmer Bauteile im Wert von rund 15.000 US-Dollar. Keine leichte Aufgabe, wenn man aussah wie ein Hippie. Der Vater eines Freundes erklärte sich bereit, ihnen 5.000 US-Dollar zu leihen, aber eine Bank, die Steve Jobs um Kredit bat, lehnte ab. Schließlich überzeugte er den Manager eines Ladens für Bauteile, ihnen 30 Tage Kredit für die Teile zu gewähren. Zuerst rief der aber bei Paul Terrell an, um sich die Echtheit des Vertrags bestätigen zu lassen.

Nachdem die Versorgung mit Bauteilen gesichert war, blieben noch 30 Tage Zeit, um die 50 Rechner zusammenzulöten. Das geschah mit Hilfe von Freunden im Elternhaus von Steve Jobs. Küchentisch und Garage wurden in Beschlag genommen. Jobs selbst griff sich einen Lötkolben und bestückte die Platinen, nachdem eine Freundin sich als nicht geschickt genug erwiesen hatte. Damals war so etwas noch machbar, weil es sich um einfache Platinen handelte, an die man eine Tastatur und einen Fernseher als Bildschirm anschließen musste. Das machte Steve Wozniak bei der Endkontrolle der Rechner.

Wenn Jobs' Vater mal den Fernseher für sich beanspruchte, um ein Football-Spiel zu sehen, nutzten Jobs und sein Freund Daniel Kottke die Zwangspause, um auf der Terrasse Gitarre zu spielen.

So entstand 1976 der Apple I: am Küchentisch von ein paar Freunden unter Zeitdruck am zusammengelötet, für 500 US-Dollar pro Stück an die Computerkette Byte Shop verkauft. Deren Besitzer Paul Terrell brachte die Rechner für 666,66 US-Dollar mit dem Spruch »Byte into an Apple« an den Mann.

Ein romantischer Start für das Unternehmen, das 2014 die Rangliste der wertvollsten Unternehmen der Welt anführt.

96. GRUND

Weil Apple aus einem einfachen Firmenjubiläum ein Ereignis macht, das die Welt bewegt

Am 24. Januar 2014, genau 30 Jahre nach der Einführung des Apple Macintoshs, schickte Apple 15 Filmcrews auf der ganzen Welt los, die mit 100 iPhones 5s über 70 Stunden Filmmaterial drehten. In Seattle, Aspen, Brookhaven, Maryland, Puerto Rico, London, Paris, Amsterdam, Pompeji, Botswana, Schanghai, Tokio und Melbourne.

Das Ergebnis ist der Image-Film *1.24.14* – gedreht ausschließlich auf iPhone 5s.

Die Regie bei dieser gewaltigen Produktion führte Jake Scott, der Sohn des Regisseurs Ridley Scott, der den berühmten *1984*-Clip drehte. Das Filmmaterial der 100 iPhones wurde aus der ganzen

Welt in die Zentrale in Los Angeles geschickt. Scott hatte eine Bühne in eine Art Kommandozentrale verwandelt und mit jeder Menge Apple-Technik ausgestattet, um über FaceTime die Drehs in der ganzen Welt verfolgen zu können. Fast so, als wäre er simultan an allen 15 Drehorten, die über die ganze Welt verstreut lagen.

45 Storys bilden die Grundlage für das Material. Die iPhones dokumentieren, wie Archäologen in Pompeji 3D-Renderings von Gegenständen erstellen, die sie in den Ruinen gefunden haben. Wir sehen Kinder in Paris Musik auf dem iPad machen, einen Journalisten in Puerto Rico mit dem MacBook auf dem Schoß im offenen Jeep dahinpreschen. Schulklassen, Modedesigner, Wissenschaftler, Fotografen, Künstler – unzählige Menschen auf der ganzen Welt sind heute durch den Mac in der Lage, ihre Ideen und Visionen verwirklichen zu können.

Die Crew in Los Angeles hatte 46 iPads am Start. Bei der Produktion kamen 86 Macs zum Einsatz. 21 Cutter sichteten und editierten das Material. Sie verwandelten die 70 Stunden in den anschließenden Film, der ziemlich genau so langy ist wie sein Titel – eine Minute und 27 Sekunden (wir wollen mal wegen der zweieinhalb Sekunden nicht so sein). In Los Angeles wurde der fertige Film schließlich von einem Sinfonieorchester mit einem Gänsehaut verursachenden Soundtrack versehen.

Die Geschichte des Macs begann vor 30 Jahren. Und sie ist noch lange nicht zu Ende. Auf der Jubiläumsseite *www.apple.com/30-years/* kann jeder Apple-Fan nicht nur den Film betrachten, sondern auch den Zeitstrahl der Mac-Entwicklung verfolgen und selbst zu einer Infografik beitragen. Auf dieser ist zu sehen, welche fünf Modelle für die meisten Nutzer ihr erster Mac waren und wie sie ihn eingesetzt haben. Interaktiv kann man außerdem verfolgen, wie sehr sich das Einsatzgebiet im Laufe der Zeit verändert hat. Lagen Bildung und Lehre 1992 auf Platz 1, sind es heute ganz klar Internet und E-Mail. Und Fotografie, heute auf Platz 2, tritt überhaupt erst 1997 auf den Plan.

Mit dieser Seite zum 30. Geburtstag des Macs, mit dem Film und der ganzen Inszenierung, hat Apple mal wieder dokumentiert, was seinen ganz eigenen Geist und seine Philosophie ausmacht. Wenn dieses Unternehmen etwas angeht, dann richtig. Mit Gefühl und Herzblut, kombiniert mit absolutem Anspruch an Perfektion. Apple schafft es merkwürdigerweise immer wieder, diese scheinbaren Gegensätze zu vereinen.

97. GRUND

Weil der Apple II der letzte Rechner ist, der von einem einzelnen Menschen entworfen wurde

Damit hat Steve Wozniak Geschichte geschrieben. Es dürfte in Zukunft wohl kaum noch einen Rechner geben, der von einem einzelnen Menschen entworfen wird. Die Schaltkreise des Apple IIs tragen in vielen Einzelheiten die Handschrift Wozniaks, der sehr viel Wert auf Einfachheit und Effizienz legte. Er entwarf viele Schnittstellen und Komponenten vor allem so, dass gegenüber herkömmlichen Entwürfen teure Hardware eingespart werden konnte. Ob bei der Video- oder der Sound-Ausgabe – wenn günstige Software eine Aufgabe übernehmen konnte, für die sonst ein eigener Chip nötig war, dann erkannte Wozniak die Chance und nutzte sie.

Dabei war das Design der Schaltkreise und des Apple IIs allgemein offen dokumentiert. Und Steve Wozniak hatte sich gegen Steve Jobs behauptet und durchgesetzt, dass der Apple II einen Erweiterungsbus mit acht Steckplätzen erhielt. Das machte es Drittanbietern leicht, ihrerseits Komponenten für den Apple II auf den Markt zu bringen, so am Erfolg teilzuhaben und zu ihm beizutragen. Und die Apple-Nutzer konnten mit der entsprechenden Erweiterungskarte Standard-Bürosoftware wie dBASE und WordStar nutzen.

Immerhin gab es einen Teil am Apple II, der so nicht ohne Steve Jobs entstanden wäre. Die herkömmliche Stromversorgung erzeugt eine Menge Hitze, die einen Ventilator erforderlich gemacht hätte. Den aber wollte der Perfektionist Steve Jobs auf jeden Fall vermeiden. Er trieb einen genialen Techniker auf, der ein Netzteil entwickelte, das weniger Hitze erzeugte. Das war ein Problem, das Wozniak nach eigener Aussage nicht hätte lösen können. Es interessierte ihn aber auch nur am Rande. Seine Leidenschaft galt vor allem dem effizienten Design von Schaltkreisen und Schnittstellen.

Zum Beispiel entwickelte er einen Controller für Diskettenlaufwerke, der den damals üblichen weit überlegen war. Er benötigte weniger Bauteile und brachte mehr Leistung. Als »Integrated Woz Machine« wurde der Controller später auf einem Chip zusammengefasst und kam auch in späteren Modellen zum Einsatz.

Der Apple II – Steve Wozniaks bahnbrechender Rechner – ist mit den Nachfolgemodellen auch der Rechner, der am längsten produziert wurde. 1977 startete die Produktion mit dem Apple II, und 1993 endete die Ära mit dem Apple IIe. 16 Jahre im Wesentlichen unverändert – das ist heutzutage ebenso wenig denkbar wie die Tatsache, dass der komplette Rechner zum größten Teil von einem einzigen genialen Entwickler entworfen wurde.

Heute plant Apple den Bau eines raumschiffähnlichen neuen Hauptquartiers, entworfen vom Star-Architekten Norman Foster, das Platz für 13.000 Mitarbeiter bieten soll. 6.000 Bäume sollen gepflanzt werden, die umweltfreundliche Stromversorgung will Apple auch gleich selbst übernehmen.

Den Grundstein dafür legte vor nicht einmal 40 Jahren ein bärtiger Hacker, der so ziemlich im Alleingang den Apple II entwarf. Damit schrieb er nicht nur Geschichte, sondern erweckte das Unternehmen zum Leben, das wir heute alle lieben – oder zumindest dessen Produkte.

98. GRUND

Weil Apples OS X ein UNIX-Derivat ist

Das Betriebssystem UNIX wurde 1969 entwickelt und war Vorbild für viele heutige Systeme wie Linux und OS X. Darum funktionieren im Terminal dieser UNIX-Derivate im Großen und Ganzen immer noch die gleichen Befehle wie damals. Man könnte auf die grafische Oberfläche ganz verzichten und den Rechner komplett mit diesen über 40 Jahre alten Befehlen steuern. Oder wie das Mädchen Lex Murphy in *Jurassic Park* sagt: »It's a UNIX System. I know this.«

Im Film ist die Kenntnis von UNIX lebensrettend. Und auch in der Wirklichkeit lohnt es sich auch, einmal unter die Haube von OS X zu schauen und ein paar Terminal-Befehle zu lernen. Im Terminal-Kapitel habe ich bereits ein paar der wichtigsten vorgestellt. Aber im Verzeichnis /usr/local/bin/ meines MacBooks finden sich mehr als 1.000 dieser Befehle, die alle mit zusätzlichen Optionen aufgerufen werden können.

Aber was ist denn – außer dem Terminal – sonst so interessant daran, dass Apple – anders als Windows – auf UNIX aufsetzt?

Zum einen die Tatsache, dass sich alle UNIX-Systeme ähneln. Kennt man sich mit einem aus, kommt man meist auch mit den anderen zurecht. Und kann sich zum Beispiel vor einem Rudel wildgewordener Dinosaurier in Sicherheit bringen. Oder anders gesagt: Wer seinen Mac aus dem Effeff beherrscht, hat nur wenig Probleme, wenn er an einem Linux-Rechner sitzt.

Wobei man Linux und UNIX nicht unbedingt in einen Hut werden darf. UNIX war zwar das Vorbild für Linux, aber Letzteres ist kein UNIX-System, sondern nur ein unixoides, ein UNIX-ähnliches System. Auch Apples OS X darf erst seit der Version 10.5 (Leopard) den Markennamen UNIX tragen.

Das liegt daran, dass es eine fast unüberschaubare Zahl von Gruppierungen und Systemen gibt, von verschiedenen Lizenzen und Konzepten. In den Achtzigerjahren wurde das bis dahin quelloffene Betriebssystem von AT&T kommerzialisiert. Das führte zu einer Reihe von Abspaltungen und Weiterentwicklungen. Es gab Vorwürfe, dass Teile des Codes von einem Projekt widerrechtlich kopiert und in einem anderen verwendet wurden, es gab Namensrecht-Streitigkeiten und Prozesse, die man heute allgemein unter dem Stichwort »UNIX-Kriege« zusammenfasst.

Erst seit 2007 also, seit der fünften Version des Mac OS X, darf sich Apples Betriebssystem als UNIX-System bezeichnen.

Für den Anwender macht es aber keinen großen Unterschied, welche Lizenzbedingungen Mac OS X jetzt gerade erfüllt oder nicht erfüllt. Das Betriebssystem verbindet auf jeden Fall das Beste vieler Betriebssysteme.

Man kann – wenn man will – im Terminal auf freie UNIX- und Linux-Software zugreifen, die seit Jahrzehnten erprobt, bewährt und extrem vielseitig ist. Manche Programme muss man extra installieren, so wie das Tool Wget, mit dem Edward Snowden massenweise Dokumente auf seinen Rechner geladen hat. Aber dafür gibt es sogenannte Paketmanager wie brew, Fink und MacPorts, die den Prozess vereinfachen.

Auf der anderen Seite wissen sogar viele langjährige Mac-Nutzer nicht einmal, dass es so etwas wie ein Terminal überhaupt gibt. Anders als bei vielen Linux-Distributionen (jedenfalls nach meinen persönlichen Erfahrungen) muss man nämlich nichts frickeln und basteln und in irgendwelche Konfigurations-Dateien, weil Mac OS X in der Regel einfach funktioniert.

99. GRUND

Weil auch alte Apple-Rechner noch gute Preise erzielen

Wenn das kein guter Wiederverkaufspreis ist. 2013 erzielte ein funktionstüchtiger Apple I bei einer Versteigerung des Kölner Auktionshauses Breker den recht guten Preis von 671.400 US-Dollar (rund 520.000 Euro). Sie wissen schon, einer von den 200 Rechnern, die Steve Jobs in der Garage seiner Eltern mit Steve Wozniak und anderen Freunden zusammengelötet hatte. Nicht schlecht, wenn man bedenkt, dass der Rechner 1976 neu 666,66 US-Dollar gekostet hatte.

Allerdings muss man wohl auch mitberechnen, dass ein Brief mit Steve Jobs' Unterschrift sowie die Unterschrift von Steve Wozniak auf der Platine des Rechner mitversteigert wurden. Außerdem weiß man nur von sechs der wohl noch 46 vorhandenen Apple-I-Geräte, dass sie funktionstüchtig sind. Alles Faktoren, die zu dem hohen Auktionserlös beigetragen haben dürften. Aber auch schon 2012 erzielten zwei Apple I bei Auktionen Preise von 374.500 und 640.000 US-Dollar.[27]

Sie sehen: Es lohnt sich, Apple-Rechner aufzubewahren und pfleglich zu behandeln.

Aber Spaß beiseite: Natürlich sind das Ausnahmen, doch der Wiederverkaufswert gebrauchter Macs schlägt den gleichwertiger PCs in aller Regel immer. Die angeblich so teuren Rechner sind eben auch wertbeständiger als ihre Pendants aus dem Discounter.

Während man nach ein paar Jahren die günstigen No-Name-PCs kaum noch losbekommt und eher noch für die Entsorgung zahlen muss, sieht die Sache bei den Macs ganz anders aus. Selbst Macs mit PowerPC-Prozessor finden auf eBay noch ihre Käufer. Dabei wurde deren Produktion 2005 eingestellt, neuere Versionen von OS X können darauf nicht mehr installiert werden. Aber das stört die Fans nicht. Immerhin fiel 1999 der Power Mac G4 wegen seiner enormen Rechenkraft noch unter US-amerikanische Exportbeschränkungen. Mit seinen Werten fiel er damals noch gerade in die Kategorie »Supercomputer« und durfte nach China nicht ohne Auflagen geliefert werden. Und so ein toller Rechner soll nicht einmal 20 Jahre später zum alten Eisen gehören? Von wegen.

Falls Sie noch einen alten Mac im Keller stehen haben, von dem Sie gerne wissen würden, wie er so ausgestattet ist und welches

Betriebssystem höchstens noch darauf läuft, dann müssen Sie ihn nicht öffnen, zum Fachmann bringen oder stundenlang durch das Internet surfen. Gehen Sie einfach auf *www.mactracker.ca* oder suchen Sie im App Store oder iTunes Store nach dem Stichwort »Mactracker«.

Mactracker ist eine sprudelnde Wissensquelle für alle Fakten zu Apples Hard- und Software. Zwar ist die kostenlose Software für iOS und OS X nur auf Englisch verfügbar, aber dafür bietet die umfassende Datenbank jede Menge Informationen über Apples Hard- und Software. Vom ersten Macintosh-Betriebssystem 1984 bis heute. Und natürlich gibt es auch Infos über alle Apple-Rechner, -Drucker, -Scanner und -Kameras (ja, auch die hat Apple mal kurz gebaut). Alle Newton-Modelle sind aufgeführt, Apples Mäuse und Tastaturen und so weiter und so fort. Hier werden Sie mit Sicherheit fündig, wenn Sie mehr über einen alten (oder auch aktuellen) Mac wissen wollen.

Die Preise stehen allerdings nicht dabei. Da müssen Sie schon selbst auf eBay nachsehen. Die Chancen stehen jedenfalls ganz gut, dass Sie noch einen Liebhaber finden, der Ihnen Ihren alten Mac abnimmt. Andererseits – wollen Sie das wirklich? Vielleicht warten Sie einfach noch ein paar Jahrzehnte und hoffen darauf, dass der Wiederverkaufswert so rasant steigt wie beim Apple I. In diesem Fall hätten Sie in ferner Zukunft einen weiteren Grund, Apple zu lieben.

100. GRUND

Weil man an den Apple-Rechnern in Filmen und Serien erkennt, wie alt diese sind

Was haben so unterschiedliche Filme und Serien wie *Mission: Impossible*, *Sex and the City*, *e-m@il für Dich*, *Natürlich blond* und *The Big Bang Theory* gemeinsam? Natürlich die Rechner mit dem

Apfel-Logo. In allen diesen Filmen und Serien (und noch in viel mehr) tauchen sie auf.

Vielleicht liegt es daran, dass Apple-Rechner schon durch ihr Design aus der Masse herausstechen, vielleicht daran, dass viele Filmstudios und Drehbuchautoren selbst damit arbeiten. Wahrscheinlich aber ist es eher der Erfolg von Apples Werbestrategie, die Vorstandsmitglied Phil Schiller bei einem Auftritt vor Gericht 2012 (es ging mal wieder gegen Samsung) zu Protokoll gegeben hat. Er sagte, dass man es sehr gerne sähe, wenn Stars Apple-Produkte in Filmen und TV-Sendungen benutzten. Apple würde eigens jemanden beschäftigen, der bei entsprechenden Anfragen Leute mit Geräten versorgt.

Das Ergebnis dieser Strategie: Man hat das Gefühl, keine andere Marke sei so präsent auf Leinwand und Bildschirm wie Apple. Und wenn man sich nur ein bisschen mit den Rechnern auskennt oder seit Jahren an unterschiedlichen Apple-Geräten arbeitet, erkennt man auch, aus welcher längst vergangenen Zeit manche Serien und Filme stammen, deren Alter man sonst vielleicht gar nicht bemerken würde.

Der Film *Star Trek IV: Zurück in die Gegenwart* zum Beispiel, in dem die Crew der Enterprise Buckelwale rettet, enthält eine Szene, in der Scotty einen Rechner bedienen will. Er probiert es, indem er den Computer direkt anspricht. Dann hält ihm Pille die Maus hin, die beide für ein Mikrofon halten. Schließlich begreift er, dass er tatsächlich die Tastatur benutzen muss, und setzt sich vor den klar erkennbaren Macintosh Plus. Die Internet Movie Database (IMDb) weist darauf hin, dass es ursprünglich ein Atari hätte sein sollen (der Film ist 1986 erschienen), aber Atari wollte den Rechner verkaufen, während Apple ihn gerne ausgeliehen hat.

Hier war der Rechner also austauschbar, bei Carrie Bradshaw hingegen, der Protagonistin aus *Sex and the City*, ist er schon fast so charakterprägend wie ihre Vorliebe für Manolo-Blahnik-Schuhe. In fast jeder Folge sieht man sie ihre Gedanken dem treuen Mac-

Klapprechner anvertrauen. Unter *www.sexandthecitymovie.com/macbook/* kann man sogar jetzt noch einen Blick in ihr MacBook Pro werfen. Das Betriebssystem wirkt schon etwas antiquiert, aber man kann Bildschirmhintergründe herunterladen, Carries Terminkalender, Notizzettel oder Fotobibliothek durchstöbern und sogar mit Samantha, Charlotte, Miranda und Mr. Big »chatten«, wenn man seine E-Mail-Adresse hinterlässt. Kein Wunder, dass es einige Entrüstung unter den Fans der Serie gab, als das Gerücht laut wurde, im zweiten Kinofilm würde sie einer Partnerschaft mit Hewlett-Packard wegen den Rechner wechseln. Das stellte sich zum Glück als Ente heraus. Natürlich blieb Carrie ihrem PowerBook G4 treu, das sie auch schon im ersten Film verwendet hatte.

In vielen anderen Serien und Filmen verwenden die coolen Protagonisten zwar auch Apple-Rechner, der Apfel ist aber oft abgeklebt. In den Nickelodeon-Jugendserien *Victorious* und *iCarly* zum Beispiel tragen Rechner und Smartphones eine Birne (Pear) statt eines Apfels als Logo. Und in der fünften Folge der fünften Staffel arbeitet Freddy, eine der Hauptpersonen bei *iCarly*, sogar im Pear Store.

Man sieht: Apple ist wirklich allgegenwärtig. Dabei hat alles erst 1996 angefangen, als Jon Holtzman als Marketingmanager den ersten großen Deal dieser Art einfädelte. Er musste sich gegen die Zweifel des damaligen CEOs Gil Amelio und der anderen Vorstände durchsetzen, die Apple, das damals in finanziellen Schwierigkeiten steckte, nicht mit einem Film in Verbindung bringen wollten, der *Mission: Impossible* hieß, Kultregisseur Brian De Palma hin oder her. Holtzman schaffte es, den Vorstand zu überzeugen. Und wie wir wissen, verlief die unmögliche Mission für beide Unternehmen erfolgreich.

9

Menschen

»Steve Wozniak arbeitete als Ingenieur bei Hewlett-Packard, als er Steve Jobs traf. Die beiden waren völlig unterschiedlich. Steve Jobs, das Verkaufsgenie, das Menschen in sein ›Realitätsverzerrungsfeld‹ ziehen und sie für alles begeistern konnte, und Steve Wozniak, das schüchterne Computergenie, der prototypische Hacker, der seine Erfindungen am liebsten umsonst unter die Leute gebracht hätte. Jeder für sich hätte wohl kaum ein Unternehmen wie Apple gegründet. Erst zusammen konnten sie beide ihr volles Potenzial entfalten.«

(aus Grund 104: »Weil es Steve Wozniak gibt«)

101. GRUND

Weil es Steve Jobs gab

Dieser Grund darf natürlich nicht fehlen. Steve Jobs hat Apple bis zu seinem Tode 2011 verkörpert wie kein anderer. Ohne ihn wäre Apple nie gegründet worden, und ohne ihn wäre es nach den Krisenzeiten auch nie so groß und erfolgreich geworden, wie es jetzt ist.

Er überredete seinen Freund Steve Wozniak, das Unternehmen zu gründen, und er rettete es 1997, als er zu Apple zurückkehrte, vor dem drohenden Bankrott. Er änderte die Ausrichtung Apples, brachte ein Geschäft mit dem Erzrivalen Microsoft zustande und drehte das Unternehmen wieder auf Erfolgskurs.

Steve Jobs gilt inzwischen als unfehlbares Marketinggenie, dabei gibt es genug Beispiele dafür, dass er auch irren konnte. Es ist zum Beispiel zweifelhaft, ob der Apple II solch ein Erfolg geworden wäre, wenn sich nicht Steve Wozniak gegen Steve Jobs durchgesetzt und den Rechner mit genug freien Steckplätzen für das Zubehör anderer Anbieter ausgestattet hätte. Und Apple III sowie Apple Lisa verkauften sich nicht besonders. Er war ursprünglich gegen den Namen iMac und bezeichnete noch 2010, ein Jahr vor seinem Tod, Tablets mit sieben Zoll Bildschirmdiagonale als Totgeburt. 2012 brachte Apple das iPad mini auf den Markt. (Mit der Rechtfertigung, das 7,9 Zoll große Display würde in einer ganz anderen Liga spielen.)

Aber Steve Jobs prägte auch die gesamte Ausrichtung des Unternehmens, schuf eine Unternehmenskultur und eine Philosophie, die bei so einem großen Konzern wohl einmalig ist. Der Ruf Apples, eher eine Religion als ein Unternehmen zu sein, verdankt sich auch dieser einmaligen Philosophie. Um Steve Jobs ranken sich unzählige Legenden und Gerüchte. Er war mit der Folksängerin Joan Baez zusammen, bekannte sich zum Buddhismus und unterzog sich immer wieder strengen Diäten, bei denen er zum Beispiel nur Obst aß. Nachdem sein Bauchspeicheldrüsen-Tumor diagnostiziert wurde, verweigerte er monatelang eine Operation, um alternative Behandlungsweisen auszuprobieren. Er fuhr einen silbernen Mercedes SL 55 AMG, den er meist auf dem Behinderten-Parkplatz abstellte. Er war der Vorstandsvorsitzende eines Technologie-Konzerns, der sich teilweise verhielt wie ein Rockstar. Steve Jobs war schwierig, widersprüchlich. Er konnte grob zu den Menschen sein und sie vor den Kopf stoßen, sie aber auch begeistern und Denkanstöße geben. In seiner berühmten Rede 2005, im Jahr nach der Entfernung seines Bauchspeicheldrüsentumors, sprach er vor Absolventen der Stanford University auch über den Tod. Er nannte ihn die wohl beste Erfindung des Lebens. Er mache den Wandel möglich und schaffe Platz für das Neue.

Er gab den Absolventen inspirierende Worte mit auf den Weg. Ihre Zeit sei begrenzt, sie sollten nicht leben, um die Erwartungen anderer zu erfüllen. Sie sollten den Mut haben, immer ihrem eigenen Herzen und ihrer Intuition zu folgen. Die Rede endet mit den Worten »Stay hungry. Stay foolish.« Man solle also immer hungrig auf Neues bleiben, sich nicht satt zurücklehnen. Man solle sich seine Naivität und Verrücktheit bewahren und nicht immer nur vernünftig handeln.[28]

Im Oktober 2011 hielt auch der jetzige Vorstandsvorsitzende Tim Cook bei der Gedenkfeier für Steve Jobs eine Rede. Dabei erwähnte er den letzten Rat, den der todkranke Steve ihm und allen anderen Apple-Mitarbeitern gegeben habe. Sie sollten sich bei kommenden Entscheidungen nie fragen, was wohl Steve Jobs getan hätte. Stattdessen sollten sie einfach das Richtige tun. Wie es aussieht, beherzigt Tim Cook diesen Rat.

102. GRUND

Weil Steve Jobs E-Mails beantwortet hat

Steve Jobs war bekannt dafür, von Zeit zu Zeit E-Mails von Nutzern zu beantworten. Diese Antworten waren in der Regel sehr kurz gehalten, effizient, wortkarg. Steve Jobs gab sich nicht mit Floskeln und Höflichkeitsformeln ab. Die standardmäßig voreingestellte Signatur »Sent from my iPhone« war häufig länger als der Inhalt von Steves E-Mail selbst. Meist erhielt der höflich fragende Nutzer, der eine fünf- oder sechszeilige E-Mail mit höflicher Anrede geschrieben hatte, nur ein »Yep«, »Yes« oder »No«. Keine Anrede, keine Grußformel. Aber immerhin eine Antwort. Welcher Chief Executive Officer eines international erfolgreichen Unternehmens nimmt sich sonst die Zeit, überhaupt E-Mails von Verbrauchern zu beantworten?

Einige Mails von Steve Jobs erlangten besondere Berühmtheit, weil sie Geschichten erzählen, die die Menschen berühren. Zum Beispiel die Antwort an die Mutter von Fiona Bligh, die nie damit gerechnet hatte. Sie wollte Steve Jobs dafür danken, dass Apple das iPad auf den Markt gebracht hatte. Dadurch konnte ihre Tochter, die an Albinismus leidet, auf ihre starke Lupe als Lesehilfe verzichten. Statt sich mit einer ungeliebten Lesehilfe durch den Text quälen zu müssen, konnte sie mit einem Fingerwisch auf dem coolen iPad die Schriftgröße so anpassen, wie es ihr am besten schien. Zu ihrer Überraschung schrieb Steve Jobs innerhalb weniger Stunden zurück, bedankte sich für die Geschichte und fragte, ob er sie in einem Vortrag vor 100 Top-Mitarbeitern bei Apple verwenden dürfe. Er unterschrieb mit »Danke, Steve«.

Die Geschichte einer anderen Antwort schildert David Gelphman in seinem Blog *davidgelphman.wordpress.com*. Sie enthielt, wie so häufig, nur zwei Buchstaben. Aber diese machten einen großen Eindruck. Gelphman arbeitete zwar seit über zwölf Jahren für Apple, hatte Steve Jobs aber nie direkt getroffen und ihn nur mal in der Cafeteria, bei Vorträgen oder ähnlichen Gelegenheiten aus der Ferne gesehen.

Aber im März 2010, einige Wochen vor der Präsentation des iPads, schrieb Gelphman eine E-Mail an Steve Jobs. Er bat darum, das iPad einer Freundin zeigen zu dürfen, die in San Francisco im Krankenhaus im Sterben lag, weil ihre Leber versagte. Dummerweise hatte er erst am Besuchstag daran gedacht, sich direkt an Steve Jobs zu wenden. Er erwartete keine Antwort, zumindest keine, die rechtzeitig eintreffen würde, bevor er losmusste. Aber schon drei Minuten später erhielt er eine E-Mail von Steve Jobs mit dem Text »OK«. Der CEO hatte ihm die Erlaubnis gegeben, das streng geheime iPad gegen alle sonst geltenden Regeln vom Apple-Gelände ins Krankenhaus mitzunehmen, um es der sterbenskranken Freundin zu zeigen. Nur zwei Buchstaben, aber das reichte, wie so oft bei seinen E-Mails.

Auf der Fan-Seite *emailsfromstevejobs.com* kann man diese und andere Geschichten nachlesen. Aber allein die beiden sind schon ein Grund, Apple zu lieben. Ein Unternehmen, dessen Gründer es sich nicht nehmen ließ, manche E-Mails selbst zu beantworten.

103. GRUND

Weil es Sir Jonathan Paul »Jony« Ive gibt

Der Brite Jonathan Ive leitete bereits das Design-Team, als Steve Jobs 1997 als Interim-CEO (scherzhaft auch iCEO genannt) zu Apple zurückkehrte. Ive war damals 30 Jahre alt und hatte sich bereits überlegt, als Leiter der Abteilung Design zu kündigen, weil er mit der Art nicht einverstanden war, in der das Unternehmen sich der Profitmaximierung zuwandte und dabei das Design vernachlässigte.

Aber eine Rede Steve Jobs' vor seinem Top-Management brachte Ive dazu, sich die Sache noch einmal zu überlegen. Jobs dachte offensichtlich ähnlich wie Ive. Die beiden freundeten sich bald an, und Jony Ive (wie er von allen genannt wurde) erhielt einen ganz besonderen Status bei Apple. Er arbeitete direkt für Steve Jobs, niemand anders konnte ihm etwas sagen.

In Jony Ive hatte Steve Jobs einen Gegenpart gefunden, der so dachte wie er. Der sich nicht nur für das Äußere der Gegenstände interessierte. Sowohl für Steve Jobs als auch für Jony Ive ging es bei Design auch um die Dinge, die man nicht sah, die unter der Oberfläche verborgen waren. Von beiden gibt es Geschichten über ihre Väter, die ihnen beibrachten, dass es auf die Sorgfalt ankam, mit der man sich einer Sache widmete. In Walter Isaacsons autorisierter Biografie von Steve Jobs kann man eine bezeichnende Anekdote nachlesen. Angeblich fesselte bei einer gemeinsamen Reise in Frankreich ein Küchenmesser ihre Aufmerksamkeit. Bei genauerem Hinsehen legten es aber beide enttäuscht beiseite, weil sie einen winzigen Kleberest zwischen Klinge und Griff entdeckten. Die Art, wie das Messer produziert worden war, ruinierte das ansonsten gelungene Design für beide.

Ebenfalls bei Walter Isaacson wird Jobs' Frau Laurene zitiert. Sie spricht davon, dass die meisten Menschen in Steve Jobs' Leben ersetzbar seien. Jony Ive nicht.

Unter der Regie von Jony Ive entstanden so außergewöhnliche Produkte wie der iMac, der iPod und das iPhone. Lauter Produkte mit unverwechselbarem, eigenständigem Design, das sich nicht auf die Oberfläche beschränkt. Bei der Gestaltung dieser Produkte muss man auch die Produktion berücksichtigen und die Art und Weise, wie die Menschen sie benutzen.

Die Produkte, die Jony Ive mit seinem Team – und zumindest teilweise in Zusammenarbeit mit Steve Jobs – gestaltet hat, finden sich heute in Millionen Haushalten. Sie haben unsere Sichtweise auf Design verändert und die Philosophie des »Weniger ist mehr« etlichen Menschen nahegebracht, die noch nie etwas von Dieter Rams gehört haben (siehe den Grund »Weil Apples Designphilosophie von Dieter Rams inspiriert ist«).

Das ist erstaunlich und könnte ein Grund sein, Apple zu lieben. Besonders liebenswert finde ich aber den einzigen richtigen Flop, den Jony Ive gelandet hat, und der tatsächlich produziert wurde. Die Rede ist natürlich von Apples USB-Maus, vom »Hockey Puck«, der runden, völlig unbenutzbaren Maus, die mit dem ersten iMac-Modell ausgeliefert wurde. Sie zeigt, dass auch mehrfach ausgezeichnete Design-Götter und spätere Designer of the Year irren können. Dass dieses Design-Missgeschick trotz aller Stunden des Nachdenkens und aller Sorgfalt, aller Abstimmungsgespräche auch mit dem kritischen Jobs über zwei Jahre hinweg produziert werden konnte, ist ein Hinweis auf die Fehlbarkeit der Design-Genies bei Apple.

Aber natürlich sind die eigentlichen Gründe, Apple zu lieben, die Erfolge, die auf der grundlegenden Philosophie des Einfachen beruhen. Diese Erfolge sind es, die auch andere Unternehmen dazu bringen, ihre Designprozesse zu überdenken, dem Vorbild Apple zu folgen und Produkte zu schaffen, die gut aussehen, sich einfach bedienen lassen und auch unter der Oberfläche durchdacht sind.

104. GRUND

Weil es Steve Wozniak gibt

»Der andere Steve«, oder kurz und liebevoll »Woz« genannt, stand immer ein wenig im Schatten von Steve Jobs. Dabei war er das eigentliche Genie, ohne ihn hätte es weder Apple I noch Apple II gegeben.

Sein Vater war Ingenieur und brachte seinem Sohn schon früh die Grundlagen der Elektronik bei. Schon als 13-Jähriger gewann er einen Preis für einen Taschenrechner auf Transistorbasis. Im selben Alter begann er, Computer zu entwerfen und zu bauen. Weil er sich nicht viele Bauteile leisten konnte, entwickelte er ein Talent, Schaltkreise so effizient wie möglich zu entwerfen, um mit der geringstmöglichen Anzahl an Teilen zum Ergebnis zu kommen. Dieses Talent setzte er später auch bei der Entwicklung der Apple-Rechner ein.

Steve Wozniak arbeitete als Ingenieur bei Hewlett-Packard, als er Steve Jobs traf. Die beiden waren völlig unterschiedlich. Steve

Jobs, das Verkaufsgenie, das Menschen in sein »Realitätsverzerrungsfeld«[29] ziehen und sie für alles begeistern konnte, und Steve Wozniak, das schüchterne Computergenie, der prototypische Hacker, der seine Erfindungen am liebsten umsonst unter die Leute gebracht hätte. Jeder für sich hätte wohl kaum ein Unternehmen wie Apple gegründet. Erst zusammen konnten sie beide ihr volles Potenzial entfalten.

Wie groß dieses Potenzial war, und wie unterschiedlich ihr Charakter, zeigt eine Episode, die in Walter Isaacsons Jobs-Biografie nachzulesen ist. Als Steve Jobs noch bei Atari und Steve Wozniak bei Hewlett-Packard arbeitete, erhielt Jobs den Auftrag, ein Videospiel zu entwickeln, eine Art Einzelnutzer-Version des populären Spiels Pong. So ein Spiel zu entwickeln, dauerte normalerweise Monate, aber Jobs schaffte es, Wozniak davon zu überzeugen, dass er das in vier Tagen erledigen könne. Dann müsse das Spiel fertig sein, und zwar mit so wenig Chips wie nur möglich. Das Geld wollte Jobs mit Wozniak teilen. Eigentlich wäre etwas mehr Zeit gewesen, aber Jobs hatte noch etwas vor und machte deshalb mehr Druck als nötig. Woz war begeistert darüber, dass er ein Spiel entwickeln sollte, das die Menschen tatsächlich spielen würden. Tatsächlich löste er die scheinbar unmögliche Aufgabe, indem er vier Nächte auf Schlaf verzichtete. Nach seiner täglichen Arbeit bei HP ging er zu Atari und entwickelte dort den Klassiker Breakout – in nur vier Tagen. Dabei sparte er fünf Chips ein. Jobs allerdings teilte nur das Grundhonorar mit ihm und strich die komplette Bonusprämie ein. Wozniak soll erst zehn Jahre später davon erfahren haben. Besonders schmerzte ihn, dass Jobs nicht ehrlich zu ihm gewesen war. Denn Ehrlichkeit ist eine der grundlegenden Charaktereigenschaften Wozniaks, die er von seinem Vater gelernt hatte.

Im Gegensatz zu Jobs kannte Wozniak mehr als nur die Arbeit. Er flog selbst ein kleines Propellerflugzeug, stürzte bei einem Start damit ab und litt als Folge des Unfalls zeitweilig an anterograder Amnesie, das heißt, er konnte sich neue Dinge nur noch für kurze

Zeit merken. Er begann, über den Sinn des Lebens nachzudenken, ging unter falschem Namen (um seine Ruhe zu haben) wieder zur Uni und holte seinen Abschluss nach. Zweimal sponserte er das US Festival, eine Mischung aus Technik-Messe und Rockfestival, bei der Computer, Musik und Menschen zusammenkamen. Er heiratete, gründete Firmen, unterstützte Schulen und unterrichtete selbst. Er hält Vorträge und tauchte in der zweiten Folge der vierten Staffel von *The Big Bang Theory* und der US-amerikanischen TV-Show *Dancing with the Stars* auf (bei uns läuft das unter dem Titel *Let's Dance*). Kurz: Es sieht so aus, als habe er jede Menge aus seinem Leben gemacht, ohne es dem Unternehmen Apple zu widmen.

Dabei ist er nach wie vor der Technik-Freak, der er schon immer war. Wenn er reist, dann mit einem mehr als 20 Kilo schweren Rucksack voller Gadgets. Mehrere iPhones und Android-Smartphones, eine Tastatur, ein E-Reader, zwei Navigationsgeräte, japanische Gameboys, Ladegeräte für alles und noch mehr konnte man 2012 auf einem Bild bewundern, das das amerikanische Blog *Gizmodo* veröffentlichte. Allein für diesen genial-verrückten, liebenswerten Gründer muss man Apple einfach lieben.

105. GRUND

Weil Apple-Nutzer einfach sensibler sind

Das Stichwort lautet: Seekrankheit. Ja, wirklich. Mit Einführung des neuen Betriebssystems für mobile Geräte, iOS 7, ging es los. Einigen Nutzern war der Optikwechsel zu radikal, andere beschwerten sich über mangelnde Innovation. Mit diesen Reaktionen war zu rechnen gewesen, die gab es immer. Aber womit wohl keiner gerechnet hatte, war die übergroße Sensibilität weniger iOS 7-Nutzer, die über Seekrankheit angesichts der neuen Animationen klagten.

Die Benutzerschnittstellen-Gestalterin Jenni Leder bloggte darüber unter der Überschrift »iOS7, du machst mich krank« (»iOS7, you're making me sick«). Sie reichte einen Fehlerbericht bei Apple ein und forderte ihre Leser dazu auf, es ihr gleichzutun.[30]

Als App-Designerin bräuchte sie zwar ihr iPhone für ihre Arbeit, könne aber nicht hinschauen, wenn sie eine App oder einen Ordner öffne oder schlösse. Sie sei schon dazu übergegangen, die Augen zu schließen oder das Display mit der Hand zu bedecken, um nicht täglich Kopfschmerztabletten einwerfen zu müssen.

Die *BuzzFeed*-Autoren John Herrman und Jake Levy haben sich die physikalischen Gegebenheiten einmal genauer angeschaut, die den Animationen in iOS 7 zugrunde liegen. Wie schnell scheinen die Icons und Apps auf den Nutzer zuzukommen? Die Autoren maßen die Größe der Icons und die Geschwindigkeit, mit der sie sich ausdehnten und das ganze Display einnahmen.[31]

Laut Levy öffnet sich eine App mit einer durchschnittlichen Geschwindigkeit von rund 26 km/h. Es sollen sogar Geschwindigkeiten von rund 32 km/h erreicht werden können, da die Apps aufschnellen wie eine Sprungfeder (zuerst schneller, dann langsamer). Das ist auch ein Grund dafür, warum sich iOS 7 anders anfühlt als iOS 6. Bei diesem System basierten die Animationen laut *BuzzFeed* eher auf gleichmäßigen Sinuskurven.

US-Komiker Jimmy Kimmel empfahl den Betroffenen in seiner TV-Show ein ganz einfaches Mittel: »Stop looking at your f***ing phone every five seconds.« Hört einfach auf, alle fünf Sekunden auf euer verdammtes Smartphone zu starren. Allerdings müsse man dann mit Nebenwirkungen wie Augenkontakt zu seinen Mitmenschen rechnen.

Glücklicherweise machte sich Apple nicht über seine sensiblen Nutzer lustig, sondern nahm sich die Beschwerden zu Herzen. Mit dem Update 7.0.3 modifizierte das Unternehmen die Systemeinstellung »Bewegung reduzieren« im Untermenü »Bedienungshilfen« so, dass nicht nur der Parallax-Effekt (der mehr Tiefe suggeriert) abgeschaltet wird, sondern auch die Animationen. Damit konnten die bewegungsempfindlichen iPhone-Nutzer die Bewegungseffekte mit einer einfachen Einstellungsänderung abschalten – vorbei waren Schwindelgefühle, Kopfschmerzen und Übelkeit. Ein weiterer angenehmer Nebeneffekt: Durch das Abschalten der Effekte verlängert man die Laufzeit des Akkus, denn natürlich wollen die Effekte berechnet werden, was Energie kostet.

Was von der Protestbewegung gegen die Animationen des neuen iOS 7 bleibt? Erstens die Erkenntnis, dass Apple offensichtlich über eine große (oder sehr lautstarke) Anzahl besonders sensibler Nutzer verfügt. Und zweitens die Beobachtung, dass Apple eben nicht immer das übermächtige multinationale Unternehmen ist, das am besten weiß, was die Nutzer wollen, und keine Rücksicht auf anderslautende Meinungen nimmt, sondern auch zuhören und auf die Bedürfnisse einer Minderheit eingehen kann.

106. GRUND

Weil Apple einfach die freundlichsten Entwickler hat

Ich muss gestehen, dass ich nicht wirklich weiß, wie es im Lager der Windows- und Linux-Entwickler aussieht. Aber meine Erfahrungen mit den Mac-Entwicklern sind durchweg positiv.

Vielleicht liegt es daran, dass man sich als Mac-Nutzer immer noch durch so etwas wie einen gemeinsamen Geist verbunden fühlt, eine Seelenverwandtschaft spürt, die bei den Nutzern anderer Systeme nicht so stark ausgeprägt ist.

Windows ist eher das System, das jeder hat. Und Linux ist in eine Unzahl von Distributionen unterschiedlichster Geschmacksrichtungen aufgefächert. Nur Apple-Nutzer wissen, was sie verbindet. Nämlich die Liebe zu einem Unternehmen, das sich durch bestimmte Merkmale definiert, durch eine Philosophie, die tiefer geht als nur bis zur Oberfläche.

Das spürt man, wenn man wider Erwarten doch einmal Probleme mit seiner Software hat. Ich persönlich habe diese Erfahrung mit Brett Terpstra (*brettterpstra.com/*) gemacht, einem Entwickler, der diverse Projekte verfolgt, von denen die Apple-Gemeinde profitiert. Als ich ein Problem mit einer seiner Kreationen hatte, einem kostenlosen WordPress-Plug-in, entspann sich ein langer E-Mail-Verkehr. Brett Terpstra gab keine Ruhe, bis das Problem gelöst war. Dazu muss man sagen, dass er nichts daran verdiente. Die meisten seiner Programme sind kostenlos, darunter solche Perlen wie das unverzichtbare Text- und Notizprogramm nvALT, das er zusammen mit David Halter (*elasticthreads.tumblr.com*) entwickelt. Sein Programm Marked ist ebenfalls unbezahlbar, kostet aber nicht einmal zehn Euro. Daneben pflegt er eine umfangreiche Liste mit allen Texteditoren für iOS, die Markdown unterstützen (das, wie wir gesehen haben, ein eigener Grund ist, Apple zu lieben), er hat eine ganze Reihe praktischer Systemdienste und kleiner Tools programmiert, die ebenfalls kostenlos angeboten werden. Und er unterhält einen eigenen Podcast, »Systematic«. Ende 2013 hat er seinen Job bei AOL aufgegeben, um sein Glück als freier Entwickler, Blogger und Berater zu versuchen. Brett Terpstra ist nur einer von vielen Apple-Nutzern, die ihr Wissen gerne mit den anderen teilen.

Gabe Weatherhead (*macdrifter.com*) ist ein anderer oder Jason Verly (*mygeekdaddy.net*), Eric Pramond (*www.geekswithjuniors.com/note/*), Federico Viticci (*www.macstories.net*), David Sparks (*macsparky.com*) oder Shawn Blanc (*shawnblanc.net*). Alle veröffentlichen auf ihren Seiten Tipps und Skripte für OS-X- und iOS-Nutzer. Ein regelmäßiger Besuch oder ein Abonnieren im Feedreader lohnt sich. Wem das zu viel Englisch auf einmal ist, der kann die deutschsprachigen Blogs von Carsten Brueggenolte (*cbrueggenolte.de*) oder *apfelquak.de* besuchen.

Unter den deutschen Entwicklern ist der Berliner Michael Göbel einer der produktivsten. Wer eine bezahlbare oder vielleicht sogar kostenlose App für iOS oder OS X sucht, die ihre Sache gut macht, leicht verständlich und dazu noch ansehnlich gestaltet ist, sollte sich mal unter *myownapp.com* umsehen. Hier findet man für fast jeden Zweck die passende App.

107. GRUND

Weil Apple für Senioren ideal ist

Ja, das ist ein Grund, der nicht so recht zum Bild des typischen Apple-Nutzers passen will. Am iPad sitzt nicht immer ein kreativer Hipster bei Starbucks, der in sozialen Netzwerken zu Hause ist. Sondern oft genug auch jemand um die 70, der mit Hilfe des iPads den Schnelleinstieg in die Welt der mobilen Rechner schafft.

Schließlich senkt das iPad viele Hürden, die man als durchschnittlicher Nutzer eines PCs überwinden muss. Zum Beispiel kann man es sich beim Kauf direkt im Apple Store einrichten lassen. Danach kann man es einfach benutzen, ohne sich um weitere Konfigurationen oder Updates kümmern zu müssen.

Man muss nicht den Umgang mit der Maus erlernen, sondern löst Aktionen so aus wie im wirklichen Leben: unmittelbar mit den eigenen Fingern. Man tippt auf ein Programm, und es öffnet sich. Man will etwas schreiben, tippt auf die Schreibfläche, und die Tastatur erscheint.

Natürlich gibt es immer noch Dinge, die man optimieren kann. So hundertprozentig intuitiv funktioniert auch das iPad nicht. Einige Dinge muss man schon lernen. Aber es geht sehr schnell, und die meisten Dinge versteht man auf Anhieb. Falls man wirklich einmal nicht weiterweiß, reicht ein Druck auf den Home-Button, um wieder zurück zum Start zu kommen.

Das iPad ist leichter als jedes Netbook, eignet sich, um mit den Kindern und Enkelkindern über Skype, FaceTime oder andere Dienste zu kommunizieren, und benötigt nicht einmal ein WLAN, wenn man dafür den entsprechenden mobilen Datentarif auswählt.

Und durch die Vielzahl an Bedienungshilfen können auch Defizite, die mit dem Alter einhergehen, leichter ausgeglichen werden. Man kann den Kontrast erhöhen, fetteren oder größeren Text wählen oder gleich die ganze Bildschirmansicht per Dreifinger-Tipp zoomen. Auch einen Hörgeräte-Modus kann man auswählen.

Aber von diesen ganzen Vorteilen mal abgesehen: Anders als beim Netbook hat man beim iPad gar nicht das Gefühl, einen Rechner zu benutzen. Man hält es einfach in der Hand wie ein Buch, löst Reaktionen durch Berühren, Wischen und Fingergesten aus. In iBooks blättert man durch eine Geste, die man aus der analogen Welt kennt, zur nächsten Seite. Viele kleine bekannte oder sehr einsichtige Gesten senken die Hemmschwelle, das Gerät zu benutzen. Man muss die Bedeutung der wenigen Knöpfe nicht groß lernen – es ist ganz einfach. Außerdem steht ein iPad immer zur Verfügung, wenn man es mal braucht. Man muss es nicht groß hochfahren und warten, bis es einsatzbereit ist.

Jedes Detail für sich genommen scheint nicht besonders wichtig zu sein, aber alle zusammengenommen bieten sie ein Erlebnis, das besonders unerfahrenen Nutzern sehr entgegenkommt. Viele Eigenschaften teilen auch andere Tablets mit dem iPad, aber da iOS viel intuitiver zu benutzen ist als Android (siehe: »Weil Apples iOS das benutzerfreundlichste Betriebssystem ist«) geht das iPad gegenüber anderen Tablets in Führung. Ein liebenswerter Zug von Apple: Ein hochmodernes Gerät zu bauen, das eine ganze Produktkategorie neu definiert, und es so einfach zu machen, dass auch Menschen damit umgehen können, die mit Technik nicht viel am Hut haben.

108. GRUND

Weil Apple die tollsten Fans hat

Oder sollten wir lieber »Jünger« sagen, wie es die Presse und Android-Fans so gerne tun? Für überzeugte Nutzer von Apple-Produkten gibt es viele Namen. Neben dem schon genannten »Jünger« bezeichnet man sie auch gern als Apple-Fanboy oder -Fangirl. Eigentlich kein Wunder. Wer, außer einem echten Fan, schlägt denn auch sonst sein Lager vor einem Apple Store auf, nur um ein neues Gadget vor allen anderen in der Hand zu halten?

Und wir reden hier nicht »nur« davon, die Nacht oder ein paar Stunden vor dem Laden zu verbringen. In Extremfällen kampieren einzelne Fans (die offensichtlich die Herkunft des Wortes von Fanatiker verinnerlicht haben) schon Tage und Wochen vor dem offiziellen Verkaufstermin vor den Türen. Der Brite Robert Shoesmith aus Coventry zum Beispiel erlangte 2011 dadurch internationale Berühmtheit, dass er schon Wochen vor dem Verkaufsstart des iPhone 4s sein Zelt vor Apples Flagshipstore in London aufschlug. Zu dem Zeitpunkt dachte er sogar noch, er würde auf ein iPhone 5 warten – der offizielle Name des neuen iPhones war noch gar nicht bekannt.

Samsung machte sich in seiner Kampagne *The next big thing* für das Galaxy S II zwar über die Schlange stehenden iPhone-Fans lustig – aber mal im Ernst: Welches Unternehmen wünschte sich nicht solche Kunden? 2011 machte ein Entwickler Schlagzeilen, der kein Ticket mehr für Apples Worldwide Developer Conference (WWDC) bekommen hatte (die waren innerhalb von zwei Stunden ausverkauft gewesen). Er bot 2.100 US-Dollar plus Zusatzdienste für ein Ticket (das ursprünglich 1.600 US-Dollar kostete) und erklärte sich bereit, seinen Namen auf den des Verkäufers ändern zu lassen (in den USA offensichtlich leichter möglich als hierzulande). Auch die Zusatzdienste hatten mit dem Namenswechsel zu tun. Der Entwickler bot an, seinem potenziellen Namensgeber lästige Aufgaben abzunehmen, wie Gänge zur Zulassungsstelle, etwaige Verpflichtungen als Geschworener oder auch bis zu 40 Stunden gerichtlich angeordneter Arbeit für die Gemeinschaft. Falls der verkaufswillige Kartenbesitzer mit Vornamen Jebodiah hieße, sollte es noch einmal einen Bonus von 500 US-Dollar geben.[32] Ganz schön verrückt, oder? Und mit Sicherheit eine einmalige Ausnahme, selbst unter Apple-Fans.

Und auch die anderen hartgesottenen Fans, die ihre Nacht vor dem Apple Store auch gerne mal per Live-Blogging begleiten, dürften nur einen kleinen, aber sehr auffälligen Teil der Apple-Gemeinde ausmachen. Aber allein die Tatsache, dass es solche Auswüchse gibt, zeigt, wie groß die Verbundenheit der Nutzer mit der Marke ist. Eine Verbundenheit, die selbst bei vielen normalerweise sehr stilbewussten Apple-Nutzern so weit geht, dass sie das Heck ihrer sonst makellosen Fahrzeuge mit einem weißen stilisierten Apfel versehen. Diese Apple-Anhänger fahren das Logo stolz als Erkennungszeichen auf den Straßen umher wie Christen den stilisierten Ichthys-Fisch.

Wahrscheinlich werden auch deshalb Apple-Verwender so gerne als Jünger bezeichnet. Die Parallelen zumindest am Auto-Heck sind nicht zu leugnen.

109. GRUND

Weil Prominente das iPhone auch ohne Bezahlung nutzen

Okay, vielleicht müssen Prominente ihr iPhone nicht bezahlen, sondern bekommen es von Apple geschenkt oder als »Dauerleihgabe«. Aber immerhin bezahlt Apple ihnen nichts für die Nutzung in der Öffentlichkeit. Das sieht bei Samsung schon ganz anders aus. Glauben Sie nicht?

Twitter-Nutzer, die die Verleihung der Academy Awards (also der »Oscars«) im März 2014 verfolgt haben, wissen mehr.

Moderatorin Ellen DeGeneres benutzte auf der Bühne demonstrativ ein Samsung Galaxy Note (Sie wissen schon, das Phablet – die Kreuzung zwischen Phone und Tablet – das man besonders gut erkennen kann). Das Selfie, das sie live twitterte, war etwas verschwommen, aber gut erkennbar. Sie finden es, wenn Sie nach den Hashtags #oscars #blurry suchen.

Kaum hinter der Bühne, wechselte Ellen DeGeneres ihr Note aber offensichtlich gegen ein iPhone aus. Von hinter der Bühne schickte sie einen Tweet mit dem Text »Look who I just found backstage« und einem angehängten Selbstporträt mit sich und Channing Tatum. Und was konnte man lesen? »via Twitter for iPhone«, wie auch bei vielen anderen ihrer Tweets.[33] Und das Bild war nicht #blurry (also verschwommen), sondern um einiges schärfer als das Note-Foto. (Na gut, das lag wahrscheinlich am Licht.)

Ellen DeGeneres' Trennung zwischen öffentlichem Android-Phone und privatem iPhone ist kein Einzelfall. Die US-amerikanische Königin der Talk Show, Oprah Winfrey, warb per iPad für Microsofts Surface-Tablet, Tennisspieler David Ferrer lobte sein Galaxy S4 und übersah dabei, dass der Tweet das verräterische Zeichen »via Twitter for iPhone« trug.

Auch Franz Beckenbauer ist ein kleiner Fauxpas unterlaufen, als er eine Samsung-Kampagne mit viralen Elementen unterstützte. Es ging dabei um eine etwas merkwürdige Story, bei der die irdischen Fußballspieler der Galaxy-11-Mannschaft die Erde mit Samsung-Galaxy-Geräten vor Außerirdischen retten müssen. Als Trainer der Galaxy 11 wurde Franz Beckenbauer verpflichtet. Sein erster Tweet zu dem Thema (Samsung wollte den Hashtag #winnertakesearth etablieren) wurde allerdings auch von einem iPhone gesendet.

Bei der Häufung der Fälle stellt man sich langsam die Frage, ob Samsung keine passenden Prominenten findet, die echte Samsung-Fans sind.

Apple jedenfalls kauft keine Android-Verwender ein, die so tun, als verwendeten sie ein iPhone. Das Unternehmen stattet zwar prominente Fans, auch Filme und Serien wie die NBC-Show *30 Rock*, mit kostenlosen Geräten aus, aber das ist zumindest keine aktive Täuschung der Verbraucher. Hier verwenden prominente Menschen die Geräte, die sie auch privat verwenden. Im anderen Fall reicht die Bezahlung offenbar nicht einmal aus, die gesponserten Geräte auch privat zu benutzen. Da greifen die Promis dann doch wieder zu ihren geliebten iPhones und iPads.

Was lernen wir daraus? Wer sich Freunde kaufen will, wird höchstens kurzfristige Erfolge erzielen. Die beste Werbestrategie ist es immer noch, Produkte zu entwickeln, die die Menschen lieben und täglich benutzen wollen. Apple hat das erkannt und handelt seit Jahren nach diesem Grundsatz.

110. GRUND

Weil Apple auf jeder Party Gesprächsstoff bietet

Besser als das Wetter, aber ähnlich gefährlich wie Politik. Wenn das Thema Apple bei einer Party auf den Tisch kommt, kann jeder mitreden. Probieren Sie es einmal aus. Dazu hat wirklich jeder eine Meinung. Und die wenigsten dieser Meinungen sind gemäßigt.

Das heißt, man sollte sich auf kräftigen Gegenwind gefasst machen, falls man sich in der falschen Gesellschaft befindet. Apple polarisiert. Entweder man liebt das Unternehmen oder man hasst es. Jedenfalls finden sich in jeder größeren Gruppe nicht nur Apple-Evangelisten, sondern auch leidenschaftliche Apple-Hasser. Beide können nach kürzester Zeit nerven.

Einen kleinen Vorgeschmack davon bekommt man, wenn man sich einmal im Internet umsieht. Auf der Webseite des Technik-Blogs *neuerdings.com* ist einer der meistkommentierten Artikel »Warum das iPad schlecht ist« vom April 2010. Normalerweise werden Artikel dort eher selten kommentiert. Viele erzeugen gar keinen Kommentar, manche vielleicht mal zwei bis drei. Aber sobald Apple ins Spiel kommt, ändert sich das schlagartig – vor allem, wenn die Schlagzeile schon so provokant daherkommt. 184 Kommentare stehen unter dem iPad-Artikel, positive wie negative, und selbst Jahre später gibt es noch den einen oder anderen neuen Kommentar. Nicht nur die Zahl, auch der Ton ist ungewöhnlich. Da werden Kraftwörter und Beschimpfungen verwendet, Apple-Fans und Apple-Gegner liefern sich bissige Wortgefechte. Im wirklichen Leben fallen die Reaktionen zum Glück meist etwas gemäßigter aus, aber die Kommentare zeigen, wie viel Gesprächspotenzial im Thema Apple steckt. Wenn es also zu langweilig wird, lassen Sie doch einfach ein paar Sätze fallen, in denen Sie Apple mit Samsung vergleichen. Oder mit einem anderen Hersteller von Android-Geräten. Beliebt ist zum Beispiel bei Android-Fans die Erwähnung der Tatsache, dass man den Speicher von Apple-Geräten nicht durch eine Micro-SD-Karte erweitern kann oder dass das iPhone ja viel zu klein sei. Das Argument, das Flash nicht auf iOS-Geräten läuft, zieht leider schon lange nicht mehr. Als Apple-Fan kann man dagegenhalten, dass sich das iPhone immerhin noch prima mit einer Hand bedienen lässt, und dass man für das bequeme Surfen ja immer noch auf iPad oder iPad mini zurückgreifen könne.

Die Argumente sind weniger wichtig, sie wechseln sowieso je nach aktueller Nachrichtenlage. Liegt eine Sicherheitslücke bei Apple vor, triumphieren Android-Freunde, umgekehrt sieht man Apple-Nutzer strahlen. Irgendwas ist immer. Hauptsache, man kann sich so richtig in seine Leidenschaft für die eigene Seite und die Verachtung der anderen hineinsteigern. Ein bisschen ist so ein Party-Small-Talk wie ein Gespräch über Fußball. Jeder hat seine Meinung und seine Sympathien, jeder kann mitreden und dem anderen erklären, warum der eigene Verein der beste der Welt ist, auch wenn es gerade mal nicht so läuft. Als jemand, der von Fußball jedoch nicht den Hauch einer Ahnung hat, ziehe ich ein schönes Streitgespräch zwischen Apple- und Android-Nutzern (womöglich gewürzt mit ein paar BlackBerry-Freunden und einigen Dumbphone-Verwendern) jedoch einem Fußball-Gespräch jederzeit vor.

111. GRUND

Weil einem tatsächlich 111 Gründe einfallen

Es ist schon erstaunlich. Wie dieses Buch beweist, fallen einem wirklich 111 Gründe ein, Apple zu lieben. Kann man sich das bei irgendeinem anderen Hersteller von elektronischen Geräten, von Hard- und Software vorstellen?

Ich kann es nicht. Zugegeben: Auch 111 Gründe für Apple schienen mir anfangs etwas übertrieben zu sein, aber es hat geklappt. Dafür gibt es (auch) gleich mehrere Gründe.

Apple ist – vor allem für Nutzer, die die Marke schon lange kennen – besonders liebenswert. Man hat miterlebt, wie das Überleben in den Neunzigerjahren auf der Kippe stand und unter anderem tatsächlich durch Microsoft möglich gemacht wurde. Man war es gewohnt, seine Liebe zum Mac verteidigen zu müssen, denn damals wurden Mac-Nutzer außerhalb der Agenturen von PC-Fans mit mitleidigem Kopfschütteln betrachtet. Man war Underdog und Kenner gleichzeitig, eine verschworene Gemeinschaft.

Außerdem ist Apple auf vielen Gebieten aktiv, produziert sowohl Hardware als auch Software. Rechner, Smartphones, Mediaplayer, Tablets, Medien- und Software-Portale – bei dieser Bandbreite findet man naturgemäß viele liebenswerte Punkte.

Trotzdem kann das nicht alles sein. Es muss noch etwas anderes sein, das Apple von seinen Mitbewerbern mit ähnlich großer Produktpalette unterscheidet. Weder Sony noch Samsung haben es geschafft, solch eine loyale Fanbasis aufzubauen.

Liegt es daran, dass Apple-Nutzer noch immer glauben, etwas Besonderes zu sein, sich von der Masse zu unterscheiden? Das war zumindest vor dem Erfolg des iPhones der Fall. Wenn man einen Mac benutzte, musste man sich zwar von PC-Nutzern fragen lassen, warum man denn keinen ordentlichen Rechner verwende, wusste aber genau, dass man mit einem besseren Betriebssystem arbeiten durfte. Man fühlte sich ein wenig wie die ersten Christen, eine verschworene, von anderen verfolgte Gemeinschaft. Nur dass man sich nicht am Fisch-Symbol erkannte, sondern am stilisierten und stilvollen Apple-Logo.

Überhaupt Stil. Den zeigte man damit natürlich auch, beziehungsweise Stilbewusstsein. Außerdem war aller Welt klar, dass man es nicht so nötig hatte, aufs Geld zu achten. Schließlich war Apple schon immer auch dafür bekannt, etwas teurer zu sein.

Und heute? Apple ist ein echtes Massenprodukt geworden. Immer noch stilvoller als viele andere, immer noch kein Billiganbieter. Aber kein Hersteller mehr, für dessen Bevorzugung man sich rechtfertigen müsste. Man muss man kein Künstler oder Kreativer mehr sein.

Heute erklären einem die Leute, die früher über Apple nur den Kopf geschüttelt haben, wie toll das iPhone doch sei, und dass sie sich als nächsten Rechner vielleicht mal ein MacBook gönnen würden. (Gamer natürlich nicht, die schütteln immer noch den Kopf über Mac-Nutzer und stellen sich ihren wassergekühlten Powerrechner für einen Bruchteil dessen zusammen, was ein Mac Pro kostet.)

Von dieser Gruppe aber mal abgesehen, ist Apple mittlerweile wirklich Mainstream geworden. Und das ist vor allem iPod und iPhone zu verdanken. Ein bisschen fehlt vielleicht das Gefühl, zu den Eingeweihten zu gehören, andererseits ist es doch schön, nicht immer das Beste aus dem Nischendasein machen zu müssen. Und es macht Spaß, wenn man bei der Arbeit an einem Buch sieht, dass einem dank dieser Vielseitigkeit und des Ausbruchs aus der Nische tatsächlich 111 Gründe (und noch mehr) einfallen, Apple zu lieben.

One more thing

Weil bei iOS 8 und OS X Yosemite zusammenwächst, was zusammengehört

Im Juni 2014 stellte Apple mit iOS 8 das – nach eigener Aussage – größte iOS-Release aller Zeiten vor. Für Entwickler ebenso wie für alle normalen Nutzer. iOS 8 und das neue OS X 10.10 Yosemite, die beide im Herbst 2014 erscheinen, sollen dem Nutzer gemeinsam ein noch nie da gewesenes Erlebnis bieten, mit dem kein anderes Unternehmen so aufwarten kann.

Es stimmt schon, auch Microsoft und Google stellen selbst oder über Partner- und Tochterunternehmen Hardware her, auf der die Software läuft, die die jeweiligen Unternehmen berühmt und groß gemacht hat. Und auch Amazon wird bei Erscheinen dieses Buches ein eigenes Smartphone vorgestellt haben.

Aber nur Apple produziert aus eigener Hand Hardware für den mobilen und stationären Einsatz sowie die dazugehörige Software. Apple hat die volle Kontrolle über alle Geräte, iOS und OS X sowie die Software, die Kunden im App Store kaufen können. Das ermöglicht ein einmalig konsistentes Nutzungserlebnis über alle Geräte und Plattformen hinweg.

Jan Tißler, leitender Redakteur des Technik-Blogs *neuerdings.com*, für das ich nebenbei schreibe, spricht davon, dass »Apples goldener Käfig« »mehr Plüsch« bekomme.[34] Der goldene Käfig, in den sich Apple-Nutzer wissend und gut gelaunt begeben, sei ab Herbst noch kuscheliger ausgestattet.

Aber was heißt das genau?

Das Stichwort heißt Continuity. Mit OS X Yosemite und iOS 8 sollen Mac und iOS-Gerät reibungsloser zusammenarbeiten können als je zuvor. Klingelt das iPhone, erscheint eine Nachricht am verbundenen Mac und man kann das Gespräch an seinem Rechner führen. Auch SMS und MMS kann man jetzt direkt am Mac empfangen oder von dort aus versenden. Bisher ging das nur mit Apples iMessage.

Dank Instant Hotspot kann zum Beispiel ein iPad ohne Mobilfunkkarte über das iPhone ins Internet gehen. Dazu sind nur zwei Klicks nötig. Und mit dem neuen AirDrop reichen jetzt auch zwei Klicks, um Dateien zwischen Mac und iOS-Gerät auszutauschen.

Der Webspeicher der iCloud kann jetzt endlich wie ein Laufwerk eingebunden und als Dropbox-Alternative genutzt werden. Und wenn alle Geräte beim selben iCloud-Account angemeldet sind, kann man eine E-Mail an einem Gerät anfangen (sagen wir: dem iMac zu Hause), um sie nahtlos an einem anderen fortzuführen und abzuschicken, zum Beispiel aus dem Zug mit dem iPad.

Diese Funktion, die Apple Handoff nennt, hat das Unternehmen bereits in die hauseigenen Apps wie Mail, Safari, Pages, Numbers, Keynote, Karten, Nachrichten, Erinnerungen, Kalender und Kontakte integriert. Außerdem können Entwickler sie natürlich in die eigenen Apps mit aufnehmen.

Apple macht es nicht nur seinen Kunden, sondern auch den Entwicklern so leicht wie möglich. Dazu gehört auch die Einführung einer neuen Programmiersprache namens Swift, die es Entwicklern noch einfacher machen soll, Apps für Mac und iOS zu schreiben.

Hardware, Software und Dienste greifen bei Apple so naht- und reibungslos ineinander wie nie zuvor und wie bei keinem anderen Unternehmen. Niemand wird gezwungen, komplett auf Apple umzusteigen. Natürlich kann man sein iPad oder iPhone auch an einen Windows-Rechner anschließen oder trotz Mac-Rechner mobil auf Android-Geräte setzen. Nur muss man dann Abstriche bei der Zusammenarbeit der verschiedenen Komponenten in Kauf nehmen. Das kann man einen gemütlichen goldenen Käfig nennen oder die bestmögliche aller Lösungen.

Ich persönlich freue mich schon auf den neuen, »wunderbar weichen Plüsch« (wie mein Kollege Jan Tißler es nennt) im goldenen Käfig.

ANMERKUNGEN

1 *Vgl. en.wikipedia.org/wiki/Gil_Amelio*
2 *Kaum geschrieben, schon passiert. Google hat es kurz vor dem Druck dieses Buches zumindest in der BrandZ-Markenstudie geschafft, sich an Apple vorbeizumogeln, das dort nur auf Platz 2 steht. Aber wer weiß, was Apple Anfang Juni auf der WWDC 2014 vorstellt. Gut möglich, dass es im nächsten Jahr wieder anders aussieht. Bei der Interbrand-Studie belegt Apple immer noch vor Google den ersten Platz.*
3 *www.apple.com/jobs/de/retail.html*
4 *jobs.apple.com/de/search#&t=0&sb=req_open_dt&so=1&lo=0*DEU&pN=0 &openJobId=DEUSP*
5 *Alle Angaben: Stand 2012. Vgl. www.kyleconroy.com/apple-stock*
6 *Vgl. de.ifixit.com/Teardown/iMac+Intel+27-Inch+EMC+2639+Teardown/17828*
7 *Vgl. www.cnet.com/news/at-apple-gold-iphone–5s-is-known-as-the-kardashian-phone/*
8 *Vgl. www.businessweek.com/articles/2013-09-25/listen-up-apple-haters-iphone-sales-eclipse-microsoft-and-amazon*
www.engadget.com/2013/01/24/microsoft-reports-q2-2013-earnings/
www.iphone-fan.de/apples-geschaftszahlen/
9 *Vgl. www.faqs.org/patents/app/20130257582*
www.tuaw.com/2013/10/10/apple-patent-suggests-devices-could-protect-themselvesfrom-fall/
www.freshpatents.com/-dt20131003ptan20130257582.php
10 *Vgl. www.chip.de/news/Google-PlayStore-Apps-mit-Malware-verseucht_69355377.html*
11 *Vgl. en.nq.com/2012_NQ_Mobile_Security_Report.pdf*
12 *Vgl. www.itopnews.de/2013/08/malware-79-prozent-android-07-prozent-iospublicintelligence.net/dhs-fbi-android-threats/info.publicintelligence.net/DHS-FBI-AndroidThreats.pdf*
13 *praegnanz.de/weblog/basteleien*
14 *www.bundeskanzlerin.de/Webs/BKin/DE/Service/Podcast/podcast_node.html*
15 *Vgl. cityroom.blogs.nytimes.com/2012/12/28/crime-is-up-and-bloomberg-blames-iphone-thieves/?_php=true&_type=blogs&_r=0*
16 *Vgl. www.maclife.com/article/news/wsj_apple_products_accounted_18_new_york_grand_larcenies_2013*
www.macrumors.com/2014/01/13/theft-apple-devices-rise-larcenies-new-york-city/
17 *Vgl. www.apple.com/de/pr/library/2014/03/03Apple-Rolls-Out-CarPlay-Giving-Drivers-a-Smarter-Safer-More-Fun-Way-to-Use-iPhone-in-the-Car.html*

18 *Vgl. www.presseportal.de/polizeipresse/pm/44143/2639687/*

19 *Vgl. www.dailydot.com/opinion/mac-plus-introduce-modern-web/*

20 *Vgl. www.apple.com/at/environment/renewable-energy/*

21 *Vgl. www.macwelt.de/news/Apple-schliesst-ueber-Thanksgiving-Tim-Cook-gewaehrt-Sonderurlaub-3927575.html*
9to5mac.com/2013/09/30/in-company-wide-email-apple-ceo-tim-cook-applauds-awe-inspiring-work-of-employees-gives-thanksgiving-week-off/

22 *Vgl. adage.com/article/digital/amazon-apple-catch-a-break-madison-ave/291724/*

23 *Vgl. www.nationalcenter.org/PR-Apple_Tim_Cook_Climate_022814.html*
www.macobserver.com/tmo/article/tim-cook-soundly-rejects-politics-of-the-ncppr-suggests-group-sell-apples-s?utm_campaign=tmo_twitter
www.tuaw.com/2014/03/01/tim-cook-tells-shareholders-apple-will-not-put-pure-profit-over/

24 *Vgl. plus.google.com/+VicGundotra/posts/gcSStkKxXTw*

25 *www.vitsoe.com/de/ueber-vitsoe/gutes-design*

26 *Vgl. www.stern.de/lifestyle/mode/dieter-rams-der-apple-faellt-nicht-weit-vom-stamm-619376.html*

27 *Vgl. blog.arktis.de/deutsches-auktionshaus-legendaeren-apple1-versteigert/*
www.ubergizmo.com/2013/05/autographed-apple-i-computer-fetches-671400-at-auction/
www.m-magazin.net/2013/05/apple-i-halbe-million-euro-versteigert-29621.html

28 *Vgl. news.stanford.edu/news/2005/june15/grad-061505.html*

29 *Den Begriff »Reality Distortion Field« hat 1981 der damalige Apple-Mitarbeiter Bud Tribble für eine besondere Eigenschaft Steve Jobs' geprägt. Er beschreibt die Tatsache, dass die Wirklichkeit formbar erschien, wenn Steve Jobs in der Nähe war. Unmögliche Termine schienen machbar, unüberwindliche Hindernisse nicht mehr als kleine Störungen. Angeblich konnte Steve Jobs nahezu jeden von allem überzeugen. – Vgl. www.folklore.org/StoryView.py?story=Reality_Distortion_Field.txt*

30 *Vgl. blog.thoughtbrain.com/2013/09/24/ios7-youre-making-me-sick/*

31 *Vgl. www.buzzfeed.com/jwherrman/the-weird-terrifying-physics-of-ios-7*

32 *Vgl. bestboyz.de/apple-fans-verkaufen-ihren-namen-um-beim-wwdc-2012-dabei-zu-sein/*

33 *Vgl. appleinsider.com/articles/14/03/03/oscars-host-ellen-degeneres-poses-for-samsung-sponsored-selfie-but-tweets-from-her-iphone*

34 *neuerdings.com/2014/06/03/ios-8-und-os-x-yosemite/*

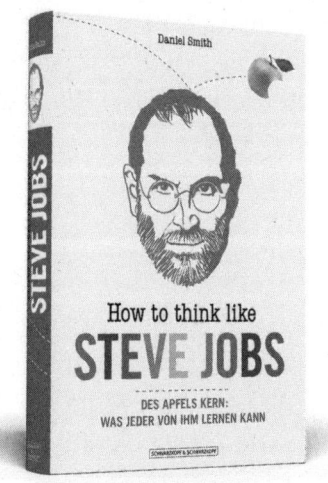

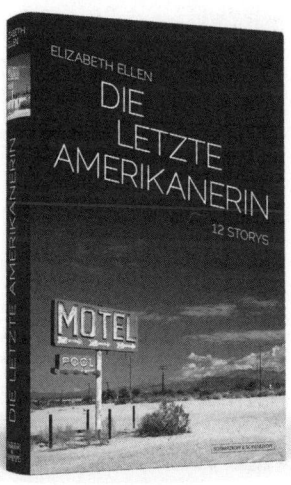

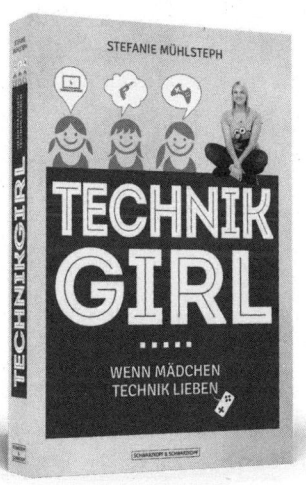

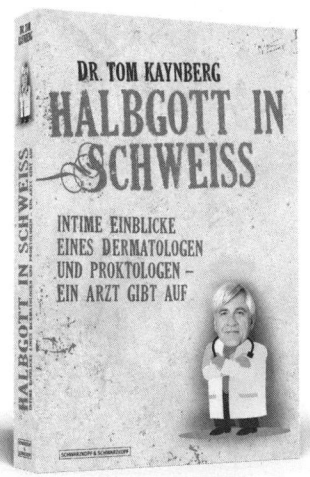

DER AUTOR

Frank Müller arbeitet seit seinem Magisterabschluss in Germanistik und Sozialpsychologie als Werbetexter und Creative Director. Er lebt mit Frau und vier Töchtern im Vordertaunus, schreibt regelmäßig für das Technik-Blog *neuerdings.com* und ist auch bei *Spiegel Online* vertreten. Das Manuskript für *111 Gründe, Apple zu lieben* tippte er auf iPhone und MacBook.

Frank Müller
111 GRÜNDE, APPLE ZU LIEBEN
Eine Verbeugung vor der coolsten Marke der Welt

ISBN 978-3-86265-104-7

KATALOG
Wir senden Ihnen gern kostenlos unseren Katalog.
Schwarzkopf & Schwarzkopf Verlag GmbH
Kastanienallee 32, 10435 Berlin
Telefon: 030 – 44 33 63 00
Fax: 030 – 44 33 63 044

INTERNET | E-MAIL
www.schwarzkopf-schwarzkopf.de
info@schwarzkopf-schwarzkopf.de